中公新書 2107

御厨 貴編著

近現代日本を史料で読む

「大久保利通日記」から「富田メモ」まで

中央公論新社刊

はしがき――史料の海の泳ぎ方あれこれ

史料の海を泳ぐ。日本列島が周囲の海に洗われているがごとく、歴史家もまた史料の海に囲まれている。日記であれ書簡（書翰）であれ、時空を超えて史料に向き合うとき、歴史家の胸は高なり思わずゴクリと生唾《なまつば》を飲み込む。多くの歴史家に腑分けされたはずの古典的史料も、新発見の評価定まらぬ史料も、「さあどうぞ」とばかりに、歴史家がその大海に泳ぎ出すのをじっと待っている。

伊藤博文、井上馨、山県有朋、黒田清隆、松方正義といった明治の元勲クラスの政治家に、私が史料を通して出会ったのは、一九七〇年代半ばのこと。私は近年、現代政治の解説やコメントをする機会が多いが、私の本来の専攻は日本政治外交史であり、私の政治を見る根底には、こうした史料を読んできた若い日々の体験がある。そして、歴史家の卵として、明治国家形成期の政治過程を、東京大学法学部の助手論文のテーマと定めたときから、国会図書館憲政資料室での手書きの現物書簡との格闘が始まった。

読めぬ！　いや読める……かな？　一通一通の書簡が、私を呼び込みながら摑《つか》まえたと思った瞬間、するりと抜けてしまう空しさに、何度苛《さいな》まれたことか。いまは多くが、それこそ本書で紹介するように、活字化されて、楽にはなった。

私の処女作『明治国家形成と地方経営』（東京大学出版会、一九八〇年。『明治国家をつくる』藤原書店、二〇〇七年に再録）は、こうして明治の政治家の文書の海を、ともかくも自分の泳法で泳ぎきった成果に他ならぬ。

その後、史料引用の豊富さと、史料解釈の面白さで一時代を画した名著『日本政党史論』全七巻（東京大学出版会、一九六五〜八〇年）をモノされた升味準之輔さん――私は一九八〇年前後の一〇年間、東京都立大学法学部で〝同僚〟になるという幸運に恵まれた――が、こう書いているのを見て肯《うなず》いた。

ともかく、歴史家は、気楽である。彼は、結末を知っている。それにつながるように因果系列を選び、その末端を結末にひっかける。そして、結末からふりかえって、可能性の波間を浮沈しながら決断し策謀した人たちの、無数の意図や予測や手段とその結末が織りなす因果連関のなかに、「理性の奸智」や「意図せざる結果」を見出す。おまけに、維新の元勲を旧知か友人のごとく論評するから、まことにすごいものだ。それはたしかにタイム＝トンネルのもっとも楽しい部分であるが、気楽なこともたしかだ。

（「なぜ歴史が書けるか㈣」『ＵＰ』一〇四号、一九八一年）

『日本政党史論』を完結したばかりの升味さんのことだ、これはてっきり自己分析に違いないと私は思いこんだ。そして酒席で升味さんに「ご自分のことをお書きになりましたね」と問うたら、「何のこと？　維新の元勲を友人のごとく論評する？　ああ、あれはボクじゃない。キミのことだ。エライもんだ……」と言われて目がそれこそ点になり、そうだったのかと、しばし考えこんだものだ。

同じ頃、昭和戦前期の論文をモノするために、『西園寺公と政局』や『木戸幸一日記』を読みふけっていた。しかし西園寺や木戸は、なかなか我が旧知の友とはならなかった。還暦近くなったいまのほうが、そうだそうだとばかり彼らの内面が手にとるようにわかるから不思議だ。若さは時に直感で本質をとらえ、時に直感で本質をさえぎるということか。

かくて、繰り返し史料の大海を泳ぐ経験を積むうちに、私文書のみならず、官庁資料や公文書もまた親しい存在になっていった。実は一九九五年頃から、いわゆる文書史料ではなく、「オーラル・ヒストリー」という新しい分野へ私の関心は移っていく。しかしやがて文書史料とオーラル・ヒストリーとには、ダイナミックな関わり方があることに、気付いた。一言でいえば相互に往還が始まる。いや、その読みの感覚の重層性のことだ。オーラル・ヒストリーを繰り返すと、そこでの話し手の認識の構造が析出され、時空を超えてまったく別の政治家のガチガチの文書史料上の解釈を解きほぐし、読みをきわめて豊かにすることが起こる。

もちろんその逆もある。したがって文書史料とオーラル・ヒストリーの対話の妙を味わうことで、近頃はとても楽しい。

近年また「建築と政治」という新しい分野に挑戦し始めた。「権力の館」にアプローチするとき、〝いつ〟だれがコトを決めたのか、日記をはじめとする文書史料にそれはもちろん明らかである。だが歴史家はこれまで、〝どこ〟でコトを決めたのかに無関心であった。こうした観点から、改めて古典的日記の類を探求してみると、おやおやけっこうちゃんとその記述が出ているではないか。これでまたもう一度古典的日記類を再読するモチベーションが湧き、その際の楽しみが増えたというものである。

歴史家はかくて史料の大海へ飛びこむインターバルを繰り返し、果てしもなく泳ぎ続ける。その際の読みの楽しさを、各史料の全体像とともに、老若男女のすべての歴史好きの方々へお届けするのが、本書の目的であり、役割である。私の周囲にいて常に史料読みの楽しさを分かちあってきた仲間に、各史料を喜んで担当してもらった。単なる史料ガイドではなく、各自の〝泳法〟とその〝読み〟を披露している点に特色がある。だから本書のどこからでもいい、興味のある史料から繙《ひもと》いていただければ幸いである。

（御厨）

目次

近現代日本を史料で読む

はしがき　i

序章　史料とは何か——日記を中心に　3

第1章　明治維新と近代——「英雄」たちの心の内……9

「大久保利通日記」10　「木戸孝允日記」16　「保古飛呂比　佐佐木高行日記」22　「植木枝盛日記」26　「近衛篤麿日記」30　「宇都宮太郎日記」34　「伊東巳代治日記」38

第2章　大正・昭和戦前期——政党政治への道……49

「原敬日記」50　「倉富勇三郎日記」62　「後藤新平日記」68　「小川平吉日記」74　「松本剛吉政治日誌」78　「濱口雄幸日記」82　「大蔵公望日記」88

第3章　戦争の時代へ　95

Ⅰ　軍部台頭と政治　96
「牧野伸顕日記」96　「原田熊雄文書」『西園寺公と政局』106　「有馬頼寧日記」116　「矢部貞治日記」＋「岡義武日記」120

Ⅱ　苦悩の外交官　126
「重光葵関係文書」126　「石射猪太郎日記」＋「天羽英二日記」133

Ⅲ　肥大化する軍部　140
「財部彪日記」140　「宇垣一成日記」144　「真崎甚三郎日記」150　「奈良武次日記」＋「本庄繁日記」156　「岡田啓介日記」＋「加藤寛治日記」161

第4章　昭和天皇の記録——終戦秘史……169
I　皇族と華族　170
「木戸幸一日記」　170　「高松宮日記」　180　「細川護貞日記」　186　「梨本宮伊都子日記」　192
II　側近たちと戦争　196
寺崎英成『昭和天皇独白録』　196　河井弥八『昭和初期の天皇と宮中』＋『徳川義寛終戦日記』＋木下道雄『側近日誌』　202
第5章　戦後政治と天皇——覆される歴史……217
I　象徴天皇の思い　218
『徳富蘇峰　終戦後日記』　218　「入江相政日記」　222

「富田メモ」 228　「卜部亮吾日記」 236

II　首相たちの理想と現実 240

「芦田均日記」 240　「石橋湛山日記」 246　「鳩山一郎日記」 250　「佐藤榮作日記」 256　「楠田實日記」 266

コラム　明治天皇紀 42／書　簡 44／大正天皇実録 92
外国人が残した「日記」 166／公文書 210
憲政資料室 213／首相たちの回顧録 270

参考文献 273
主要図版所蔵・出典一覧 287
あとがき 289

近現代日本を史料で読む

凡例

・一八七二年（明治五）の太陽暦採用以前の月日は、原則として旧暦とした。
・年は原則として西暦を用い、和暦を適宜補った。
・史料の引用における漢字は、現行のものに改めたが、仮名については原則そのまま引用した。ただし句読点やルビは適宜補った。
・日記は通常「　」で括ったが、公刊された書籍については、特に『　』で括った。
・〔　〕内は著者による補足である。
・敬称は略した。

序章　史料とは何か――日記を中心に

公文書と私文書

歴史家は史料がないと始まらない――。

最近では、映像など文字以外の資料も日本史学の「史料」（資料のうち歴史学研究の素材となるもの）のなかに含まれるようになってきた。日本近代史の分野では劇映画やニュース映画、グラフ雑誌などを積極的に利用した研究が現れてきている。しかし、文献史学と呼ばれるように、文字史料の重要性も依然として高い。

その文字史料は、近代日本では、行政機関によって作成された公文書と、私的に作成された私文書に大きく分かれる。このうち、前者の公文書の分析はすべての研究の基礎を形成する。よって、公文書の保存と公開は特に重要である。これからも公文書の保存・公開への努力がなされる必要がある。また、保存・公開された公文書に関するアーカイブズ研究を歴史学研究にフィードバックすることによって、組織における意思決定のあり方を探ることが求められている。なぜなら、このことは日本における「公」なるものの特質を明らかにすることを可能にするからである。

ただし、戦前期の日本、特に明治期では、いまだインフォーマルな政治決定の場ないし方法が幅をきかせていた。閣議が首相の私邸で行われることもたびたびであり、さらに閣議よりも上位の決定機関として元老会議があり（元老自体は大日本帝国憲法に規定がない）、それが首相の別荘で開かれたりする。そのようなときに公文書だけを見ていては隔靴《かっか》掻痒《そうよう》の感がある。合わせて私文書も見なければいけないゆえんである。

私文書のうちで重要なものとして、書簡（書翰）が挙げられる。特に、明治中・後期のように、伊藤博文ら政治の中枢を握った藩閥政治家が日記を残さなかった時期においては、書簡の重要性がより高まることになる。明治期は直接面談して意見調整をすることが大事であったが、それを補完するものとして膨大な数の書簡が政治家の間でやりとりされた。当時すでに電話はあったが、普及が遅れていたうえに、せいぜい会談日時の設定など簡単な用件にしか使われなかった。代わって、当時の政治家は一日に何通もの書簡を書いて、送ったわけである。当然膨大な量の書簡が現在史料館や文書館に所蔵・保管されており、研究者や一般市民の利用に供されている。

日記の価値

そして、書簡と並ぶ私文書の代表が日記である。日記は歴史的な事件の直後に、時間を置かずに書かれることが多いため、史実の意識的・無意識的改変が行われる度合いが小さい（もちろん、日記作成者の主観による改変は十二分にあるので、史料批判が必要である）。また、日記は他者に見せないことを前提に書かれることも多く、日記作成者の本音がうかがわれる点からも、史料としての重要性が高い。

もちろん、たとえば「原敬《はらけい》日記」のように、後世公開されることを意識して書かれた日記もある。原はその強力なリーダーシップで日本の政党政治を準備した政治家である。彼は以前から日記を書いていたが、後世を意識するようになったあるとき、遡《さかのぼ》って昔の記述に補強を行っている（特に皇族への敬語表現を補っている）。後世を意識して書かれた「原敬日記」を読むと、用心していながらもついつい原ワールドに引っ掛かってしまう。しかし、「原敬日記」の膨大な情報量は研究者を引きつけてやまない。

このような史料的重要性から、「日記」の発見が既存の歴史学研究を一変したり、新たな研究を促したりすることも多い。その典型的な例として、「原敬日記」と並んで戦後歴史学研究に多大の影響を与えた「原田熊雄《くまお》文書」が挙げられる。

これは、一九二四～四〇年の期間、最後の元老として、天皇への後継首相奏薦《そうせん》など政治的に大きな力を持った西園寺公望《さいおんじきんもち》の政治秘書原田熊雄による口述筆記であり、西園寺の情報係として奔走した原田が得た政界上層部の機微を余すところなく伝えている。戦後、東京裁判に証拠書類として提出され、「原田文書」ないし「原田日記」として広く知られるようになった。さらに、東京裁判閉廷後まもなく、『西園寺公と政局』の題名で出版されたことから、現在にいたるまで大学の演習(ゼミ)で基本的史料として使われることの多い史料である。

ただし、『西園寺公と政局』は原田の親友で作家の里見弴《さとみとん》が手を加えて整理したものであるため、いわば「読み物」としてとても読みやすくなった反面、文書の校正による変遷という問題が生じ、注意が肝要である(村井良太による本論を参照のこと)。これからは、一次史料である「原田熊雄文書」の校正の各段階を比較検討する作業が求められよう。

魅力

そのような研究的関心を脇に置いたとしても、日記を読むことは純粋に愉しい。たとえば、もともとは伊藤博文の政治的ブレーンでありながら、のちに伊藤と疎隔した伊東巳代治《みよじ》の日記(「翠雨荘《すいうそう》日記」)がある。これは盆栽屋敷翠雨荘で書かれたもので、盆栽への手入れと政治への手入れの記述が地続きに展開される変わった日記である。

一九〇一年(明治三四)三月三日条では薔薇の手入れの話を書き、「終日曇晴常ならす、頃日《けいじつ》来の寒気を覚へたり」と書いたところで、突然「前月来政界の風雲惨憺《さんたん》を極め、貴族院の行動よりして竟《つい》に停会の詔勅《しょうちょく》を見るに至り、為《ため》に日々政客の訪問甚《はなは》た繁《しげ》く殆《ほとん》と煩累《はんるい》に堪《た》へす」と書き始め、政客からもたらされた政界情報や、伊藤博文に対する愛憎《あいぞう》ないまぜの記述が展開される。策士伊東にとって、政界と盆栽はともに手入れをする対象であった。

また、読解がきわめて困難ながら、こと細かく記述されているために情報量が多く面白い日記として、一九二〇～三〇年代前半に枢密顧問官を務めた倉富勇三郎《くらとみゆうざぶろう》の日記が挙げられる。「倉富日記」は万年筆でノートにびっしりとくずし字で書かれており、日記の内容をつかむのがとても困難なものである。

私が大学院生のとき院生仲間が「倉富日記」にチャレンジして、倉富がある政治家から物を贈られているところまでわかったのだが、何を贈られたかがわからない。倉富はどのような政治的饗応《きょうおう》を受けたのだろうか。院生仲間は数日間ずっと考え続けてやっとわかったのだが、それは「そうめん」だったのである。お中元だったのであろう。ただし、倉富はそうめんのブランド名まで書いていてくれるので、侮《あなど》れない。「倉富日記」は苦労してまでも読む価値のある日記なのである。

史料を読み、かつ意味を理解するには、それなりの労力を要する。文意を正確に把握したうえで、それを時代背景のなかに位置づけることは結構大変な作業である。しかし、労力を要してでも行いたくなるほど、史料を読むことは愉しいし、実り豊かな営みなのである。

（千葉）

第1章　明治維新と近代——「英雄」たちの心の内

大久保利通日記

【史料期間】一八四八年（嘉永元）一月〜一一月、五九年（安政六）一二月〜七七年（明治一〇）三月（ともに欠落がある）

【史料状況】原史料は国立歴史民俗博物館が所蔵。『大久保利通日記』上下（日本史籍協会、一九二七年）として公刊。のち東京大学出版会（一九六九年）、北泉社（現・創泉堂出版、一九九七年）、マツノ書店（二〇〇七年）が復刻。マツノ書店版には人名索引の別冊がある。校訂を改めて『鹿児島県史料　大久保利通史料一』（鹿児島県、一九八八年）にも収載

おおくぼ・としみち
1830〜1878　幕末・明治前期の志士，政治家．薩摩藩出身．西郷隆盛とは同じ郷中（青年組織）で成長し，西郷等と尊王攘夷派の誠忠（精忠）組を組織．島津久光に抜擢され藩政に参画，文久以後は薩摩藩を代表する一人として活動．雄藩連合から倒幕論に転じ，薩長連合，倒幕の密勅，王政復古のクーデターに指導的な役割を果たす．維新後は参与，1869年（明治2）に参議となり，政権の確立に力を注ぐ．岩倉使節団帰国後は参議兼内務卿に就任，殖産興業の推進による日本の近代化をめざした

寡黙にして峻厳

大久保は明治国家を建設した政治家である。政治課題の実現には、可能なことから寸歩を進めるリアリストであった。それゆえに、警察を所管する内務卿であったこともあり、冷酷

な官僚と捉えられ、有司（官僚）専制政治家として非難されてきた。近年は、殖産興業を目標に掲げ、対立の絶えない明治政府をリードして、近代日本の建設に邁進《まいしん》した人物として、あらためて評価が高まっている。

その事績は、遺族が史料の収集と公開に熱心であったために、早くから一次史料によって検討されてきた。早くも一九一〇年（明治四三）の勝田孫弥『大久保利通伝』（同文館）で大久保家蔵の史料が用いられ、昭和初期には、日本史籍協会（維新史料編纂会の外郭団体）から日記と文書が刊行された。一九六五年（昭和四〇）からは、来簡を収めた『大久保利通関係文書』全五巻（吉川弘文館）が出されている。

日記は、元来は大久保家に保存されていたが、一八八九年の火事で過半を焼失した。一九一八年大久保家で、原史料とそれ以前に作成されていた数種の写本の校《きょう》合《ごう》とによって、焼失した部分を含めあらためて写本が作成された。これを出版したのが、史籍協会本である。なお一八四八年分は利通三男利武《としたけ》が一九二一年に発見しており、当初は『大久保利通文書』九に収められていた。東京大学出版会復刻のときには日記の巻末に収められている。

元薩摩藩士で大久保の部下であった高橋新吉は、「大久保公は寡黙な方《ほう》であったが、なんとなく峻厳《しゅんげん》なところがあった」と述べつつも、「部下に対しては大変親切な人でした」と幅広く回想している（佐々木克監修『大久保利通』）。とはいえ謹厳実直というイメージが同時代的にも強調されている。こうした点も、冷酷な官僚という大久保の旧来のイメージに影響したであろう。そして大久保の残した日記も、イメージ形成に少なからぬ影響を与えたと思われる。大久保と並ぶ明治新政府の政治家木戸孝允の日記が意見と感情にあふれているのに対し、大久保の日記は事務的で、淡泊な記述を基本とする。日記と人間性がどれほど対応するかは別として、冷徹なリアリストという人物像にあった記述ではある。

だから時々表れる、感情や画策に、驚いてしまう。大久保が目標とする国家像を明瞭にした岩倉使節団帰国後の記述に、そうした点を拾ってみよう。

ほのかに見える感情

帰国後大久保は、西郷隆盛の朝鮮使節派遣論をめぐる対立に直面する。「責任を回避しない」政治家大久保が、珍しく政局に立とうとしなかった。一つには西郷とそれを支持する薩摩出身者への配慮があった。大久保自身は、使節派遣は軍事衝突を招く危険な対外政策であると捉えており、反対であった。結局太政大臣三条実美と右大臣岩倉具視の懇請に負け、二人もまた使節派遣に反対であることを確かめて、閣議のメンバーである参議に再び就任する。文書の中に子どもたちへの遺書というべき書簡があるが、まさに決死の覚悟であった。一八七三年一〇月一五日閣議。三条と岩倉は西郷の下野を危惧《きぐ》し、使節派遣を認めてしまう。大久保は「御異存ハ不申上候得共《もうしあげずそうらえども》、見込ニ於《おい》テハ断然不相変《あいかわらざる》旨申上候、〔中略〕小子ハ初発ヨリ此ニ決シ候得ハ断然辞表ノ決心故其マヽ引取候」と記す（なお引用は『鹿児島県史料』に依る）。汪溢《おういつ》する感情はない。しかし「断然」が二ヵ所出てくる。ここに大久保の強い決意と、秘めた感情がある。

　大久保が辞表を提出、岩倉も追随したため三条は精神に変調をきたす。大久保は、使節派遣派の上奏を防ぎ、太政大臣代理となった岩倉が反対意見を合わせて上奏し天皇の裁断を受けるという方法で、使節派遣論を葬り去る。こうした宮中工作を大久保は「只一ノ秘策アリ」と記す。唯一の逆転方法であったのであろうが、「秘策」と書かれると、何かしら怪しい禁じ手が使われた気になる。大久保のイメージは悪くなる。

　ともあれ使節派遣論は敗れ、西郷や江藤新平らは下野する。翌年二月佐賀の乱。主謀者江藤は捕縛される。四月九日裁判を聞き、「江東〔藤〕陳述曖昧実ニ笑止千万人物推而《おして》知ラレタリ」。一三日梟首《きょうしゅ》が申し渡された様子については、「江東〔ママ〕醜体《しゅうたい》笑止ナリ」。自らが構築した明治政府を外遊中にかき回し、結果として竹馬の友西郷との訣別をもたらした江藤への強い憎しみが表れていると読んでよかろう。

　袂《たもと》を分かったとはいえ、大久保は、西郷と西郷と共に下野した薩摩出身者について、政策的にも人的にも配慮する。対外強硬論者を有和するために、対外戦争を恐らくは招かないであろう台湾への出兵を実行する。しかし見込みは甘く、清が強く反発、日清戦争の危険が高まり、また列強の非難も強かった。長州閥の不満も大きかった。木戸は台湾出兵に反対し、参議を辞して山口に籠《こ》もった。工部卿伊藤博文や陸軍卿山県有朋も反対、日清開戦についても強く反対する。大久保は、撤兵反対、開戦を辞さず清と交渉という方針であったが、一八七四年七月三日、三条に見込みを問われて、「是非此上ハ断然ノ御確定コレナクテハ不相済《あいすまず》」と論ずる。閣議でも「断然見込申上置候《もうしあげおきそうろう》」。夕刻来邸して異論を述べた伊藤博文に「愚考十分ヲ論」ずる。大久保の決意は固い。そして決意に見合う責任を取る。事態収拾のために自ら清に赴くのである。

別に公式記録があるためであろう、清との交渉は日記に詳しくない。交渉がまとまらずイギリス公使ウェードが仲介に乗り出して記述は増える。ウェードの五十万両《テール》と書面の交付での妥結という提案を受けて、「今般奉命ノ義実ニ不容易重大事件」、談判がまとまらず帰朝すれば使命を完了したことにならず、国内の開戦論は抑えられない、勝敗は擱《お》き「名義上ニ於テ我ヨリ宣戦ノ名十分ナラス」、そうなれば国内の議論のみならず列強の介入も招くであろう、「然《しか》レハ和好《わこう》ヲ以事《もってこと》ヲ纏《まとむ》ルハ使命ノ本分ナレハ、断然独決シ左ノ条ヲ以英公使ニ答フ」（一八七四年一〇月二五日条）。責任者の孤独な決断が、繰り返すが「断然」の言葉に窺《うかが》えるのだ。帰国後国民の歓迎と天皇への拝謁を経て「嗚呼人民ノ祝賀、御上ヨリ御待遇ノ厚《あつき》誠ニ生涯ノ面目只々感泣ノ外ナシ、終世忘却ス可《べ》カラサルノ今日ナリ」（一一月二七日条）との記述は、大久保の背負った任務の重さと達成の充実感を、精一杯記したものであろう。

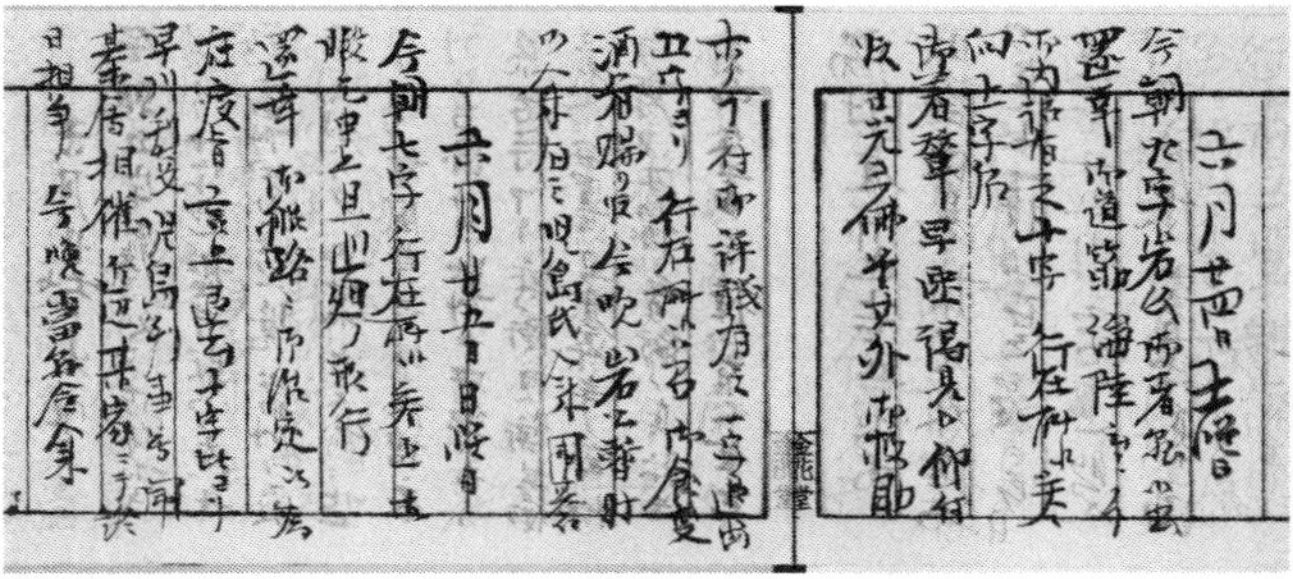

1876年６月24，25日条

事務的な記述の中にも大久保の関心が読み取れる。一八七六年明治天皇は東北巡幸に出発するが、大久保は下検分に先行して、産業施設を中心に巡幸先を検討している。図版の二四日条では仙台で天皇を待ちうけ評議、二五日に暇乞《いとまご》いをして、二六日岩手以北に先行する。自らが主導する殖産興業の進行状況を天皇に見せるために。

また大久保は休日以外はほぼ毎日、太政官に出仕したあと内務省に出勤している。閣議は毎日はない。しかし大久保が太政官にいないと政務が進まなかったのであろう。大久保が内務省に出勤すると静まりかえったという。仕事は部下に任せ責任は引き受けるというやり方であったという。そういう大久保が、日々太政官と内務省に存在することで、明治政府は何とか前に進んだ。大久保独裁政権というのは、字面からも内容からも史実に反しているであろう。しかし明治政府は大久保の存在で支えられていたのは間違いない。

事務的で淡泊な記述ではあるが、大久保の執着と執念、行動規範を読み取ることが可能な日記である。（西川）

木戸孝允日記

【史料期間】一八五三年（嘉永六）一月～五五年（安政二）一月、六八年（慶応四）四月～七七年（明治一〇）五月

【史料状況】原史料は宮内庁書陵部が所蔵・公開。国立国会図書館憲政資料室所蔵マイクロフィルムで閲覧可能。明治期のものが『木戸孝允日記』全三巻（東京大学出版会、一九六七年）として公刊（一九九六年にマツノ書店より復刻）。幕末期のものが妻木忠太編『木戸孝允遺文集』（東京大学出版会、一九八二年）に収録され公刊

きど・たかよし
1833～77　幕末・明治前期の志士，政治家．長州藩出身．吉田松陰に師事し，尊王攘夷運動に挺身した．1863年（文久３）からは長州藩政に参画，最終的には薩摩藩と提携し討幕のうえで大きな働きをした．68年（慶応４），明治新政府では顧問参与，70年（明治３）には参議に就任するなど，新政府の実質的指導者の一人だった．71～73年には岩倉遣欧米使節団に随行，帰国後の征韓論争ではいわゆる内治派の立場にたった．74年台湾出兵に反対し，参議辞任（翌年の大阪会議で参議に復帰したが，76年辞職）．翌年死去

一日もかかさず

木戸孝允は、幕末期には長州藩志士「桂小五郎」として、明治維新後は明治新政府高官「木戸孝允」として、一身にして二世を生きた人物である。

つとに公刊され広く知れわたる『木戸孝允日記』は、一八六八年（慶応四）四月一日～七七年五月六日の期間を収録している。すなわち、江戸城の開城交渉が成立し、また明治天皇が五ヵ条の誓文を行った直後という未だ明治新政府が弱体な時期に、太政官徴士、総裁局顧問兼外国事務掛として参与していた頃から日記は始まっている。そして、病床において西南戦争の戦局を憂慮していた頃（この二〇日後に死去）に日記は終わる。日記は明治新政府成立以後の木戸の半生をカバーしていることを意味している。木戸は几帳面なのか、一日もかかさず、その日のうちに（少なくとも翌日までには）日記を執筆している。

このように、明治期の「木戸孝允」時代の日記は公刊され、その内容もよく知られている。それでは、幕末期の、いいかえると「桂小五郎」時代の日記は存在しないのだろうか。前述のいわゆる「木戸孝允日記」の原史料は太平洋戦争後、木戸家から宮内庁書陵部に寄贈され、現在同所に所蔵されている。書陵部には他にも、一八五三年正月より五五年正月にいたる時期の日記も所蔵されている（妻木忠太編『木戸孝允遺文集』に収録）。この期間はペリー来航の時期であり、鎖国を突き崩す衝撃的事件を、木戸は遊学先の江戸で体験している。しかし、一八五五年二月～六八年三月にかけての、幕末の志士として活躍した、最も興味深い時期の日記は、現在見当たらない。東京大学出版会復刻時に解題を執筆した藤井貞文も、木戸がこの期間筆を取らなかったのか、それともこの期間の日記が早くから散逸したのか、不明だという。

感情の吐露

日記は、美濃紙四ツ切の大きさの有罫冊子で二五冊ある。一冊ずつ絹布に包んで小型の桐箪笥の引出に収められている。美濃紙に墨書がほとんどであるが、岩倉遣欧米使節団の副使として洋行中のときはペン書きである。文語調の漢字仮名混り文ではあるが、いわゆる美文体ではない。しかし、その平明にして明晰な語り口は木戸の人物像を彷彿とさせ、味わい深い。

木戸の日記は早くから、一部を抜粋した「木戸孝允手記摘要」という写本が存在し、『復古記』編纂にも利用されたという。しかし、日記の本格的な利用と公刊は、一九二七年（昭和二）の木戸公伝記編纂所による『松菊木戸公伝』の編纂・刊行を俟《ま》たねばならない。編纂にあたって収集された木戸の書簡や建言書類はその直後の一九二九～三一年、『木戸孝允文書』全八巻として日本史籍協会から会員三〇〇名に限定頒布された（ちなみに、木戸への来簡の方は現在、木戸孝允関係文書研究会編『木戸孝允関係文書』として東京大学出版会から刊行中）。続いて日記も一九三二～三三年、『木戸孝允日記』全三巻として日本史籍協会から頒布された。日記編集は、『松菊木戸公伝』編纂主任にして当時公爵毛利家編纂所員であった妻木忠太が行っている。『木戸孝允日記』は戦後の一九六七、八五年に東京大学出版会から復刻（一九六八～七七年には英訳版も刊行されている）され、九六年にはマツノ書店から再度翻刻された。

木戸日記は早くから翻刻されただけにとどまらず、その内容も充実したものである。木戸は明治初期における重要問題、例えば版籍奉還・廃藩置県、立憲制導入、征韓論政変、不平士族の動向や西南戦争等に密接に関わっているだけでなく、元勲ないしいわゆる維新の三傑の中で最も詳細な日記をつけており、それも自己の意見や感情を日記の中で率直に吐露している。「大久保利通日記」が事務的かつ淡々とした記述であるのに対して、「木戸日記」は記事が詳密で感情の起伏が表明されている点で対照的であり、その日記の性格の違いは本人の性格の違いとあわさって「陰と陽」（西川誠）とも言えるだろう。

このように木戸の日記は、明治初期研究上、最も重要かつ貴重な史料といっても過言ではない。内容が豊富であり、かつ早くから翻刻頒布されたために、既存の研究に対して木戸の日記が与えた貢献を見ることは、昭和戦前期以降の、明治初期に関する研究の歩みを見ることとほとんど同義とさえ言えるのである。

征韓論と大久保への「愚痴」

「木戸孝允日記」から興味深い記述を紹介したい。それは、木戸と征韓論政変との関わりである。

明治維新後、新政府はそれまでの「対等的」な日韓間の敵礼《てきれい》関係を改めて、「近代的」な二国間関係（往々にして上下関係に転じうる）に置き換えようとした。しかし、そのことは日韓間で緊張を高めるものであった。このとき明治新政府の中で最も強硬だったのが木戸である。日記には、「参朝、西京の事情を逐々伝承し、実に　皇国の人情可治の難きを歎し、益《ますます》平生所　思《おもうところ》の征韓之念勃々、依て曾て所　認《したたむところ》の一書を大村〔大村益次郎〕に送る。征といへとも猥りに之を征するにあらす、宇内の条理を欲推する也。其条理を欲推ものは則我国是を以てする所也」(一八六九年正月三〇日条)と記す。ちなみに、木戸の初期征韓論の背景にある「国是」意識は、木戸が早くも明治初期に憲法制定を考えていたこととも通底するものではなかろうか。

ところが、岩倉使節団副使としての洋行中、木戸は考えを改めたようである。木戸は手放しで西洋文明を賛美することを戒《いまし》めた(木戸はこの点で軽薄に思えた森有礼・伊藤博文を厳しく批判する)が、欧米諸国の進んだ文明を目の当たりにさせられたのも事実である。その木戸が一八七三年七月帰朝するや、国内は征韓論争で沸騰していた。内治を「第一着」と考える木戸には、留守政府が決定した西郷隆盛の朝鮮派遣にはむろん反対である。ただし、征韓派参議と、反征韓派の大久保利通が激突した有名な閣議(一〇月一四・一五日)に木戸は欠席している。八月三一日に馬車から落ちて頭・肩を痛打して以来続く頭痛のためか、それとも意図的な欠席であろうか。

木戸は西郷の朝鮮派遣決定に反対して、一〇月一七日に参議の辞表を提出した。諸参議の分裂に直面して三条実美が人事不省に陥ったことを人づてに聞いた木戸は、日記に「三条公は篤行至誠、十一年前〔一八六二年尊王攘夷を藩論とした長州藩の京都における影響力が高まり、尊攘派の公家三条実美が中央政界に登場した〕より為国家に艱難《かんなん》をなめ、大政一新後は　朝廷の重きを任し倦色なく、喜怒不見色《きどいろをみず》。而して近来台湾朝鮮征伐等無謀の暴論起于　朝廷内、

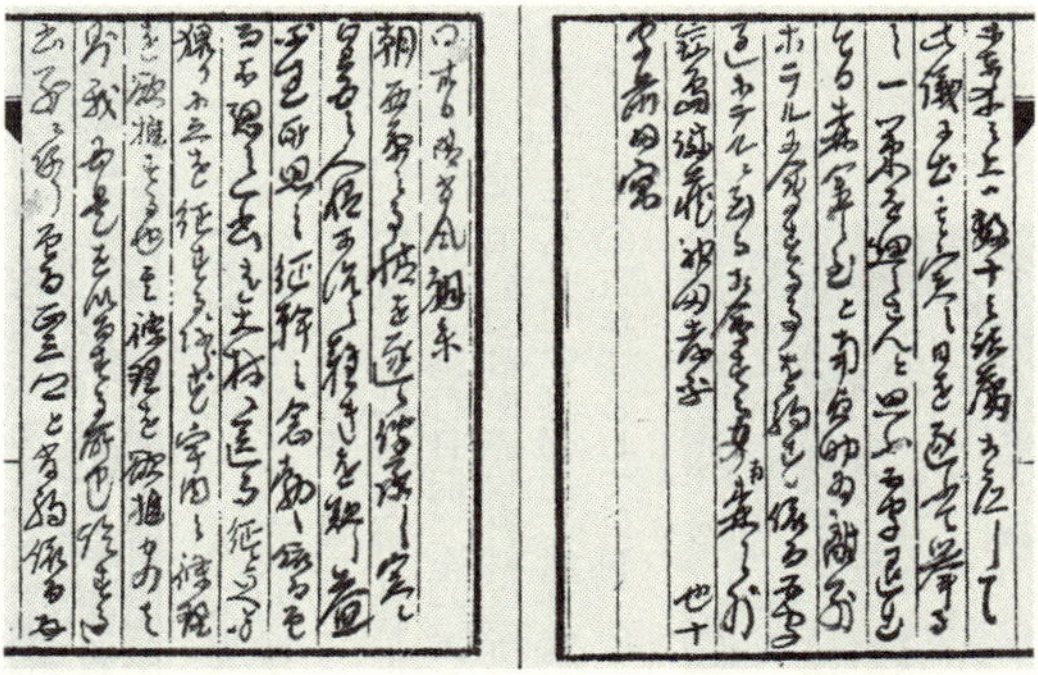
1869年1月30日条

内閣の参議も逃巳譲雉の徒不少、困憂終にこゝに至れる歟《か》と想像し、実に不堪悲歎なり。伊藤春畝《しゅんぽ》〔博文〕来て朝廷上紛紜《ふんうん》の事を告ぐ。不堪慨歎、一書を大久保に投ず」（一八七三年一〇月一八日条）と記す。この記述からも、大久保が新政府の中心となるのに反比例して、木戸が権力から距離を取って事態を批評家的に見るようになっていったさまがうかがわれる。

征韓論争自体は反征韓派参議の勝利に終わった。しかし以後、大久保利通が権力を強化し、木戸の反対する台湾出兵を強行する。よって木戸は数次にわたって辞表を提出して下野し、かつ自らの理想が容れられないとして時に愚痴を吐くが、木戸の「愚痴」は大久保政権のありようを逆照射するものとは言えないだろうか。

（千葉）

保古飛呂比　佐佐木高行日記

【史料期間】①一八三〇年（天保元）一〇月〜八三年（明治一六）一二月、②一八九一〜九二年のごく一部、③一八九五年五月〜一九〇二年一二月、ただし一八九七年前半と一九〇一年は欠、④一八六七年（慶応三）一月〜一九〇五年一月

【史料状況】原史料は戦災で焼失。①の写本は東京大学史料編纂所にあり、同所編『保古飛呂比 佐佐木高行日記』全一二巻（東京大学出版会、一九七〇〜七九年）として公刊。②の写本は国立国会図書館憲政資料室所蔵「憲政史編纂会収集文書」に断片的にある。③の写本は早稲田大学にあり、安在邦夫・望月雅士編『佐佐木高行日記　かざしの桜』（北泉社〈現・創泉堂出版〉二〇〇三年）として公刊。④は抄出写本で宮内庁書陵部所蔵、未刊

ささき・たかゆき
1830〜1910　幕末・明治期の志士，政治家．土佐藩出身．土佐藩時代は穏健な尊王攘夷派．維新後，新政府に入り刑部大輔，参議となる．廃藩置県後，司法大輔，左院副議長，元老院議官．1878年（明治11）明治天皇の教育係の侍補となり，信を得た．廃止後元老院副議長，参議兼工部卿を歴任．内閣制度後は宮中顧問官・枢密顧問官となり一応政界からは退く．87〜88年皇太子の御教養向主任，89年以後は皇女昌子・房子両内親王の御養育主任を務めた

「保古飛呂比《ほごひろい》」とは正確には佐佐木高行の日記ではなく、伝記史料である。佐佐木の手元にあった書簡類や他の記録を、佐佐木と親近の者が時代順に整理し、折々の佐佐木の日記を織り込んだものである。一八六七年（慶応三）まで完成し、一八八五年までが未定稿、以後は未整理状態で九一年頃まで存在したと推定されている。佐佐木には日記が数種あり、宮中と皇女養育について別記した「かざしの桜」と題する日記もあった。

「保古飛呂比」は、一八八三年までの写本が、東京大学史料編纂所に所蔵され、刊行されている。また「保古飛呂比」と佐佐木の日記は、『明治天皇紀』編纂の際に利用され、抄出の写本が宮内庁に存在する。日記「かざしの桜」の写本の副本の一部は、当時編纂に当たっていた渡辺幾治郎と深谷博治の文書に残され、早稲田大学が所蔵しており、刊行されている。原史料は、戦災のため佐佐木家には残っていないという。

二番手

佐佐木は土佐藩時代は尊王攘夷派の土佐勤王党に近く、藩庁主流の吉田東洋派には遠かった。そのため中央政界には一八六七年になってようやく登場した。幕末期の日記は土佐藩の内部対立がわかる史料であり、中央進出後は後藤象二郎や坂本龍馬に関する記述などがある。

維新後一八七〇年には参議となる。もちろん土佐藩を代表する意味合いがある。ところが土佐藩の実力者は、後藤と板垣退助であり、知名度も高い。政府においては、土佐は薩長の次に来る存在であった。薩摩と長州は危機には協調するとはいえ、対立も多い。佐佐木は土佐藩を代表するといいきれない立場で両者にあたる。こうして自分は中立的に新政府を支えるという自己意識が形成される。一八七〇年三月六日の条には、三条実美と岩倉具視は「直ニ薩長肥人へ被申談候《もうしだんぜられそうろう》事モ憚《はばか》ラレ候〔ママ〕、事件ハ自分へ内密相談アリ」「及ブ丈《だけ》微力ヲ尽セリ」と述べている。もちろん佐佐木にも、西欧化に抑制的で、のちには国会開設に消極的であり、大久保利通存命中は大久保に近いという指向はあるが、対立から少し引いた形で日記を記しており、明治初期の政府の内情がわかる史料となっている。

佐佐木の二番手の地位はこの後もついて回る。廃藩置県後、卿《きょう》(省の長官)となれず司法大輔《たいふ》(第一次官)。明治六年政変後、板垣や後藤のように下野しなかったが、司法大輔に再任。その地位も長州閥山田顕義《あきよし》に押し出され左院の副議長。しかし佐佐木は腐らずに、政府確立のために働き、板垣派と高知県政界で対立する。ところがその板垣が、一八七五年に国会設立をめざすことを条件に政府に復帰し、元老院が設置される。佐佐木は元老院議官となるが、板垣の名指しの忌避のために、設置と同時に就任というわけにはいかなかった。憤慨しながらも、二番手の地位から見た政府内の内情を、佐佐木は日記に記していく。

明治天皇の信を得て

佐佐木の転機は、一八七八年に天皇の政治教育係の侍補《じほ》に任命されたことである。侍補には他に元田永孚《もとだながざね》・吉井友実《ともざね》・米田虎雄《こめだとらお》らがいたが、いずれも天皇にずかずかと意見したらしい。たとえば一八七八年五月一四日の大久保暗殺後には一同で直諫《ちょっかん》し、米田は五月、「平素御馬術御好被為遊《おこのみあそばせられ》候程ニ、御政事上ニ叡慮被為在候ハヾ《あらせられそうらわば》、今日ノ如キ世上ヨリ二三大臣云々《うんぬん》ノ事ハ有間敷《あるまじく》、常ニ苦慮云々」とまで述べている。「二三大臣云々」とは二三の大臣が政治を専らにすると言う大久保斬奸状《ざんかんじょう》にあった言葉である。こうした直言の結果、侍補は天皇に信任される存在となった。侍補は、天皇の意思を政治に反映させようとする天皇親政運動を起こし、内閣と対立してその職は廃止されるが、天皇の信任は変わらなかった。以後佐佐木の日記は、政府の内情とともに、明治天皇の意向や宮中の動向を知る貴重な情報をもたらす記録となった。

『保古飛呂比』は一八八三年で終わるが、その後については、佐佐木の伝記である津田茂麿《しげまろ》『明治聖上と臣高行』（自笑会、一九二八年）で内容がうかがい知れるだけであった。しかし『佐佐木高行日記　かざしの桜』刊行によって、一九〇〇年前後の明治天皇と宮中の動向が知られるようになった。大正天皇の成育についても記され、一八九五年頃までは柳原愛子《やなぎはらなるこ》が生母であることを知らなかったことや、結婚時の宮中の風聞などがある。

ただし、渡辺幾治郎が、佐佐木の記録は貴重であるが、「余りに政治上の意見があるので〔中略〕時に偏頗《へんぱ》の嫌なきや」と思うと言っているように、藩閥の対立から離れて公平に見えるが、やはり二番手としてのバイアスが存在することには留意する必要がある。（西川）

植木枝盛日記

【史料期間】一八七三年（明治六）二月〜九二年一月
【史料状況】原史料は第二次世界大戦中に焼失。写本が国立国会図書館憲政資料室に所蔵。高知新聞社編『植木枝盛日記』（高知新聞社、一九五五年）、家永三郎ほか編『植木枝盛集』全一〇巻（岩波書店、一九九〇〜九一年）に所収され公刊

うえき・えもり
1857〜92　明治前期の政治家・民権活動家．土佐藩出身．上士の家に生まれる．1867年（慶応３）藩校致道館に入る．76年（明治９），『郵便報知新聞』への投書により禁獄２ヵ月．77年板垣退助率いる立志社に入り，国会開設を求める建白書を起草．79年『民権自由論』刊行．81年，「日本国国憲案」を起草．83年『天賦人権弁』，翌年『一局議院論』刊行．86年高知県会議員．88年県会で公娼廃止の建議を行い可決される．90年７月衆議院議員．92年１月死去

貪欲な政治文化の摂取

自由民権運動の代表的思想家の一人である植木枝盛は、板垣退助のブレーンとして、「土佐派」（高知県士族）主導の運動を言論・思想面で支えた。自由民権運動の最も華やかなりし頃、植木はまだ二〇代半ばの青年であり、いわば運動の花形的存在だった。

日記は、旧藩主・山内豊範が東京に設立した海南私塾に入るため少年・植木が初めて高知を発った日から、死の直前まで二〇年間にわたる。文体は文語調。記述の間隔や分量はまちまちだが、日々の行動をほぼ継続的に追うことができる。ただし、植木の残した文書は日記を含めて、一九四五年（昭和二〇）七月四日の高知空襲でほとんど焼失したとされる。現在手に取ることができる日記は、戦前に作られた二系統の写本である。両者のあいだには、語句の細部にかなりの違いがある（『植木枝盛集』八巻解題）。

なお植木は、通常の日記と並行して、購入した本と読んだ本の記録（「購賕書目記」「閲読書目記」）と、日々の着想や読書感想を書き留めた稿本（『無天雑録』『天狗経』）を残している（すべて『植木枝盛集』所収）。これらも植木の思想遍歴を知るうえで重要な史料だ。

日記の初期を特徴づけているのは、公開の言論によるコミュニケーションという新しい政治文化を植木が貪欲に摂取しながら、自らその構成要素となってゆく過程だ（稲田雅洋）。上京して新聞縦覧所で新聞を読み漁《あさ》り、明六社《めいろくしゃ》や慶應義塾の演説会に通い詰める日々を送っていた植木は、やがて自らも新聞に投書を始め、言論人から認められていく。日記には傍聴した演説会の弁士や題目が詳しく記され、また植木が、朝野新聞や郵便報知新聞、評論新聞（集思社）といった当時の代表的な民権派ジャーナルにしばしば出入りしているのもわかる。集思社での演説会で、植木は初めて弁士として登壇もしている（一八七六年八月七日条）。

西南戦争の開戦と前後して高知に帰った植木は、板垣の立志社に入るとともに、その機関誌で主筆的役割を務め、また繰り返し演壇に立って演説会の普及に力を注いだ。自由民権運動が広まっていく過程は、同時に、新しい政治文化が東京から地方へと伝播《でんぱ》する過程でもあった。なお西南戦争当時、西郷軍に呼応するか否かで揺れた立志社の内情については、日記に一度だけ「募兵《ぼへい》の議に付《つき》談ず」とあるのが見逃せない（一八七七年四月一七日条）。

二〇〇回を超える性交渉の記述

さて、植木の日記を初めて繙《ひもと》いた者が一様に仰天するのは、国会開設請願から自由党の結成へという自由民権運動の最高潮期に、植木が執筆活動や全国での演説会を精力的に行う一方で、遊郭や旅宿での性交渉についてきわめて頻繁に書き留めていることだろう。一八七八～八八年の一一年間で記述は二〇〇回を超え、相手の女性は一〇〇人を超える。遊蕩《ゆうとう》自体は珍しくなかったにせよ、それが日記の形で、ほとんどは相手の名前まで記されているとなれば「やはり尋常ではない」（米原謙）。しかも植木は女性の地位や権利の問題に一貫して関心を寄せた思想家であり、「廃娼論」（一八八五年）を著したこともあるので、あまりの言行不一致は多くの研究者を悩ませてきた。だが、これを「古い習俗からぬけきっていなかった」（外崎光広）とだけ理解していいだろうか。

江戸時代の武士や町人の男たちが植木ほど野放図に遊蕩できたはずはなく、むしろ近代化のもたらした社会的束縛からの解放によってこそ、植木は遊郭通いに耽溺《たんでき》していったのではないか。近代化は、性の商品化をかえって容易にしたのである。

「天皇」の自称

日記のなかで、時に植木が自らを「天皇」と称しているのも、著作からはわからない一面だ。「天皇」の自称は一八八一年八月から登場するが、少し前には、「天皇と偕《とも》に寝《い》ね、又皇后と同衾《どうきん》して寝ね交媾《こうこう》することを夢む」という極めつけの記述もある（同年二月一日条）。他方で「日本革命の軍を起したること」を夢に見た（一八八二年四月二六日条）とも記している植木にとって、夢とは単なる幻覚や空想ではなかった。「天皇との一体化」こそが植木の民権思想を「あれほど急進的な形」にしたという米原謙の分析は、正鵠《せいこく》を射ているといえよう。「政府も天子もまた人也、畢竟己れと同格なるものなり」（『無天雑録』一八八〇年七月五日条）と述べ、人それぞれが「己れ」の「心」を「自由」「自主」とすることを何より重んじた植木が、ひそかに自ら「天皇」と称するにいたったことは、何が植木の精神を束縛していたかを物語っているのではないか。

国会開設から一年あまりで、衆議院議員となっていた植木は三五年の短い生涯を終えた。死の直前の日記には、「予先般よりの病気未だ癒えず〔中略〕腹部胃部甚だあしゝ、食物一切進まず」とある（一八九二年一月一日条）。（塩出）

近衛篤麿日記

【史料期間】一八九五年（明治二八）二月～五月、九六年八月～一九〇三年三月
【史料状況】原史料は京都・陽明文庫所蔵。非公開。国立国会図書館憲政資料室でマイクロフィルムでの閲覧は可能。近衛篤麿日記刊行会編『近衛篤麿日記』全五巻別一巻（鹿島研究所出版会、一九六八～六九年）として公刊

このえ・あつまろ
1863～1904　貴族政治家．京都生．1873年（明治6），父・忠房の死により家督を相続．84年公爵．85～90年オーストリアとドイツに留学．90年11月貴族院議員．95年3月学習院院長．96年10月貴族院議長（1903年10月まで）．98年1月雑誌『太陽』に「同人種同盟　附支那問題研究の必要」を発表．98年11月東亜同文会を結成（初代会長）．1900年9月国民同盟会を結成（02年4月解散）．03年8月対露同志会結成．同年12月枢密顧問官．04年1月病没

貴族政治家の対抗意識

近衛篤麿は一九〇四年（明治三七）に齢《よわい》四十余りで病没するまで、西園寺公望と並び、近い将来の首相候補と目された貴族政治家である。近衛家は藤原鎌足の嫡流で、五摂家の筆頭に位置する、公家のうち天皇家に最も近しい存在だった。昭和戦前・戦時期に三たび内閣

を組織した近衛文麿は、篤麿の息子である。近衛が特に知られるのは、日清・日露戦間期において、アジア主義的な対外硬運動の指導者として死の直前まで活動し、結果的に対露開戦論を先導したことだ。「近衛篤麿日記」は、まさにこの時期の克明な記録である。

原史料は罫紙《けいし》に筆書きされ、文体は文語調。箇条書きで毎日の行動、会った人物や会話の内容、書簡のやりとりなどが詳細に記されている。またその日の出来事に関係する書簡や書類が多数綴じ込まれており、公刊に際してこれらも翻刻された。

日記の文面には、立憲政治の確立過程における若き貴族政治家の、藩閥・政党に対する対抗意識と強烈な自負心が満ちている。第一次大隈重信内閣（憲政党）の総辞職をうけて組閣にあたった山県有朋から文相就任を依頼された際、近衛は山県の目の前で次のように言い放ち、入閣を辞退した。

「〔衆議院の支持について〕閣下の内閣は望み尠《すく》なし。〔中略〕拙者今日迄藩閥にも政党にも何等の繋累《けいるい》なし。〔中略〕失礼ながら藩閥も所謂《いわゆる》政党も、破れて砕片となるの時は遠かるまじ。其時は、其紛乱の時には、拙者乍不及《およばずながら》大に力を尽すべし。其時失敗せば拙者も亦政治上の打死なり。拙者は今日打死するの時にあらず、其時期を少しく延べんと欲するなり」（一八九八年一一月六日条）

当時の政党政治家であっても、藩閥の領袖に対面してここまで敵愾《てきがい》心と権力意志を剝《む》き出しにできる人物がどれほどいただろうか。衆議院に基盤をおく政党勢力が、藩閥・元老勢力と駆け引きを繰り返しつつ政権に入り込んでいく過程で、近衛は「皇室の藩屛《はんぺい》」たる華族が立憲政治にとって有意義な存在だと証明しようとした（坂井雄吉）。そこには、一種のルサンチマンがあったといえよう。たしかに近衛は華族中随一の家格を強みとしたが、そもそも明治政府による華族制度の創出なくして、果たしてその家格は政治的資源となり得ただろうか。西園寺公望とも異なり幼少期に維新を迎えた近衛は、明治国家の形成過程では局外者に過ぎなかった。いわば近衛は、与えられた「華族」という鋳型《いがた》によって自らを形作り、そこに意味を見出すことで、制度設計者たる藩閥・元老勢力に対峙しようとしたのではないか。

そして近衛は、貴族院が政府からも衆議院からも独立して行動することを望んだ（小林和幸）。伊藤博文率いる政友会内閣の増税案が、衆議院通過後に貴族院で否決された際、議長の近衛は調停を求める伊藤らに冷淡な態度を取り、進んで事態を収拾しなかった。明治天皇の勅語によって貴族院はようやく可決に転じたが、近衛は「かくあるべしとは予想せざりしにあらざりしも、今更の如くに感慨に打たれ、唯長大息あるのみ」と記した（一九〇一年三月一二日条）。だが、貴族院は租税に関して衆議院の議決を覆してはならないと批判する福《ふく》羽美静《ばびせい》の書簡に対しては、「愚論驚くべし」と一蹴したのだ（同月一八日条）。

「日清同盟」の主張

衆望を集め、自らも大事をなすべきことを認めていた近衛が、最も影響力を発揮したのが対外硬運動だ。一八九八年初頭、「白人種」に対する「黄人種」としての日清同盟を主張した近衛は、同年末に「支那保全」を唱え東亜同文会《とうあどうぶんかい》を結成した。そして一九〇〇年、義和団事件に際し満州に派兵したロシアが、事件解決後も撤兵を行わないのに対して、近衛は日本政府が開戦も辞さぬ強硬な姿勢を取るよう、国民的運動を展開した。

義和団事件の直前期に南京《ナンキン》を訪れた近衛は、清国の洋務派官僚・劉坤一《りゅうこんいつ》（両江総督）と会見していた（一八九九年一〇月二九日条）。劉は近衛の主張を、「清韓日」の三国を合わせ、「兄弟」「唇歯《しんし》」としてともに「亜東大局を維持」しようとの趣旨だと受け止めて、賛同の意を強く示した（一九〇〇年一月一九日条）。実際に劉は一九〇〇年、近衛らによる南京同文書《なんきんどうぶんしょ》院《いん》（中国研究の専門学校）の創立に協力した（翌年、上海に移転し東亜同文書院《とうあどうぶんしょいん》と改称）。

清国を国家として維持し分割を阻止するという近衛の「支那保全」論は、アジア主義の理念に彩られてはいたが、あくまでそれが朝鮮を日本の独占的な勢力圏とするため有効だという判断に基づいていた（坂井、酒田正敏）。他方、劉が「亜東大局」を語って近衛に期待をかけたのも、自国の再建に役立てばという限りに過ぎなかっただろう。しかしそれでも、両者の間で「アジア」という合言葉が実際に流通したことは、やはり無視できない。

日露の開戦を見ることなく斃《たお》れた近衛は、戦勝によって英雄となった。この貴族政治家が今しばらく生き続けていたら、後世に「桂園時代」「大正デモクラシー」と称される政治史は、相当の影響を受けたのではないだろうか。（塩出）

宇都宮太郎日記

【史料期間】一九〇〇年（明治三三）二月、〇七～一六年（大正五）、一八～二一年九月
【史料状況】原史料は宇都宮恭三（太郎の孫）が所有し、日本女子大学文学部史学科が保管。史料保存のため非公開。日記の全期間が宇都宮太郎関係資料研究会編『日本陸軍とアジア政策　陸軍大将宇都宮太郎日記』全三巻（岩波書店、二〇〇七年）として公刊

うつのみや・たろう
1861～1922　陸軍軍人．最終階級は陸軍大将．佐賀藩出身．1885年（明治18）陸軍士官学校卒業，90年陸軍大学校卒業．以後情報将校として経歴を重ねる．1901年英国公使館付武官となり，日露戦争時には明石元二郎らと対露工作に従事．帰国後は陸軍大学校兵学教官，歩兵第１連隊長を歴任．08年から参謀本部第２部長に就任，辛亥革命や２個師団増設問題に対応する．1914年（大正３）から第７師団長，第４師団長を歴任．18年朝鮮軍司令官に就任，３・１独立運動を鎮圧．20年軍事参議官

アジアとの奇縁

宇都宮太郎は、明治・大正期に活躍した軍人である。陸軍では傍流の佐賀藩出身であり、反長州閥派の中核として活躍した。現在では三・一独立運動の鎮圧者として、日本よりむしろ朝鮮半島で有名な人物である。だが宇都宮は、アジアに着目した独特の世界観を持つ軍人であった。初期には日韓中の協力による欧米への対抗を構想し、晩年に至っても「合同共存

共栄」によるアジアの団結を訴えた。その背景にあるのは、白人が支配する国際社会での孤立感である。辛亥革命での行動などから、宇都宮の帝国主義的傾向を指摘するのは容易である。だが「誤れる対韓根本政策（無理に強行したる併合）」が「東方諸邦の心を失ひ、帝国開発膨張の前途を困難にし、鮮人悦服の大障碍《しょうがい》と為り」（一九一九年〈大正八〉三月一日条）と批判するなど、宇都宮は単なる支配圏の確保だけでなく、信頼関係の行方までを考慮していた。日本の影響力拡大を意図した大陸政策も、同様に信頼できるアジア勢力の育成を視野に入れたものと解釈できる。その宇都宮が三・一独立運動の鎮圧者として記憶されたのは、歴史の大いなる皮肉である。この日記の公刊により、より実像に即した宇都宮研究の進展が望まれる。

宇都宮文書の発見も、アジアとの奇縁に導かれたものだった。昭和の政界で特異な位置を占めた、宇都宮徳馬《とくま》という政治家がいた。日中友好協会会長などを務めた徳馬は、太郎の長男である。その徳馬が宋慶齢《そうけいれい》日本基金会会長に就任していたことが縁となり、「辛亥革命研究会」による交渉を経て、宇都宮文書の存在が確認された。中国を通じた縁が契機となったのは、アジアへの熱情を共有した太郎・徳馬父子の思いを反映したかのようである。途中徳馬の死という不運に見舞われつつも、遺族の協力により調査が進行し、書簡約五〇〇〇通、書類約二〇〇〇点を含む膨大な史料群であることが判明した。文書が散逸せずに残ったのは、宇都宮が生前に伝記の執筆を依頼し、ある程度まで企画が進行していたためと推測されている。ただし伝記は刊行に至らなかった。

長州閥派・反長州閥派の色分け

現存する日記一五冊は、一九〇〇年、〇七〜二一年（うち一七年は欠落）のものである。日記は外国情報を扱う参謀本部第二部員時代からはじまるが、特に執筆の動機などの記述はなく、以前から日記をつけていたのかは判らない。また欠落部分は執筆されていないのか、紛失したのかは不明である。博文館当用日記帳にペン書きされており、インクが滲《にじ》み判読が難しい部分もあるが、文字はさほど崩れておらず読みやすい。日記は基本的に毎日書き込まれており、記述量も多く時に欄外や該当日以外の頁まで侵食するほどである。宇都宮がいつ日記を付けていたのかは不明だが、日付を間違えた例があるため、数日分をまとめて書くことはあったらしい。

日記の内容には人名や日々の記録を克明に記録しているが、簡素で要点を押さえた筆致により、一見いかにも軍人の記録という印象を受ける。だが宇都宮は本来感情豊かな人柄であり、淡々とした記述の中に登場する「太郎自身の生の声」（第一巻「刊行にあたって」）は、思わず付箋を貼りつけたくなる魅力的なものが多い。また北清事変、辛亥革命、二個師団増設問題、大正政変、三・一独立運動などの記述は特に充実しており、いままでの想定以上に宇都宮の果たした役割の大きさが確認された。従来の歴史解釈を覆すような衝撃には欠けるのだが、随所に影響を確認できるという意味で歴史の「隠し味」的な日記として楽しむことができる。

本日記の特色の一つに、陸軍内の対立を具体的に記述している点がある。宇都宮は各々を長州閥派・反長州閥派に色分けして、内閣交代や軍人異動時の人事に一喜一憂する。特に同志の上原勇作が陸相に就任したときは「長州陸軍を帝国陸軍と為し、老境に向ひたる陸軍を若返らせること」（一九一二年四月五日条）を期待し、二個師団増設問題では上原の辞職を断念させようと奔走する。その臨場感溢《あふ》れる記述は、日記の山場の一つである。

だが宇都宮が批判するのは、長州閥が陸軍を私物化し改革にも消極的な点であった。したがって長州閥でも新進抜擢を主張する田中義一とは共鳴する面があり、山県有朋没後の構想をともにする関係にあった。寺内正毅も長州閥を出るならば、原敬や加藤高明ら政党指導者よりも、国の中心人物として適当だと評価している。その前提となるのが、長州閥とは山県有朋が人格的に統合する集団であるという見解であり、その「山県も余命幾くもある可らず」（一九一五年一二月四日条）という観測であった。山県との二〇歳以上の年齢差を考えると、宇都宮が時間を味方と考えても不思議ではない。長州閥の自然崩壊による陸軍改革の好機は、近日中に到来するはずだった。ただ誤算だったのは、山県の予想外の長命である。山県は一九二二年二月一日、この世を去った。宇都宮の死去は、その二週間後の二月一五日である。山県の訃報に接した宇都宮は、果たしていかなる思いを抱いたのだろうか。

（近藤）

伊東巳代治日記

【史料期間】明治期が、①一九〇〇年（明治三三）一月〜〇一年四月、②五月〜七月、③九月〜一〇月、④〇二年二月〜八月、⑤九月〜一〇月。大正期が、一九一八年（大正七）八月〜一二月。昭和期が、（1）一九三〇年（昭和五）三月〜四月、（2）三三年一月〜六月、（3）七月〜一二月
【史料状況】原史料は現存せず、日記の写本八冊が国立国会図書館憲政資料室所蔵の『憲政史編纂会収集文書』の中にある。そのうち大正期のものは、小林龍夫編『翠雨荘日記』（原書房、一九六六年）として公刊。近年、残りの写本の影印本が広瀬順晧監修・編『伊東巳代治日記・記録――未刊翠雨荘日記』全七巻（ゆまに書房、一九九九年）として公刊

いとう・みよじ
1857〜1934　明治から昭和初期の官僚・政治家．長崎生．従二位勲一等伯爵．早くから英語を修め，伊藤博文の知遇を得て工部省に出仕．1882年（明治15）欧州憲法調査に随行し，帰国後，大日本帝国憲法の起草に参画．92年内閣書記官長，98年農商務大臣．91年に東京日日新聞（現・毎日新聞）を買収．99年枢密顧問官となり，昭和初期まで影響力を保った．1917年（大正6）に臨時外交調査委員．帝室制度審議会総裁も務めた

「憲法の番人」

伊東巳代治は、明治初期から昭和初期にかけての官僚・政治家である。町人の子として長

崎に生まれたが、若くして語学に頭角を現し、その才能を二〇歳のときに伊藤博文に見出されて以降、大日本帝国憲法の起草や第二次伊藤内閣の内閣書記官長など専ら伊藤の幕僚として活躍した。とりわけ、超然主義を標榜した第二次伊藤内閣が、日清戦争後、膨張した財政のために、一転して自由党との提携に踏み切り、藩閥と政党との提携という立憲政治の新たな局面を切り開いた際には、伊東が背後で政府と自由党との間を周旋したことはよく知られている。伊藤の没後も、枢密院の重鎮として隠然たる勢力を保ち、その狷介《けんかい》な「憲法の番人」としての言動は、歴代内閣、特に憲政会系の政党内閣にとって鬼門となった。毀誉《きよ》の分かれる有能な策士として知られる一方、東京日日新聞を経営したり、日清戦争時には対外宣伝に従事するなど、メディアにも関係の深い人物だった。

「伊東巳代治日記」は、その伊東が書き残した日記である。現在は一九四〇年（昭和一五）帝国議会開設五〇周年を記念して憲政史の編纂が企画された際、憲法学者の鈴木安蔵《やすぞう》が原稿用紙にペン書きで筆写した、写本のみが残っている。「翠雨荘《すいうそう》日記」と題された日記本体の写本は合計九冊。内訳は、明治期が五冊、大正期が一冊、昭和期が三冊である。最初に公刊された大正期の日記には、日記別録ともいうべき「日米出兵提議問題」「日米両国間の関係」と臨時外交調査会に関する諸史料が付属しており、それらが一体となって寺内正毅内閣の総辞職（一九一八年）から原敬内閣の成立経緯、シベリア出兵問題、パリ講和会議対策など大正期の政界中枢とりわけ外交の内幕を語る貴重な史料となっている。また、李王世子《りおうせいし》婚儀に関わる皇室典範改正の紛糾についても多くの記述がある。近年公刊された日記では、昭和期のものは国際連盟脱退後の日本外交や内訌《ないこう》を深める政友会の党内事情を心配する最晩年の記録ではあるが、日記自体のおもしろさは、圧倒的に明治期の「翠雨荘日記」にある。

「政治における人間性」の稀有な記録

翠雨荘とは、東京永田町にあった、盆栽で囲まれた伊東の別宅である。伊東は、一八九八年(明治三一)以降、この屋敷に引き籠もり、玄人はだしの腕で盆栽の世話をしながら、伊東の人脈や諸新聞から仕入れた政治情報に基づいて、政局を分析し、籌策《ちゅうさく》を練り、せっせと詳細な盆栽手入れ兼政界手入れ日記を書き続けた。あくまで伊東の視点からではあるが、第二次山県内閣の成立(一八九八年)から伊藤の政友会結成、そして第四次伊藤内閣の崩壊から第一次桂内閣の誕生(一九〇一年)まで、政界中枢の舞台裏について、この日記ほど豊富な情報を提供してくれるものはない。また伊藤をはじめとする登場人物に対する歯に衣着せぬ人物描写もおもしろく、この時期の政治史を活写する必須の史料として利用されてきた。とりわけ、山県内閣との提携に行き詰まり困惑する星亨《ほしとおる》らに対して即座に伊藤と憲政党との新党を提案する場面や、政党結成をめぐって確執を強める伊藤と山県との間を調停し、天皇の黙認を取り付けるまでの経緯などは、策士伊東の面目躍如の感がある。

しかしこの日記は、同時に、伊東の伊藤に対する複雑な愛憎をかなり率直に語る、「政治における人間性」の稀有《けう》な記録でもある。そもそも伊東が翠雨荘に引《ひ》き籠《こ》もったのは、第三次伊藤内閣成立時（一八九八年）に、自由党との提携をめぐって伊藤との間に行き違いが生じ、伊藤の態度に強い不信感を抱いたことが原因であった。とりわけ、提携を進めた伊東の真意に対する伊藤の猜疑は、幕僚としての自負を誇った伊東に思いもよらない衝撃を与え、深く心の傷としてわだかまった。以後、伊東は、他日必ず伊藤に「後悔の念を起さしむ」（一九〇一年四月二七日条）ことを誓い、伊東の喪失を思い知らせることを決意する。伊藤のライバル山県に接近して地租増徴案の成立に協力するのも、伊藤の政友会結成に一肌脱ぎながら入閣しないのも、そのゆえであった。そして、伊東の筆は、伊東不在の第四次伊藤内閣が閣内不一致から漂流し、伊藤が狼狽して醜態をさらす姿を密かな喜びをもって書き留めるのである。

しかしながら、その実、伊東は、伊藤から離れることも、伊藤を見捨てることもできなかった。伊藤の片言隻句《へんげんせっく》が風に乗って翠雨荘の門をたたくと、伊東の心中はにわかに波立ち、複雑な波紋が幾重《いくえ》にもひろがった。伊東の真意が誤って伊藤に伝わっているのではないか、根も葉もない離間策に伊藤が踊らされているのではないか、気は揉《も》めに揉め、ついには直接伊藤に会って進退の間然のなさについて長広舌《ちょうこうぜつ》をふるわずにはいられないのである。伊東の栄光と得意も皆かつて伊藤とともにあった。だから本当は伊藤のもとに帰りたいのである。だが伊東の矜持《きょうじ》がそれを容易には許さない。この日記は、その葛藤の記録でもある。（坂本）

Column of Historical Materials

明治天皇紀

二〇〇二年「大正天皇実録」が公開されたとき、『明治天皇紀』を知っている人ほど失望は大きかった。両者の内容があまりに違ったのだ。実は編纂の方針が元来異なっている。

近代に入って宮内省が関わった天皇の伝記としては、一九〇六年（明治三九）完成の『孝明天皇紀』がある。綱文《こうぶん》という事実関係の記述と、その典拠となる史料を載せた形式で、内容は、天皇の言行が中心の、紛うことなき伝記である。この形式は、古くからの史書のスタイルであった。また『明治天皇紀』編纂と同じ頃に、宮内省は歴代の天皇皇族実録を編纂していたが、同じ形式である（なお近年公開され出版されている）。「大正天皇実録」もこの形式に倣った編纂であり、内容も公的な天皇の言動が中心である。

ところが『明治天皇紀』は実録と異なる方針で編纂されている。一九一四年（大正三）から一八年余の長きにわたる編纂期間に編纂方針にも若干の揺れがあったが、一度は明治天皇の伝記であると同時に「国史」として編纂するという方針が採用された。「国史」の部分は最終的には縮小されたが、明治天皇と関連する政治・社会・文化などの動向まで、幅広く史料が集められ、編纂された。もちろん天皇の伝記部分は詳しい。天皇の意思や私的な姿も記された。明治天皇に関する百科事典といってもいい出来となったのだ。

これほどの物を編纂したのは、万国対峙を目標に近代国家を形成した明治という時代、その中心であった天皇という観念に裏打ちされ、明治天皇の生涯と業績を賛美するという意図があったためである。

とはいえ編纂者たちは、実証主義を旨とした。ふたつ例を挙げたい。

ひとつは日清戦争開戦時の話である。明治天皇は、「今回の戦争は朕素《もと》より不本意なり」と述べ、伊勢神宮・孝明天皇陵への勅旨派遣に不満であったことが、記されている（一八九四年八月一一日条）。こののち天皇は広島大本営に移るなど職務に精励するのであるが、開戦時に不満があったのは事実であった。公開が前提となって編纂されたものではないといえ、開戦に不満という天皇の意向を明記している。

今ひとつは西南戦争の時の、たまたま京都に滞在していた天皇が、拝謁以外「御学問所〔執務室〕に出《しゅつ》御《ぎょ》あらせられず」（一八七七年三月二一日条）という記述である。明治天皇は西郷隆盛に親近感があり、討伐に反対であったという研究者もいれば、それは読み込みすぎであるという研究者もいる。出発日を遅らせた事例があるくらいに生誕の地京都が好きな明治天皇が引き籠もるほどに、鬱屈した思いがあったのは、事実らしい。だから討伐に反対とまでは言えなくても、西郷への愛惜の感情はあったと思われる。しかし『明治天皇紀』は、木戸孝允が「鬱を散」ずるため乗馬を勧めたと記載するだけで（二五日条）、それ以上は踏み込まない。史料がないことは書かないという姿勢が堅持されている。

このように、実証主義が貫かれているが、内容は無味乾燥ではない。たしかに全一二巻もあり、正字・文語体であり読むのは困難であるが、明治天皇の感情までわかる記述がなされていて、なかなかに愉しめるのである。

典拠とした史料の中には、側近へのインタビューもある。近年公開され出版されたが、その編者堀口修によれば、他にも、インタビューがあったという。そもそも『明治天皇紀』には、存在が不詳である明治天皇の御手元文書「内大臣府文書」や侍従の日誌、戦災などで失われた史料が使われている（平成末年から宮内庁書陵部で公開されているものもある）。編纂物ではあるが、得難い情報がきらめいている。

本書は、性質は日記とは異なるが、明治天皇について、日々の行動と時々の感情が記され、しかも実証性が高いという点で、明治史を繙《ひもと》く興味深い書物となっている。（西川）

Column of Historical Materials

書簡

私文書の代表は日記と書簡（書翰）である。特に明治中・後期では伊藤博文ら藩閥政治家が日記を残さなかったために、代わって書簡の重要性がより高まることになる。

序章でも少し述べたが、明治期は直接面談して意見調整をすることが大事であったが、それを補完するものとして膨大な数の書簡が政治家の間でやりとりされた（会談内容の確認や、会談が不可能な際の代わりとして書簡が利用された）。当時すでに電話はあったが、普及が遅れていたうえに、せいぜい会談日時の設定など簡単な用件にしか使われていなかった。代わって、当時の政治家は一日に何通もの書簡をせっせと書いて、送ったわけである。実際、同一人物に対して同じ日に二度書簡を送ることも珍しくなかった。当然膨大な量の書簡が作成されたにちがいない。

これら書簡は、受け取った人物ないしその子孫の家に残される。そして、はるか後年になって、歴史研究者やアーキビストの手によって発掘され、史料館や文書館に移管されて保存・管理される。そして、その過程で目録が編成・記述される。書簡などの史料は多くの人びとの努力によって守られ、研究者や一般市民の利用に供されているのである。

以上の経緯から、例えば「桂太郎関係文書」（国立国会図書館憲政資料室と早稲田大学中央図書館特別資料室に分割されて所蔵）といった場合、その中に含まれる書簡は、桂太郎が出した書簡ではなくて、桂が受け取った書簡の方を指す。なぜなら、桂太郎の手元に残り史料群を構成するのが受け取り書簡（来簡）の方だからである（もちろん、桂が残した書類なども「桂太郎関係文書」を構成する）。

史料館や文書館に所蔵されている「関係文書」のうち、一部のものは翻刻・編集されて刊行されている。例えば、元老（元勲）クラスの政治家だと伊藤博文・山県有朋・松方正義・桂太郎・西園寺公望などがそうである（参考文献を参照）。書簡は墨書で、字をくずして書かれていることが多いので、翻刻とはくずし字を読解して、文意の通った釈文を作る作業を意味する。この作業がまずたいへんである。

翻刻の次には、書簡の年代推定を行う作業が必要となる。もちろん明治期にはすでに郵便制度は施行されていた。ただし、郵便で書簡を送るのは少々礼儀に欠けるとされたので、利用するにしても遠隔地に送るときであって、通常は使いの者に書簡を持たせて届けさせた（使書）。郵便制度を利用していないので封筒に消印はなく、何年の書簡であるかは実のところわからない。よって、書簡の内容から書簡が書かれた年代を推定する必要があるのである。この作業もなかなかたいへんである。

このように書簡集を翻刻・編集して刊行することは、史料へのアクセスを容易にするうえで大きな意味を持つ。ただし、書簡などの史料集の刊行は膨大な作業量を伴うため、ごく一部の史料が刊行されるにとどまっている。また書簡に関しては、受け取り書簡に対して、差し出し書簡が刊行されることは少ない（差し出し書簡は、あちらこちらの史料館・文書館に分散されて所蔵されているため）。しかし、受け取り書簡と差し出し書簡が内容的に対応することも多く、両者をあわせて見ることで、得られる歴史像はより立体的なものとなる。

一例を挙げると、乃木希典が殉死した直後の一九一二年（大正元）九月一五、一六日の両日、四通もの書簡が桂太郎と寺内正毅の間を行き交う。それらを読むと、乃木の遺族への下賜金額と乃木家再興について両者と渡辺千秋宮相の間で合意が取れ、かつ乃木が天皇に一書を奉ったという新聞報道は無根なので乃木の遺書公表の際あわせて打ち消すことになったことがわかる。

いずれにせよ、一つでも多くの書簡が刊行されることが強く待たれている。

（千葉）

第2章 大正・昭和戦前期——政党政治への道

原敬日記

【史料期間】一八七五年（明治八）四月～一九二一年（大正一〇）一〇月（一一月四日までのメモもある）

【史料状況】原史料は原敬記念館が所蔵。原奎一郎編『原敬日記』全九巻、続一巻（乾元社、一九五〇～五一年）、『原敬日記』全六巻（福村出版、一九六五～六七年〈二〇〇〇年復刊〉）として公刊。また岩壁義光・広瀬順晧編『影印原敬日記』全一七巻（北泉社、一九九八年）も公刊

はら・たかし
1856～1921　政治家．陸奥盛岡生．司法省法学校中退．郵便報知新聞記者を経て外務省入省，天津，パリなどで勤務．陸奥宗光の農商務相・外相就任に伴い，農商務，外務省で勤務．外務次官，大阪毎日新聞社長を経て，1900年（明治33）立憲政友会結成に参画，第４次伊藤博文内閣逓相に．02年以後衆院議員に連続当選．第１・第２次西園寺公望内閣，第１次山本権兵衛内閣で内相後，14年（大正３）に政友会総裁就任．18年，陸海外務以外の閣僚に政友会員をあてた本格的政党内閣を組織．爵位を固持し衆院に議席を持つ最初の首相で「平民宰相」と称された．21年東京駅で刺殺される

「余の遺物中此日記は最も大切なるもの」

一九二一年（大正一〇）一一月四日、原敬首相は、一九歳の青年中岡艮一《なかおかこんいち》により東京駅で刺殺された。衆議院の絶対多数議席を保持していた立憲政友会総裁であり、貴族院も掌握し、元老の山県有朋とも協力関係を築き、政権の絶頂にあった首相の突然の死。内外の政治は不

透明となり、株価も一時下落し、後継首相の選定は困難を極めた。混乱の中、日々の新聞は、後継首相選定関係の記事のみならず、原の葬儀と、凶行に及んだ中岡の人物像に関する報道を繰り返す。

その中で、不慮の死に備えた原が作成していた遺書の一部が「日頃の決意」を記したものとして、公表された（『東京朝日新聞』一九二一年一一月六日）。「死亡せば即刻開披《かいひ》すべし」と書かれたものであった。だが、これとは別に三通の遺書があり、葬式後に開披するよう指示されていた。その中にあったのは次の一節である——「余の日記は数十年後は兎に角なれども当分世間に出すべからず余の遺物中此日記は最も大切なるものとして永く保存すべし」（『原敬日記』第六巻、福村出版）。

若年より日記をほぼ継続して書き続けた原は、あるときから自分の日記が後世にとり重要な歴史資料であることを強く意識していたのである。農商務省、外務省、大阪毎日新聞、そして立憲政友会入党、第一次・第二次西園寺公望内閣・山本権兵衛内閣内相、政友会総裁、首相という原の経歴に即して綴られる日記は、明治・大正の政治史を政友会の党勢拡張という視点から克明に映し出す。比肩しうるものがない一級の歴史資料である。生前から原は、記者出身の党総裁としては犬養毅《いぬかいつよし》と比較され（鵜崎鷺城《うざきろじょう》）、政友会に拮抗する憲政会率いる加藤高明や大隈重信と比較され（三宅雪嶺《みやけせつれい》）、後の首相とも様々に比較された（たとえば若槻《わかつき》礼次郎《れいじろう》と比較する馬場恒吾《つねご》）。いずれも日記を残していない政治家ばかりであり、原の日記を通じて、彼らの間の交渉、政治戦略の差異、そして相互の人物評を読み取ることができるのである。

何を残すべきか絶えず考えた

原は、まず鉛筆で日々の案件を手帳に記し、その後筆で罫紙《けいし》に浄書し、これを和綴じ製本した上で、まとめて書棚に保管していた（原奎一郎《けいいちろう》「原敬日記抄 序言」）。暗殺される日のメモの最後の記述は「〇出発」とあり、東京駅に向かう直前にメモを作成していたことがうかがえる。また、首相時代の私邸では、書斎机の引き出しに書きかけの日記を入れて、すぐに書き込めるようにしており、その他の冊子は台湾産の楠で作られた本箱に施錠・保管し、家人には「火事でもあったら、これだけは真っ先に持ち出せ」と言い聞かせていた（原奎一郎『ふだん着の原敬』）。

全八二冊からなる日記は、各冊冒頭に「目録」として重要事項が原自身により摘記されている。形式面で整理されているのと同様、内容面でも推敲を経ている。官僚時代については、罫紙を綴じたものとは別にノートに記された日記が残されている（原敬文書研究会編『原敬関係文書』第五巻）。両者を比較してみると、罫紙を綴じた最終版では相当程度記述が簡略化されており、原自身が記述に取捨選択を繰り返していたことがうかがえる。八二冊の日記の記述が全体として均一な密度で記載されているのも、原自身が何を残すべきかを絶えず考えていたためであろう。

外務省時代の原は、専門技術者として外交官制度の確立に尽力したが、その際に外交官に必須の技量をこう記している。「凡《おおよ》そ任国官民及び同僚《どうりょう》との交際に於て、談論中其言外の意思を察し、其機微《きび》を看破《かんぱ》するは、外交官領事官に最も必要なる技倆《ぎりょう》に属せり。例へば外交談判の如き、其談判を筆記すること如何に詳密《しょうみつ》なるも、要領を摘録すること能《あた》はざれば、本国政府をして速かに其真相《しんそう》を解せしむるに由なし」（「外交官領事官制度」『原敬全集』上巻）。

『歴史とは何か』で知られるイギリスの歴史家E・H・カーは、膨大かつ緊密な文章でソヴィエト政治史を書き綴ったが、その際のソヴィエト公文書の解釈方法は、若年のカーが勤務した外務省の実務標準に従ったものであったという（Jonathan Haslam, "E. H. Carr's Search for Meaning, 1892-1982"）。日々の出来事を文章によって再現し、ついで「摘録」する原の姿勢は、カーと同様、そのまま日本の外交官の実務標準であったと言うべきであろう。

原の遺志にもとづき、日記は盛岡の原家に移送され厳重に保管されていた。周囲からも日記の存在は知られており、時折その公表を求める声が遺族に寄せられたが、内容が機密に係わるものであるために、一九三五年に『中央公論』五〇周年記念号に一部が掲載されたもの の（原奎一郎「父の日記」『朝日新聞』一九五〇年四月二九日）、長らく公開されていなかった。

だが、一九五〇年、嗣子《しし》の原奎一郎氏によれば、「太平洋戦争の結末は、図らずもこの日記に関して従来私の費してきた顧慮の大半を無用に帰せしめ、父の遺言の指示も亦《また》、すでに

箱に納められていた日記全巻

文字通りの解釈に従ふを要しない時世」となったという判断から（『原敬日記』第一巻、乾元社）、朝日新聞紙上に一部が公開され、全文は乾元社から刊行された。

「一冊一冊の出版が、病気を医してくれるほどの、よろこびでもあった」――ブルジョワジーの利益を代表する明治国家の完成者として、原敬を痛烈に非難する評伝を執筆中であった史家服部之《し》総《そう》の回顧である。全九巻の日記の刊行当時、服部は病気療養中であったが、日記を読みつつ新たな構想を練ったのである（『服部之総全集』第一八巻）。政治家原に対する評価の是非を超えて、日記の出版が近代史研究に与えた衝撃を読みとれるであろう。その後日記は一九六五年に福村出版から復刊され、さらに影印版（文面を写真に撮り印刷したもの）が北泉社から出版されている。今では原史料は盛岡市の原敬記念館が所蔵しているが、影印版から原史料の筆致を確認することができる。

密度等質、論旨明快な記述

原は日記という媒体で政治を描写したが、記者時代には新聞記事という媒体で政治を批評していた。政治活動・新聞記事・日記の三つは原にとり、日本語論を通じて結びつけられている。原は、大阪毎日新聞社長時代に、「漢字減少論」を唱え、言文一致体を理想として、可能な限り漢字の使用を制限して時代に即した仮名の利用方法を作り上げていくことを提案していた。また「国民一般の便利」のため将来的には漢字全廃をも主張していた。首相時代、『時事新報』組織変更記念号（一九二〇年一〇月四日）に寄せた談話でも、言文一致体をめざした福沢諭吉の文章を称賛し、自身が大阪毎日新聞社長時代に新聞に講談を掲載し好評を博したことを契機に、口語体の論説を掲載したと回顧している。

たとえば、原が発表した口語体の随筆『でたらめ』は、宴会、服装、食事、社交上の話題といった例を取り上げて、西洋の生活習慣を日本の伝統的慣習に沿って受容すべきことを論じているが、複雑になりがちな主題を読みやすい文章で書き上げている。

平易な表現を理想としたのは新聞紙上に限らない。日記の記述は文語体だが、記述の密度がほぼ等質であり、その論旨は明快である。対極的な例をあげれば、山県の秘書役を自認していた松本剛吉《ごうきち》の日記は、見たままに、会見相手に応じてその表情の変化や言葉遣いを異なる形で叙述している。これと比較すると、文語体で一貫した原敬の日記からは、いかなる相手とも原が距離を保って観察し、その意図を咀嚼《そしゃく》して記述していることがうかがえる。同じ事実がどう異なって叙述されるか。一九二一年四月、山県と原の会見のくだりを比べてみたい。

君は身体が健康であるから尚《な》ほ続けて遣《や》る方が可《よ》からう、しかし閣臣中の外務、文部、内務の三大臣抔《など》は如何であらうか、之等の事は君が各省大臣を兼摂《けんせつ》して居る有様だから構はぬと云ふだらうが、世間が承知せないぢやないか、他の閣臣も余程疲れた模様と見えて罷《や》めたいと言うて居ると云ふ事を《ママ》己《おのれ》の耳に入つた、何とか此際処置してはどうだらうと言うたら、原はいくらか立ち後れした容子の気味でにやりと笑うて手で顔を撫で、もじやもじや口の中で言うて、まさか加藤〔高明〕にも遣らせられますまいと言うたが、原の意中では何か考のあるらしいやうに見えた

（岡義武・林茂『大正デモクラシー期の政治　松本剛吉政治日誌』岩波書店、一九五九年、一九二一年四月五日条）

山県は又例の中橋〔徳五郎文相〕非難を繰返し、之を更迭せしめ同時に他の閣僚の不十分のものを更迭して現内閣を維持すべし、君は面目とか、政党内閣の体面とか言ふ由なれば、決して然るに非らざるべしと言ふに付、余は〔中略〕とに角閣員の進退左様に容易にも参らざるなり、且《かつ》閣下の右様の言は余の内閣を維持すと言ふ前提の下に言はるゝ事なるが、余も何時までも際限なく内閣に立つべきにあらざれば、未だ何等考を極めたるには非らざれども、是は実は考慮中なりと言ひたれば、山県は、そんな事は不可

なり、現内閣辞するも誰も跡を襲ふものなし、仮りに誰か立ちたりとて一年か一年半にて倒るべく、要するに只騒動を醸すのみなり、決心してやるべしと言ふに付、余は、さう単純にも参らざるべく又辞せば誰かやる人は之あるべし、加藤高明も今少しく考あれば可なれども、何時も他に強られて動くには困ると言ひたるに、山県は加藤が朝に立ち普選をやる様の事あらば、自分は単身にても政友会を助勢すべしと勢よく言ひたり

（『原敬日記』一九二一年四月四日条）

山県の問いかけにたじろぐ原が真意をごまかしたのか、普通選挙制の実現を恐れる山県が冷静な原の前でいきり立ったのか。実際は、二人の腹の探り合いの結果、互いに相手の意図を読み切れなかったというあたりであろう。この発言の後、山県は松本に「禅問答」だと語り、原も「此の問答は何等要領を得たるものに非らず」と記しているからである。

「平均値」を求める現実主義

『原敬日記』の巧みな読み手であった政治史学者の升味準之輔は「言動や思考がきわめて現実的で巨大な平均値である原の心」と表現した（『日本政党史論』第四巻）。現実に即した観察が奇矯な批評には終わらず、「平均値」を言い当てるのが、原の真骨頂だというのであろう。

このような原は「社会に激変を与ふることなく、社会の便利を図りつゝ、国家の進展に益

する道を講じたい」という観点から漢字の「廃止」ではなく「減少」を説く。それは、当然に政治に対する原の根本姿勢と共通していた。たとえば、首相時代に山県と会見した原は、こう記している――「山県又々普通選挙となれば国は亡ぶべしと云へり。かくの如き言は度々の事なるが、余は之に対し、国民政事思想の発達せざる時機に之を施行するは、危険此上なしと云ひ置けり」(一九二〇年一一月一二日条)。第一四回総選挙で普通選挙制の実施を拒否した政友会が圧勝し、野党を圧倒した議会運営を進め、頻発する疑獄事件とあわせて世人の非難を買っていた時期である。

東洋経済新報の記者であった石橋湛山は、このような原の普通選挙運動への冷淡な姿勢と、『時事新報』組織変更記念号に掲載された原の文章論での進歩主義との落差に驚き、原に政界を引退し記者に戻れと挑発した(『石橋湛山全集』第三巻)。また国民新聞記者であった馬場恒吾《つねご》は、普通選挙の導入に冷淡な原に「何等理想的な処がない」と詰めよったところ、「理想はあるさ。只《ただ》云はない許《ばか》りだ。云へばみんなして、よつてたかつて攻撃するから、実行出来なくなる」と切りかえされている(『現代人物評論』)。漢字廃止論を「理想」に掲げたとしても、現実には「制限」を主張したのと同様、原は、爵位のない「平民」宰相でありながら、「理想」を掲げて民衆の前衛に立つのではなく、その「平均値」を票の形で集めて「巨大」な権力を掌握し、藩閥政府に統治の一部分としての政党を認めさせた。

事実を積み上げた大河小説

『原敬日記』を読み進めると、この長い過程を通じて、徐々に政治の構図が変化する様がうかがえる。原から見た事実を積み上げた大河小説とでもいえるであろう。変化の節目に沿って時期区分をすると、まず原の官界時代から第四次伊藤博文内閣で逓信大臣に就任する時期、第一次桂太郎から第一次山本内閣にかけて、桂との交渉役となる一方で西園寺・山本両首相の下で三度内相に就任する時期、第二次大隈内閣から寺内正毅《まさたけ》内閣にかけて、自身総裁に就任する政友会が野党に転落し、寺内内閣下で再度首相の座をうかがう時期、最後に首相時代である。

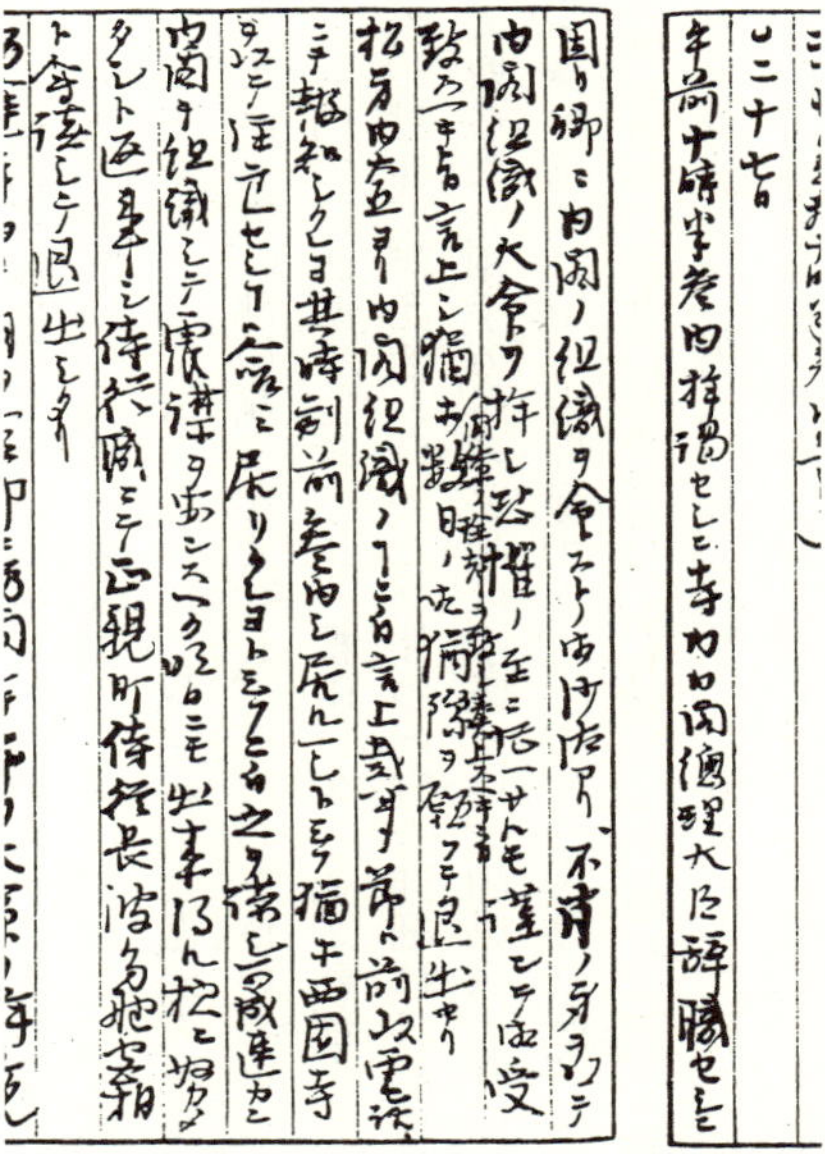
1918年９月27日条．首相への大命が下った折の記述

　まず、一九〇〇年の逓信大臣時代と、一九一八年から二一年の首相時代とで、閣議の風景が一変していることがわかる。首相時代の原は「閣議を官邸に開らく」という表現を繰り返すが、それ以前には

概ね「閣議に出席す」と記していた。政友会の少壮議員であれ、有力者であれ一大臣を務める原は所詮内閣の一員にすぎなかったが、総裁として党への統制を貫徹していた時代の原は閣議の主宰者として振る舞った。政党政治を徹頭徹尾警戒する山県との交渉を行いつつ、日記に大臣・党幹部の発言を要約し、それらを捌《さば》いていったのである。次に、桂園時代では、政友会内では西園寺総裁の下、松田正久と並ぶ幹部として、もっぱら桂との交渉を手がけ、党内、対桂、対元老といった交渉の内容を詳細に日記に記している。だが、原の意向を十分くみ取らない相手方への感想は手厳しい。山県系の官僚はもちろんのこと、西園寺はじめ閣僚・党幹部についても同様である。「意思案外強固ならず、且つ注意粗にして往々誤あり」（西園寺首相、一九〇八年六月二七日条）、「思慮に乏しく時々浅薄なる論者の説を聞きて強がりなどを云ふ」（松田、一九一〇年一一月九日条）、「大局を見るの力なきには困ったものなり」（山本達雄蔵相、一九一二年一〇月三〇日条）。

政治史学者の岡義武は「政友会に参加した頃の原は、党内ではとかく自説を固執して論争を辞せず、圭角《けいかく》があって調和性に欠けていた」と評している（『平民宰相』原敬」）。西園寺が桂より内閣を継承する直前、桂との交渉を担った原について、伊藤博文は「原は多少の経綸あり、去りながら自分は彼の物事を軽視するを戒しめん」としたと語っていた（一九〇五年九月一七日条）。若年より自らに恃《たの》むところの多かった原ではあるが、ときに伊藤や西園寺から若輩としてたしなめられていた。日記の記述にそこまでも記すところに、一面的な記録者ではない原の姿を見ることができるであろう。

だが、何よりも興味深いのは第二次大隈内閣時代である。野党に転落した政友会で、原は一九一四年六月に総裁に就任する。以前の政友会は、伊藤、西園寺のような衆議院に議席を持たず、他とは別格の政治家を総裁に戴いていたが、ここに衆議院議員としては他の議員と同等の政治家が総裁となった。格落ちの総裁は、日記にひたすら周囲の発言を記す。以前のように、人物評をみだりに行わず、将来に向けた戦略構想を書きとめたりしない。様変わりした記述は、権力の奪取に向けた原の無言の決意の表れである。事実、原の感想が増えるのは、寺内が内閣を組織し、政友会が政府に徐々に接近するようになってからなのである。

日記のエピローグとなる最後の年は、宮中某重大事件すなわち皇太子の婚約相手の家系に関わる色覚異常問題の処理についての記事が多いが、世界の広がりを感じ取れる記事も現れる。訪欧中の皇太子の帰国、ワシントン会議に向けて出発する全権団、そしてロンドン留学に出発する嗣子貢（奎一郎）である。第一次世界大戦後の新しい国際秩序の中に投げ込まれていく日本の姿が象徴されているかのようである。貢の留学を決めるにあたって「余も追々老境にも入る事なれば」（一九二一年九月一〇日条）と記す原は、政界では内閣総辞職の時期を探っていた。「日頃の決意」を記した遺書はこの年の二月に作成されている。新しい時代の幕開けを感じ取っていた原は、自らの退場の瞬間を予感していたのであろう。

（牧原）

倉富勇三郎日記

【史料期間】一九〇五年（明治三八）七月～〇六年八月、一九年（大正八）一月～四七年（昭和二二）一二月

【史料状況】原史料は、一九四四年一二月までのものが国立国会図書館憲政資料室が、それ以降のものは遺族が所蔵。複製版で閲覧可能。倉富勇三郎日記研究会編『倉富勇三郎日記』全九巻（国書刊行会）として二〇一〇年より公刊開始

くらとみ・ゆうざぶろう
1853～1948　司法官僚，枢密顧問官．久留米藩出身．藩儒である父に学び，司法省法学校に進む．1877年（明治10），法学校事務職として出仕，判事，司法省参事官を経て，98年司法省人事刷新に際し民刑局長に抜擢．その後，検事に転じ，東京控訴院検事長まで務めたのち，1907年韓国に招聘され，以後，統監府，総督府で司法部の責任者として法整備に従事．13年（大正2），第1次山本権兵衛内閣の法制局長官として帰朝．20年枢密顧問官就任後，副議長，議長を歴任，34年（昭和9）に依願免官するまで，枢密院を中心に活動．帝室制度審議会委員，李王世子顧問なども務める

「細かなハエ」「ミミズ文字」

政党政治期を研究する際、まず手にするのは、『原敬日記』『濱口雄幸日記』など首相を務めた人物たちが遺した史料だろう。こうした主要な日記はすでに翻刻（活字化）され、利用しやすい。しかし、それだけではこの時代の一面しか見えてこない。なぜ政党政治が八年で

終わったのかも理解できないだろう。さらに深く研究を志すなら、新たな史料の追究が必要になる。この政党政治期の史料として注目されながら、近年までなかなか本格的に扱われなかった史料の代表格が、この「倉富勇三郎日記」である。

「倉富日記」は、長期間にわたって、細かなペン書きで、手帳や大学ノートに丹念に綴られた出色の記録である。日々の出来事をすべて記載したのではないかと思われる内容は、研究者を惹きつけつつも遠ざけてきた。情報量があまりに多く、解読と吟味に膨大な時間を要するからである。三〇四冊という分量を聞けば、挑戦者に恵まれなかった理由もわかるだろう。

記述は、枢密顧問官、宮中官僚としての執務日記、宮中政治家としての政治情報、そして倉富家や倉富個人の生活記録まで多岐にわたる。倉富は昼間につけたメモを、退庁後に自宅でまとめていたようである。これは原敬が週末に腰越で日記をまとめたことに通じる。だが、『原敬日記』が、慨嘆したり、相手をなじったり、作戦を練る様子が綴られているのに対し、「倉富日記」には、こうした感情の吐露があまりない。倉富の場合、丹念に記録を続けることが目的化していたように思われる。

実際に「倉富日記」を読むには、国立国会図書館憲政資料室に赴き、壁に並べられた複製版を手にすることになる。目録から読みたい部分の冊子を探し、複製版八七冊のなかからお目当てのものを抜き出して読んでいく。「細かなハエ」「ミミズ文字」などと酷評されることの多い「倉富日記」だが、大意を把握するのはそれほど難しくはない。予定などを記しただけの簡便な日記に比べれば、情報が多い分、登場する事項を理解し位置づけることが容易である。文体はやや生硬ではあるが、間接話法が多く、とりつきにくい類のものではない。「倉富日記」が難物であるというのは〝伝説〟かもしれない。

時代が光をあてた

「倉富日記」は、一九七四年に国立国会図書館憲政資料室に寄託された。だが、先に挙げた理由から、長く本格的に利用されることはなかった。近年、状況は大きく変わった。

第一に倉富が長く議長を務めた枢密院関係史料が国立公文書館で公開されたことである。第二にこの史料によって枢密院が政治史研究のなかでアクターとして浮かび上がってきた。「牧野伸顕日記」「河井弥八日記」といった昭和前期の宮中関係史料が次々と翻刻・公刊されたことである。宮中研究が盛んになった結果、一九二〇年から一〇年間、枢密顧問官、副議長、議長を歴任し、帝室会計審査局長官、帝室制度審議会委員として宮中に深く関与した倉富に注目が集まった。第三には、植民地研究が進んだことである。朝鮮総督府司法部長官、李王世子《りおうせいし》顧問を務めた倉富の日記が頻繁に参照される契機となったのである。

「倉富日記」が本格的に研究に用いられたことで、大きく変化したのは大正末期から昭和初期の代替わりの時期における宮中と政治の関係についての理解であろう。すでに翻刻・公刊されていた史料と合わせて用いることで、一次史料に基づく重層的な研究が発表された。

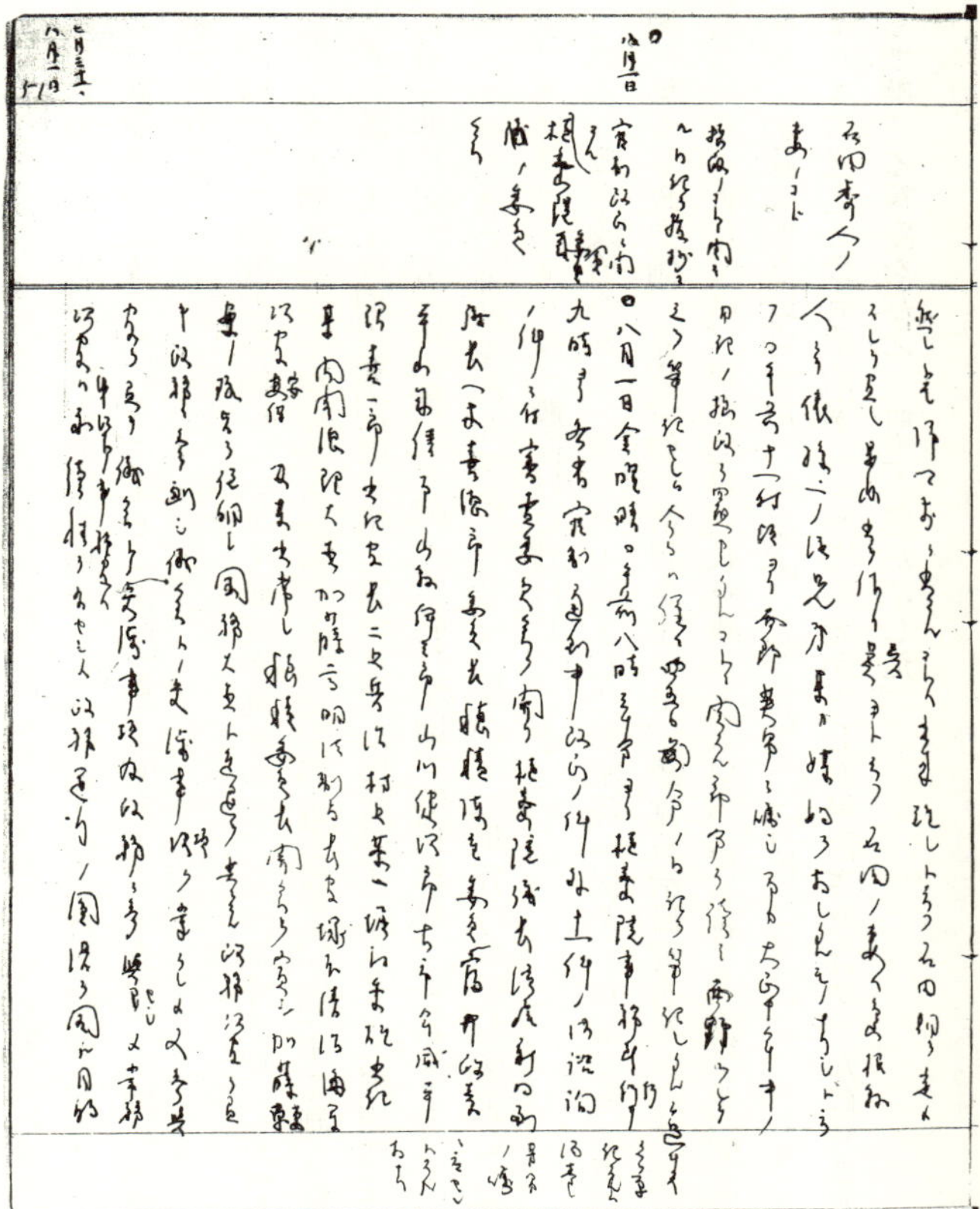

1924年8月1日冒頭部分．延々とこの文字が続く

「大権政治」という視点から立憲君主制を論じた増田知子『天皇制と国家』、西園寺公望も射程に含めながら天皇と宮中側近を検討した永井和『青年君主昭和天皇と元老西園寺』、立憲君主制崩壊の経緯と要因を考察した伊藤之雄『昭和天皇と立憲君主制の崩壊』などの業績が挙げられる。

同様に宮中制度の整備についても研究が進められ、皇室関係法規の議論を検証した高久嶺之介「大正期皇室法令をめぐる紛争（上）（下）」、皇室儀式に関する制度整備を明らかにした西川誠「大正後期皇室制度整備と宮内省」、臣籍降下に言及した梶田明宏・内藤一成「『倉富勇三郎日記』「皇族ノ降下ニ関スル試行準則」関係抄録」が公にされている。また、佐野眞一が研究者の補助を得ながら一九二一年から二二年分の日記を解読し、『枢密院議長の日記』というタイトルで一般向けに刊行している。

他方、政党政治のカウンターパートとして枢密院を捉え、倉富とその周辺の動静や、倉富側に集まる政党側、非政党側の情報を用いて、政党政治研究を豊かにするという用い方もされている。近年では、伊藤之雄『政党政治と天皇』、村井良太『政党内閣制の成立』、奈良岡聰智『加藤高明と政党政治』、清水唯一朗『政党と官僚の近代』などがある。「倉富日記」は、それまで元老と政党政治家という当事者からしか検討されなかった政党政治を、関係者からも理解する視座を与え、研究を豊かにした。

進む翻刻

倉富は「記録魔」と評されるほど、精緻な記述を続けた独特の人物であった。司法官僚、判事、検事として累進しながら日比谷焼打事件で失敗した経験、朝鮮に渡り司法制度を整備するなか日本に呼び戻されてまもなく山県有朋存命中の枢密顧問官となった彼の経歴や人脈をみれば、他の人物以上に、倉富の立ち位置、彼の観察、彼のもとに集められた情報が、偏りを持っていることがわかる。

情報が豊富であるだけに、この日記に接するときは、特にこうした注意を払う必要がある。こうした注意をする上で、日比谷焼打事件前後を記録した「充紳」と題する日記と、それを用いた永井和「日比谷焼打事件と倉富勇三郎」は参考になるだろう。永井を中心とした文理協働プロジェクトにより、難攻不落であった「倉富日記」の本格的な解読、刊行が始まっている。一九〇五・六年、一九年〜三六年の出版が予定され、二〇二〇年時点で一九一九〜二四年までが三巻に分けて刊行されている。それにしても浩瀚《こうかん》である。

政治家には、いつか第一線から退く日がやってくる。ロンドン海軍軍縮条約批准をめぐる政府との対立ののち、郷里に退引した倉富はさらに一四年にわたり日記をつけ続けた。その内容は、これまでほとんど明らかにされていない。政党政治に抗する姿勢を取った「難物」倉富は、その後の政治をどのように見ていたのだろうか。動だけではない、静を読み取った研究をなしえる「倉富日記」は、研究者にとってありがたい「難物」だといえよう。（清水）

後藤新平日記

【史料期間】一八九二年（明治二五）一月、九七〜九八、一九〇〇、〇二〜一二年（大正元）、一九〜二九年（昭和四）四月

【史料状況】原史料は後藤新平記念館（奥州市）が所蔵・公開。マイクロフィルム（雄松堂）でも閲覧可能。日記（メモや看護日記を含む）の全期間が後藤新平日記研究会編『後藤新平日記』上下巻として藤原書店より公刊予定

ごとう・しんぺい
1857〜1929　明治・大正期の官僚政治家．水沢藩出身．医者・衛生官僚から1898年（明治31）台湾総督府民政局長に転身，児玉源太郎台湾総督とともに台湾経営にあたった．1906年児玉の推薦で満鉄総裁となる．08年逓相兼鉄道院総裁となり，桂太郎系官僚に転身．13年（大正２）立憲同志会結成に参加するが，桂の死去とともに脱党．16年寺内正毅内閣の内相，18年外相に就任．20年から東京市長として，また関東大震災直後の23年には内務相として，大規模な都市計画を推進した．23年ヨッフェと会談，日ソ国交回復の地ならしをした

飽きっぽい性格

多岐のプロジェクトを進めるために、席を温めることなくあちらこちらを奔走した後藤新平が、日々、机に向かって日記をつけていたと想像すると、ちょっと意外な感を受ける。それでも日記は現に存在するのだが、日記を見ると、いかにも後藤らしさが垣間見られる。

現在確認される「後藤新平日記」は、一八九二（明治二五）、九七〜九八、一九〇〇、一九〇二〜一二、一九一九〜二九年と断続的ながら、長年月にわたって現存している。晩年には後藤本人の日記とは別に秘書や看護婦による日記も並行してつけられていた。記入様式は、いわゆる日記帳やメモ帳にペン書きである。後藤が使用する日記帳は、当用日記、小型日記、メモ帳、逓信省の手帳など、形式や版型もバラバラである。また、年の途中から書き始めて、途中で記述が終わることもザラである。この辺にも、後藤の飽きっぽい性格が表れているように思われる。

「後藤日記」が世に出たのは、彼の伝記編纂事業と密接に関係する。

後藤が東京市長であった一九二二年、東京市政調査会が設立された。会長はもちろん後藤である。東京市政調査会は都市政策の調査研究・提言のみならず、機関誌『都市問題』の刊行や図書館事業をも行った。そして、後藤が死去した翌年の一九三〇年、東京市政調査会・日本放送協会・東洋協会など後藤にまつわる一九団体によって「後藤新平伯伝記編纂会」が発足した。編纂会が伝記関係の史料を収集する一方、鶴見祐輔（後藤の女婿《じょせい》）に伝記執筆が委嘱《いしょく》された。

伝記『後藤新平』は一九三八年に全四巻が完成・刊行されるが、伝記編纂会解散後、収集された膨大な史料は東京市政調査会（日比谷公園南東の市政会館内に所在）が保管することになった。翌年には史料の整理・分類が完了して、「後藤新平伯関係文書目録」が作成されている。さらに、第二次世界大戦後の一九七八年に後藤新平記念館（水沢市、現奥州市）が建設されると、東京市政調査会保管史料のほとんどが記念館に寄贈された。一九八〇年、雄松堂から『後藤新平文書』（マイクロフィルム版）が販売され、記念館に行かなくても、日記や書類、意見書、書簡などの史料が見られるようになった。日記に関しては二〇一一年現在、後藤新平日記研究会によって編纂・刊行作業が進行中であり、さらに容易に日記の内容を参照できるようになるであろう。日記の刊行が様々な分野で研究を活性化することが期待される。

後藤の日記は、文語調の漢字カタカナ混り文である。欄外には怪しげなドイツ語の書き込みもある。日記では予記欄への書き込みが結構あったりするように、スケジュール帳として先の予定（人との面会や行事への出席）を書き込み、その予定が過ぎ去った後に内容を書き込むといった感がある。スケジュール帳兼日記帳といったところか。また、日記の金銭欄には金銭の支払いや受け取りが記入されていることも多い。すなわち、「後藤日記」には人ない し金の出入り管理的な意味合いがあり、日記が長期間存在することとあいまって、後藤の人的・資金的ネットワークを知るにはまたとない史料であると思われる。

また、後藤はアイデアマンらしく、メモ帳や手帳の巻末に自分の考えを書き留めることも多い。ここにも興味深い記述が散見される。

シベリア出兵時の閣議の様子

後藤新平の仕事はプロジェクト型（御厨貴）であり、台湾総督府民政局長（長官）や満鉄総裁としての帝国経営の側面、鉄道を中心とする交通体系整備の側面、東京市長としての都市計画や少年団、ラジオ放送とのかかわりなど、その活動は多岐にわたる。よって、さまざまな角度から「後藤日記」を楽しむことが可能であろう。ここでは外交政策の観点から、「後藤日記」のごく一部を紹介したい。

後藤は台湾総督府民政長官時代の一九〇〇年、台湾の対岸、特に中国福建省への進出を考えるに至った。そこに起きたのが廈門《アモイ》事件である。義和団事件が福建にまで波及、廈門の本願寺布教所が焼失（実は台湾総督府の謀略）する状況下で、後藤は台湾総督府陸軍参謀長と廈門への陸兵派遣を相談し、廈門領事や停泊軍艦の艦長たちと砲台占領計画を練った。しかし、イギリスなど列強の共同干渉を前に政府より中止命令を受け「満堂憤慨」、後藤は児玉源太郎（台湾総督）に訴えるも事態は変わらず、「覆水盆ニ帰ラス。嗚呼」と慨嘆した（一九〇〇年八月二七・三一日条）。以後、日本の南清侵略方針は軍事的なものから、台湾総督府を中心とする経済的な方法での「勢力布殖」方針へと転換することになる。

後藤は長らく、植民地官僚の立場から日本の外交政策に介入するといった「異端」の外政家であったが、その後藤が外相そのものに就任するという事態が生じた。シベリア出兵問題が浮上した一九一八年春のことである。

前任の本野《もとの》一郎外相がシベリア出兵論を展開したとき、後藤は同じ寺内正毅内閣の閣僚(内相)であった。後藤は寺内首相と同様、出兵には反対であったが、それは本野の出兵論がイギリスやフランスからの請求によるものであって、日本の自衛という目的に合致していないと考えられたからである。

シベリア出兵をあきらめきれない病床の本野は、四月一日、寺内首相と山県有朋・松方正義の二元老に意見書を送り閣議決定を迫ったが、この時期は依然としてアメリカが日本のシベリア出兵に反対していたため、彼らも慎重であった。続く翌日の閣議では、寺内首相・本野外相が共に病気欠席ということもあって、議論が拡散した。「後藤日記」の巻末メモにはこの閣議の様子がうかがわれて、きわめて興味深い。

すなわち、仲小路廉《なかしょうじれん》農商相が「仮ニ出兵スルト決シテモ、米国ノ支持無シニハ戦闘力ヲ支持シ得ヘキカ?若シ其支持ナキモ可ナリヤ」と問いかけ、また陸海相の意見開陳を希望した。大島健一陸相は「用兵学上ヨリ、独逸《ドイツ》ハ更ニ襲来スヘキモノニ非ラス」と、シベリア出兵の根拠として利用されることの多い「独墺東漸論《どくおうとうぜんろん》(ドイツ・オーストリア勢力が極東にも波及しつつあるという説)」を退けながらも、「現在ノ露国民心ハ反日本ノ気増長シ、将来友邦国民トナルヘキモノニ非ラス。然ラハ今日出兵セハ之ヲ鎮圧シ得ヘキカハ、明言シ難シ。シベリアヲ緩衝地帯トナスノミナラス、露国ヲ助クルニ功アランコトヲ期ス。出兵ハ異議ナシ。戦争ハ直ニ起ラス。出兵ハ可ナリ」と答えた。すなわち、出兵の効果に対して自信はないながらも、出兵即開戦ではないとして出兵に賛成したのである。かたや、加藤友三郎《ともざぶろう》海相は、「米ヲ向フニ廻スコト不可ナレトモ、英仏伊ノ協議一致セハ米国モ動クヘシ」と、日本の出兵を要請するイギリス・フランス・イタリアの意見にアメリカが譲歩することを期待した（一九一八年四月一二日条）。結局、閣議では本野意見書は再審議と決定した。

意見が容れられなかった本野は、外相を辞任する。本野の後任外相には、意外にも後藤が就任した。シベリア出兵に慎重であった後藤や寺内、伊東巳代治も、この後六月頃から出兵に傾き始め、ついにはアメリカからの限定出兵の提議を大きく乗り越えてシベリア出兵に邁《まい》進《しん》することになるのである。

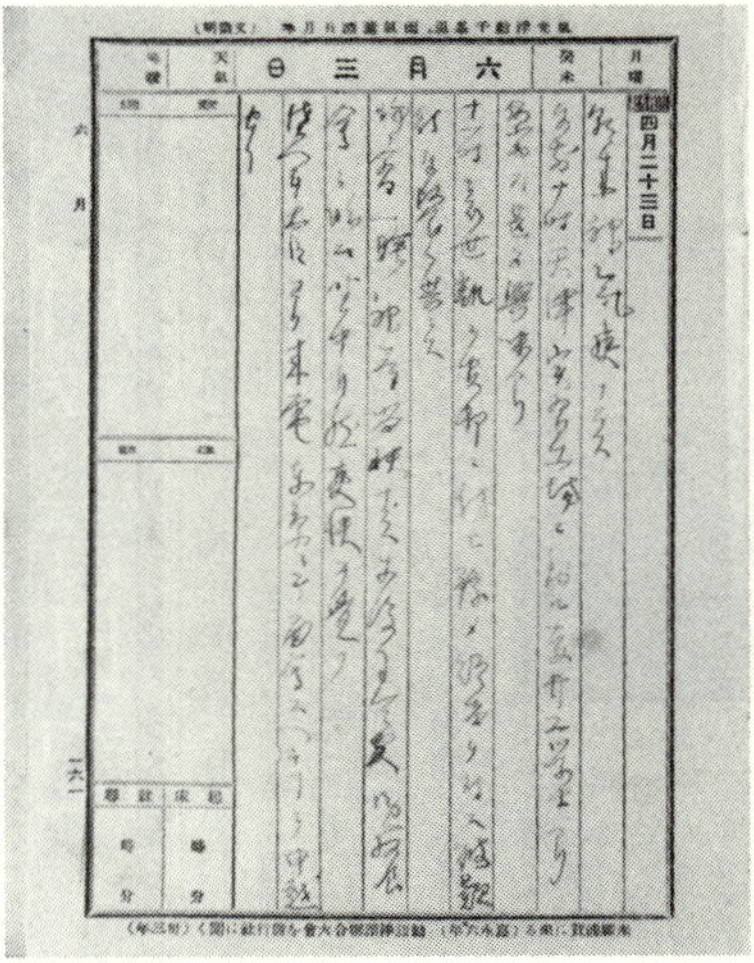
1907年6月3日条

ロシア革命により、日露の国交は断絶した。シベリアに駐留する日本軍の撤兵問題とからまって、ボリシェヴィキ政権や極東共和国との国交回復交渉は難航した。後藤は一九二三年にヨッフェ（ロシア共和国極東全権）と会談し、「非公式チャンネル」として交渉の橋渡しをするが、日記にはこの関係の記事も散見される。

（千葉）

小川平吉日記

【史料期間】一八八九年（明治二二）二月、九〇、一九〇〇〜〇五、〇七、〇八、一〇、一四年（大正三）〜一七、二三、二七年（昭和二）〜二九、三三、三五〜四一年八月

【史料状況】原史料は国立国会図書館憲政資料室が所蔵。マイクロフィルムで閲覧可能。小川平吉文書研究会編『小川平吉関係文書』全二巻（みすず書房、一九七三年）として公刊されており、日記のほぼすべてと書類・書簡のなかから重要と考えられるものが選択・収録されている

おがわ・へいきち
1869〜1942　明治期から昭和戦中期にかけて活躍した政党政治家，弁護士．信濃国生．諏訪郡富士見村の名家小川金蔵の三男．帝国大学法科大学仏法科を卒業後，代言人（弁護士）に．日清戦争後には強硬外交を主張する「対外硬」の政治運動に参加し，立憲政友会の代議士となった．脱党を経験しつつも政友会党人派の領袖として次第に重きをなし，二度大臣を経験した（司法・鉄道）が，1931年（昭和６）に私鉄疑獄事件に連座して政治的に失脚した．日中戦争期には中国人脈を活かし，近衛文麿の相談役として日中和平工作を進めたが，日米開戦後の42年２月死去

豪快な墨書

小川平吉という名前はあまり統一的な人物像を呼び起こさない。明治期のアジア主義的対外硬運動家、政友会信州派の重鎮、昭和期の〝復古〟的右翼政治家、このいずれもが小川の人物像として知られている。これはよく言えば小川が長い政治生命の中で多くの顔を持った

こと、悪く言えば組織・運動の指導者のような権力の高みに到達しなかったことを意味する。日記は小川の生涯の振幅に沿って残っており、対外硬運動期、第一次世界大戦期、日中戦争期にまとまっている。これ以外に断片的な日記や旅行記も残されている。重要な事件に際しては日記と別に備忘録や記録を残しているので（「東亜同文会の創立」や「政本合同問題備忘」など）、合わせて使えば小川の動向をより詳しく把握できる。日記原史料の形態は不統一で、市販の日記帳・手帳のほか、私製の罫紙などが様々に用いられている。筆記は豪快な墨書でおおむね一貫しており、まれにペンや鉛筆が混じる。文体は漢文訓読体を基調として、ときおりいわゆる擬漢文体が用いられる。小川は法律を学ぶ前には漢学者を志していたので、漢学的教養への趣味的なこだわりがあったのだろう。内容はその日の行動や人物の往訪、会話の内容が記された日記らしい日記であり、独白や内省的な記述は少ない。飲酒翌日の書き出しに「宿酔《ふつかよい》」の文字を見つけた読者は脱力することであろう。なお、明治期より昭和期のほうが総じて記述量が多い。

『小川平吉関係文書』は明治期の対外硬運動、昭和期の「革新派」、田中義一内閣期における昭和天皇の政治関与、日中和平工作などの研究に活用されており、史料の価値の高さはすでに明らかである。しかし、史料が多岐に活用可能であるがゆえに、小川個人を史料に基づいて描きなおす試みは少なかった。晩年に疑獄事件で下獄したためか、小川には正伝に相当する伝記がないこともその一因であろう。よってここでは、アジア主義的対外観と郷党閥《ごうとうばつ》への信頼という二つの価値観が、対外硬運動から〝復古〟的右翼運動までを含めた小川の行動の基軸であったことを指摘して、小川を理解する補助線としたい。

国士であり政党人であり

小川の回想によれば、小川がアジア主義的対外観を形成したきっかけは三国干渉である。明治初期の若者の多くは立身出世願望とナショナリズムの二つを同時に抱いており、それらをしばしば結合させて中国大陸への雄飛を夢見た。小川の場合、これらと先に見た漢学的教養への憧れが折衷されて対外観を形成したのであろう。大正期の小川は思想問題を西洋思想の流入による国民道徳の退廃として理解し、漢学など東洋思想を防衛することでこれに対処しようとした（伊藤隆）。アジア主義的対外観は生涯を通して小川の思考様式を拘束し続けた。

また小川は、政府批判運動でもあった対外硬運動に参加する一方、元老伊藤博文を党首に抱いて藩閥政府と提携関係にあった立憲政友会に所属していた。この経歴は比較的珍しいものであり、小川自身もこのねじれは自覚していたようである。おそらく明治期の小川にとって、政党への所属は政治目的達成の手段というよりも、郷党閥――信州出身者同士の人的結合――の延長線上で理解されていた。対外硬運動中に、同郷の先輩である渡辺国武《くにたけ》の紹介で政友会に参加し、渡辺が政友会を脱党するとそれを追ったのもそのためであろう。渡辺の脱党後、小川は渡辺と近衛篤麿を中心とした対外硬新党の創設をめざして奔走したが、その際に「政党在籍者を入るゝ時は進歩党員多く来り投じて互に反撥するのみならず、多の政客は進歩の出店の如くに見なして之を嫌ふ虞《おそれ》あり」と渡辺に進言している（一九〇三年〈明治三六〉六月一九日条）。既存の政党間の勢力争いから一線を引いて対外硬運動を展開したかったのであろう。その意味では対外硬新党構想は小川が持っていた二つの価値観を結合しうる絶好の機会であったが、これに失敗した小川は政友会を脱党し、衆議院では小会派を転々とすることになる。小川の構想では、近衛と渡辺の両人が揃うことによって実業家から上下両院議員までを包含する求心力を持った組織が生まれるはずだったのだが、肝心なところで渡辺は積極性を見せなかった（「無辺子〔渡辺〕は予の案にほゞ賛成なれども先づ口を開くを好まず、公〔近衛〕をして先決せしめんと欲す。故に遷延如此」一九〇三年七月六日条）。これが決定打となったのかはわからないが結果として対外硬新党構想は流れ、小川は対外硬派を横断的に結合した政治運動にさらに力を注ぐようになっていく。政党組織の形に結実しなかったとはいえ、明治の政界における郷党閥の意味を考える上で小川ら信州閥の動向は示唆に富むし、のちに政友会に復帰するにあたって小川の政党観がどのように変化していたのかも興味深い論点である。

小川の死に寄せて右翼の大物・頭山満《とうやまみつる》はこう述べた。「私は政党人としてでなく国士としての小川君と今日まで親交をつづけてきた〔中略〕途中において不幸傷物にするやうにしたことは国家の損失だと思ふ」。国士でありかつ政党人でもあったからこそ特異な存在として戦前の政界を駆け巡った小川の生涯が、この日記には凝縮されている。（中野）

松本剛吉政治日誌

【史料期間】一九一二年（大正元）七月～二八年（昭和三）一二月
【史料状況】原史料は遺族から購入し国立国会図書館憲政資料室が所蔵。マイクロフィルムでの閲覧可能。一九二八年までの日記が、書簡、書類も含み、岡義武・林茂校訂『大正デモクラシー期の政治　松本剛吉政治日誌』（岩波書店、一九五九年）として公刊

まつもと・ごうきち
1862～1929　政治家．丹波国生．柏原藩出身．藩士の家に生まれ，上京後は警察官となり，警察官僚であった田健治郎や大浦兼武らの知遇を得て政界に進出した．1904（明治37）～20年（大正９）まで衆院議員を務め，当選計４回．同郷の先輩であった田の腹心となり，田の進退に伴って憲政会→政友会を経て小会派を渡り歩き，その過程で山県有朋系官僚との関係を深めた．山県・西園寺公望ら政界首脳のもとに出入りし，「政界の通人」として重用された．27年，勅選貴族院議員に

元老の情報源・連絡役

執筆者の心情が赤裸々に綴《つづ》られていることを期待して他人の日記を読みはじめると、淡々と続く日常の記録に面食らうことが珍しくない。日記を記すことが執筆者にとって日常を整理し、自らと向き合うための行為である場合、その筆致は自然と抑制されたものになりがちなのである。しかし鳥瞰《ちょうかん》的な視点から他者について記すとき、その筆致は一転して饒舌《じょうぜつ》と

なる。松本日誌はその一例である。

現存する松本日誌は書生によって清書されたものと言われる。たしかに昭和期の草稿を清書原稿と比べると、明らかに手が加えられている。草稿に松本が手を入れ、それを清書したものが装丁されたのだろう。和装された九冊の日誌の大部分には「松本用紙」と刷り込まれた専用罫紙《けいし》が用いられており、頭註欄には松本による補註と小見出しが書き込まれ、さらにそれをまとめた目次が冊子冒頭に付されている。たびたび参照されることをあらかじめ想定したかのような作りである。なお一九二五年（大正一四）以降は頭註欄のない既成の罫紙が用いられ、小見出しなどはない。政治秘書という松本の立場上、接触した人物との会話が記述の多くを占めるが、草稿から「政治日誌」へと編集される際に口語体で会話が追加・再構築されており、かなり読みやすい。しかしその分だけ、史料として用いるには注意が必要だろう。

松本自身は高位の役職に就かず、人脈と情報を活用した黒子役に徹していたので、『政治日誌』は彼を重用した人々の言動を伝える史料として重要視されてきた。松本が持っていた政友会の旧自由党系党人派との人脈は、山県有朋系官僚にとって貴重な交渉ルートだったのである。松本は山県の意を受けて、また時には自らが仕える田健治郎《でんけんじろう》のために奔走した。このような経験を経て情報収集能力と信頼を高めた松本は元老の情報源・連絡役として重用されていく。

プリズムのような存在

山県・西園寺公望については口振りや仕草をも含めた豊かな記述（山県には「談論熱して佳境に入る時は指にて卓を叩くの習癖」があったらしく、会話中に要所で「（叩く）」との表現が挿入される）が、彼らの内心を示す史料として多くの研究に引用された。それらの研究は、元老は政党内閣間での政権交代を制度的規範としていたのではなく、その時々の政治状況に適合的な首相を選定していたに過ぎず、政党内閣が連続したことに必然性は見出せないとの通説を形成した。

このようにして松本日誌は元老の首相選定機能と政党内閣（制）の成立との関係をめぐる研究状況の進展に大きく寄与した。その後、元老（特に西園寺）が松本に対して非政党内閣成立の可能性を示唆するように振る舞ったのは、山県系に近い松本の立場を考慮したリップサービスだったのではないか、とする解釈が通説に対して提起された。この点については宮中政治家などの新史料を踏まえながら、いまも議論が続けられている。

つまるところ、研究の進展と複雑化によって松本日誌を相対化する視点を複数の史料から再構築する必要が生じたのである。松本日誌は複数のルートから得た情報を用いて政界への鳥瞰的な視点と微細な人物描写を両立させていたが、そのせいで肝心の人物一人ひとりがどこまで松本個人と向き合っていたのかよくわからない、という難点を抱えていた。松本日誌のこの史料的性格が、政治秘書という独特の立場に起因しているのはもちろんである。しかし松本にはいつからか、政界情報を取り扱うことそれ自体が自己目的化し、そこに悦びを見出していたようなところがあったように思われる。

後藤新平は松本との初対面の席上で、「君には野心がないさうだ、秘書官を四度もやつて平気で居るはえらい、俗人はかうは言ふまいが、己は感心して居る」と松本をほめている（一九二一年四月一〇日条）。しかし後藤のこの言葉は痛烈な皮肉であろう。そして松本はこの言葉に機嫌を損《そこ》ねも喜びもしない。この恬淡《てんたん》とした感覚が松本を「政界の通人」たらしめていた。

政治秘書・松本はいわばプリズムのような存在であった。集めた政界情報を自らの体を通して分光し、相手に応じて必要な情報だけを集光して照射する。情報を操作することで人を動かすことはできただろう。しかし、彼自身の放つ光が人々の目に結像することがはたしてあっただろうか。人々は松本その人を見ていただろうか。

最晩年の彼はそれまでの労を報いられて貴族院勅選議員となった。任命の日、彼は自らの勅選に配慮を試みてくれた人々の名前を感謝をもって日記に記すと同時に、反対した人物の名前を書くことも忘れなかった。自らをめぐる情報をも掌上《しょうじょう》で転がす感触はいかばかりのものであったろうか。

（中野）

濱口雄幸日記

【史料期間】一九二八年（昭和三）一月〜三一年六月
【史料状況】原史料は国立国会図書館憲政資料室が所蔵・閲覧可能。池井優・波多野勝・黒沢文貴編『濱口雄幸日記・随感録』（みすず書房、一九九一年）として公刊。同書は、日記に浜口の死後出版された『随感録』を併せ、「軍縮問題重要日誌」など若干の他の史料を加えている

はまぐち・おさち
1870〜1931　政治家・首相．高知生．帝国大学法科大学政治学科卒業後，大蔵省に入省．後藤新平に見出され第3次桂太郎内閣で逓信次官．1913年（大正2）立憲同志会結成に参加，15年衆議院議員初当選，以後政党政治家の道を歩む．加藤高明，若槻礼次郎の下で憲政会の「苦節10年」を支え，24年以後大蔵大臣，内務大臣を歴任．27年（昭和2）立憲民政党結成で総裁．29年7月から31年4月まで首相．金輸出解禁とロンドン海軍軍縮条約締結を断行したが，世界恐慌に伴う社会不安の中で，30年11月14日に東京駅で狙撃され，その傷がもとで死去

娘富士子の勧め

浜口雄幸は代議士にして昭和初頭に首相を務めた政党政治家である。彼の日記は、一九九一年（平成三）、死後六〇年目にして初めて公にされた。それは「いくつかの幸運が重なって」（池井優「あとがき」）の出来事であった。編者の一人、日本政治外交史研究者である波多野勝が浜口の四女大橋富士子氏と偶然同じマンションに住んでおり、知遇を得たのが事の

発端というのである。富士子氏のもとには浜口の史料が残されており、出版快諾にまで至った。この日記の書誌情報は同書「あとがき」と「解題」（黒沢文貴）に詳しい。

富士子氏にはもう一つの大きな、そして決定的な貢献があった。他ならぬ娘富士子氏の勧めで浜口は日記を誌《しる》し始めたというのである。日記は立憲民政党が結成され総裁就任後初めての正月である一九二八年一月から、同党総裁を辞し、亡くなる二ヵ月前の一九三一年六月まで記されている。この経緯からでもあろうか最初の三ヵ月程度は記述が極端に少ない。

日記は博文館から市販されている日記帳にペンで書かれている。毎年一冊の日記帳を用い四冊に及ぶ。筆致はペン先の太さによっても印象が異なるが、特段のくせ字、また書き急ぎをしたようなものではない。原史料は国立国会図書館憲政資料室で見ることができるが、同書両表紙の裏にそれぞれ内閣組織の大命を受けた一九二九年七月二日、ロンドン海軍軍縮会議が問題化する中で昭和天皇から「世界ノ平和ノ為メ早ク纏メル様努力セヨ」との励ましを受けた三〇年三月二七日、枢密院本会議で軍縮条約の批准審査案が可決承認された同年一〇月一日、そして東京駅で狙撃され、後に誌された同年一一月一四日のものが転写されている。

日記の内容は日々の行動記録が中心である。来訪者名、会議名、簡潔な内容の記載等が毎日の基本的な記述スタイルとなっている。例えば一九二八年四月一四日の記載には、「来訪者―松田源治氏（園公〔元老西園寺公望〕訪問ノ報告）、江木翼氏（政策問題ニ付協議ノ為）、佐竹三吾〔貴族院議員、第一次若槻内閣鉄道政務次官〕氏（上院研究会情報）、原田熊雄男（興津ヨリ帰リテ）、八木逸郎〔民政党代議士〕氏（上京挨拶）」と続き、最後に「此日大会演説草稿起草ニ取掛ル、夜半ニ至リ未タ脱稿セス」とある。

垣間見える高潔な人格

このような備忘録とも言うべき日々の行動記録は第三者が読む際に無味乾燥なものともなりかねない。しかし浜口日記の場合はそのような心配とは無縁である。彼の生きた時代と立ち位置がそれを許さなかったからである。

彼が日記を誌した三年半は、結果的に戦前日本における政党政治の最盛期となった。明治憲法は帝国議会を設置したが、そのもとでの政党政治の発展は必ずしも予定されていたことではなかった。浜口は若き日に政治家を志し、「二大政党対立に依る責任ある政党政治の発展」をめざした。その地道な努力の中で、落選時にも党務に精励し、所属政党の逆境にも倦まず、ついに政権に立つと要職を歴任した。そして、政党間での政権交代が見込まれる政党政治の時代に、彼は総裁総理を務めるのである。このように男子普通選挙制と政党内閣制による政党政治の実現にはすでに加藤高明の偉績があった。浜口はその遺蹟を継ぎ、二大政党制の下で直面する課題に取り組んだ。すなわち、一に幣原喜重郎外相、若槻礼次郎元首相とともに国際協調の中に日本の発展を目し、他方では井上準之助蔵相とともに経済改革による景気回復に努めたのである。そしてその果敢な政策と権力を支えたのが、制度としての政党政治であり政党であった。先に見たように、日記には閣議記録をはじめ、党幹部や陣笠連、党外協力者の動向、選挙、議会質問、党派間交渉など党務にわたる事柄が重ねて記されている。濱口内閣は一九三〇年一月一一日に金解禁を実施し、「食堂ニテシャンペンヲ抜キ祝杯」、一月二一日には第五七通常議会再開冒頭に「解散断行」、二月二〇日の第二回男子普通総選挙で「政府党ノ大勝」を博し、四月二二日にはロンドン海軍「軍縮条約調印」に至る。

しかし、当時、政党政治は揺籃期の苦しみになおあえいでいた。できたばかりの政党政治はすでに腐敗や堕落、機能不全批判に晒《さら》されており、先に野党総裁として臨んだ第五六通常議会は、「下院ノ混乱」に「議会ノ信用ト議員ノ品位」が疑われる事態ともなった。こうして浜口は政党政治の「試験時代」を意識し、その信頼回復の重荷を背負っていく。

このような憲政の新たな十字路にあって浜口の政策と権力を支えたものは、政党のほかに実はもう一つあった。そ

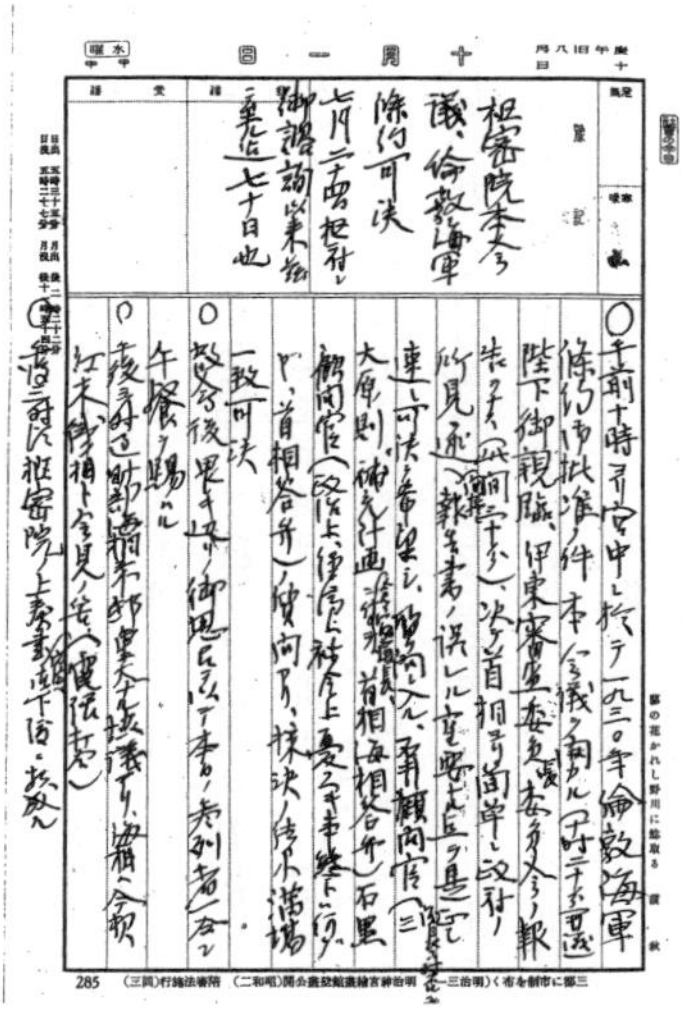

1930年10月1日条．ロンドン海軍軍縮条約，枢密院可決時

れが彼の人格への評価であった。浜口日記が『随感録』の復刻と併せて公刊されたことの意義は大きい。日記が日々の行動記録であるのに対して、『随感録』は政治と道徳の一致を求める彼の思想、なかでも修養面をよく伝えているからである。

しかし、世界恐慌下で経済状況は深刻化し、関係改善に努めた中国との間でも問題は絶えなかった。挙げ句に浜口は「一青年」に狙撃され、昭和天皇は下問に答える牧野伸顕内大臣を前に「憲法政治妨害的行為」と深憂《しんゆう》した。浜口は議会の騒擾《そうじょう》が続く中で再登院を求められ、「幣原首相代理ヲ解任シ自ラ首相ニ復任」したが、再び入院手術を重ね、結局遭難時の傷が因《もと》で没した。最後の日記には、「退院、久世山ノ自邸ニ入ル」と記されている。約三ヵ月後に満州事変が起こると、果断で高潔な浜口を知る宮中に時の若槻首相は頼りなく映った。また盟友井上も満州事変後の逆潮に抗しつつ次代の党指導者として選挙運動に奔走する中で暗殺された。対外危機と国内テロという内外の暴力は政党政治という制度を大きく掘り崩し、政党もまた迷走していく。中心を失った政治は次第に天皇・宮中に解決点を求めていくが、その役割が制度化されていない中で十分な働きはそもそも困難である。五・一五事件、二・二六事件を経て、ひとたび途絶えた政党内閣は敗戦後までついに復活することはなかった。

政党政治を問うために

本日記の意義は、彼の生きた時代と立ち位置にあるとすでに述べた。本史料はまた、日記であることによって価値が高められている好例でもある。回顧録は回顧した時点での常識に規定され、一定の結論と価値判断を踏まえた上での過去への評価となる。対して、史料としての日記の価値はその同時代性にある。一九二四年の加藤内閣成立以後、三二年まで政党内閣が連続し、「憲政の常道」と称されたように高い正統性を誇っていた。その後の政党政治の権力、正統性両面での急激な後退を思えば、同時代的記録としての本日記の意義は高い。

また、戦前日本の首相で衆議院議員であったのは原敬、犬養毅と浜口の三人だけであった。政党指導者である浜口には同時代の伝記があるが、その後は城山三郎『男子の本懐』など間《かん》歇《けつ》的なものに止まっていた。最も個人的な史料である日記の発見は浜口の伝記的研究に新たな道を開き、その後の研究の進展は刮目《かつもく》に値する。さらに、浜口が同時代の中心的な指導者であったことから、その日記公刊によって政治外交史研究も大きく進められた。ロンドン海軍軍縮条約や幣原外交、立憲君主制や政党政治の分析など幅広いテーマに活用されている。

そして最後に、浜口への問いかけの今日的意義にも注目したい。一九九〇年代以降の日本政治は好むと好まざるとにかかわらず新たな政治のあり方を模索し続けている。政党政治をどう創るかは再び現在の課題であり、終わりのない課題でもある。浜口は「試験時代」という言葉で政党政治をいかに改善していくかを問い続けた。このような恒常的な課題への日々の取り組みを感じさせるところに日記史料の面白さがあり、浜口が「命懸け」と記した政治を、民主政治の下でともに担う私たちが、本史料から学び得ることは多い。

（村井良）

大蔵公望日記

【史料期間】一九三二年（昭和七）一月～四五年一二月
【史料状況】原史料は遺族所蔵。『大蔵公望日記』全四巻（内政史研究会、一九七三～七五年）として公刊

おおくら・きんもち
1882～1968　満鉄理事，貴族院議員，東亜研究所副総裁．1882年（明治15）生．1904年，東京帝国大学工科大学土木科を卒業後，鉄道技術習得のために渡米，その後，満鉄入社．27年（昭和２）に満鉄退社後，満鉄嘱託を経て，29年満鉄理事．32年大蔵研究所創設．同年貴族院議員男爵議員当選．35年満州移住協会設立，理事長就任．38年東亜研究所副総裁．終戦後の46年公職追放．戦後には日本自転車産業協議会会長，日本交通公社顧問，運輸省都市交通審議会委員，ソ連問題研究会顧問，自由民主党アジア問題特別調査委員などを務める

「参謀役」の本心

大蔵公望という名前はあまり知られていない。それは戦前戦後を通して、政界や実業界で華々しい功績をあげた人物でもなければ、〝ドン〟として君臨した人物でもないからである。大蔵公望は、大蔵研究所、東亜経済調査局といった調査機関を切り盛りし、「国策」の献策にその活動を捧げた人物であった。それは、ブレーン活動を矢次一夫《やつぎかずお》とともに行った大蔵、

宇垣一成の担ぎ出しを繰り返し行った大蔵と表現され、参謀役に徹した人物として描かれてきた。

この大蔵公望の性格を山浦貫一は「全生命を調査にうちこんでゐる様な人物」と述べている（「大蔵公望論」『近衛時代の人物』）。この指摘を裏書きするように、『大蔵日記』には政策などについての調査、整理、執筆、講演の事項が繰り返し登場する。日記の分量は全四巻、計一四九七頁に及び、日記の本質通り大蔵の行動記録としての側面が強い。

しかし日記からは、こうした調査研究生活が必ずしも彼の本心から望んだものでないことがうかがえる。大蔵は大連の果樹園への投資で抱えた借金が政界進出の足かせになることを予想し、自分が大臣になることを渋り続けたと日記の中で繰り返す。夜寝付けなかったときに考えたことの一つ「大連の果樹園を早く処分する事」には、次の一節がある。

余はこの十年来、随分色々の官職や会社首脳に就任をすゝめられたが、其殆んど全部を謝ったのは他の理由もあるが此負債の問題、亦其一因であった事は争はれぬ事実である。若しこの負債が無かったら余の今日迄及今日の状態は余程異ったものがあったろうと思う。

自分は決して高位高官を望んでおらぬが、さりとて今日の如き時局に於て高官として国家の為活動することは国民の本懐なるべし。それには充分前歴をよくする必要あり、余は前歴としては僅に満鉄理事丈けで官吏にすれば僅かに高等官の一、二等に過ぎず。こんな前歴で今直ちに高官を求むるは無理にて、結局この十年間に多くの官歴を作り居らざりし事が今となっては何かしら惜しかったような気もせざるに非ず。其の凡ての根底に負債の問題がある故、今とても遅からず、一日も早くこの負債を返済する方法を講ずべきだと思う。（一九四二年二月二二日条）

このような自己認識を抱いた大蔵が、自らの立案した「国策」を実現するために取り得る手段は限られてくる。その数少ない手段が有力者への献策であり、宇垣一成内閣擁立運動であった。

今井田清徳に呼びかけられて以来、そして、彼の死後には一層、内閣退陣の話が出るたびに大蔵は組閣名簿を作成し、宇垣のもとへと馳せ参じる。生涯にこれだけ組閣名簿を作った人物はそうそういないと思われる。陸軍に掣肘《せいちゅう》されて活躍の機会を奪われている宇垣と借金というアキレス腱を持った大蔵自身とを重ね合わせて見るのは短絡的であろうか。

歌舞伎・新派劇への耽溺

自身の活躍の機会もなく、また自身の期待する宇垣の活躍の場も訪れない。この不遇をいささかでも慰めるものがあったとすれば、青年期に父母に連れて行かれて以来趣味となった歌舞伎・新派劇であった。もっともこの観劇にも彼の調査研究癖は出てしまう。観劇の後の日記には演目とその感想に加え、決まって出来映えの点数が記されるのである。こんな具合である。一九四〇年（昭和一五）二月二四日に家族と新橋演舞場に観劇したが、その演目六つに対してそれぞれ、次のような採点がある。一　裏表忠臣蔵　七五点、二　六歌仙《ろっかせん》容彩《すがたのいろどり》　七〇点、三　寿曽我対面《ことぶきそがのたいめん》　七五点、四　剣　八〇点、五　世情浮名横櫛《よわなさけうきなのよこぐし》　八〇点、六　日出る国　七五点。

このそれぞれにレビューがついているが、ここでは高得点の四、剣を見ておこう。「紀元二千六百年に因みて素戔〔嗚〕《すさのお》尊を中心として八たの大蛇を退治する踊りで文楽座連中の出演のせいか頗《すこぶ》る面〔白〕く、殊に最後に大蛇（仁左）の引込みは新工夫でよし」

ただ、レビューも最初からこんなに長かったわけでなく、時期が下るにしたがい、詳細になっていった。これも大蔵のなにかしらの心境を反映しているのだろう。

もっとも、ここでも大蔵は単なる一観客ではいられなかった。一九四四年二月の大劇場封鎖に伴い、前進座の河原崎長十郎と中村翫右衛門《かんえもん》から身の振り方を相談された際には松竹社長の大谷竹次郎に話を通し、前進座の松竹劇場での上演実現に一役買うことになる。

期待するほど名実を得られず、謙遜するほど小さくもいられない。大蔵のそうした様子がよくうかがえる日記である。

（今津）

大正天皇実録

大正天皇が死去するまでには、編年体にもとづく天皇の伝記編纂の慣行が生まれていた。すでに『孝明天皇紀』は完成し、『明治天皇紀』の編纂が同時期に進められる。

大正天皇死去の翌一九二七年（昭和二）六月、宮内省図書《ずしょ》寮内に大正天皇実録部が設けられ、編纂が始まった。孝明天皇以前の歴代天皇・皇族の実録も図書寮内で同時期に編纂されている（『天皇皇族実録』全三〇〇冊）。逆に言えば、『明治天皇紀』だけが臨時帝室編修局という独立組織で編纂されていたことになる。『大正天皇実録』は一九三六年一二月の大正天皇十年祭を目前に控えて完成し、昭和天皇・皇后・皇太后に奉呈された。本文全八五冊に加えて、年表四冊、索引七冊、正誤表一冊がある。図書寮の用箋に和文タイプ印刷されたものが和綴じされている。

完成した『大正天皇実録』は長い間、非公開とされてきたが、朝日新聞記者が情報公開法（一九九九年施行）にもとづいて情報公開請求を行ったことをきっかけに、宮内庁も公開に応ぜざるをえなくなった。大正天皇の即位から死去までの期間については、二〇〇二年に八冊（一九一二年七月〜一四年六月）が、二〇〇三年に二一冊（一九一四年七月〜二一年六月）が、二〇〇八年に九冊（一九二一年七月～二七年二月）が公開された。誕生から即位までの四七冊に関しては、二〇一一年一月段階ではいまだ公開されていない。

このように、大正天皇即位時期の実録はすべて公開されたが、その際多くの個所に墨塗り（実際には黒マジック）が施された点が問題である。第一回公開分で一四一ヵ所、第二回公開分で五〇〇ヵ所以上、第三回公開分で二五〇ヵ所となっている。これは情報公開法や個人情報保護法にもとづき、特定個人と結びつくような私的情報をすべて非開示としたためである。しかし、歴史研究者の立場からすれば、『明治天皇紀』と同様、墨塗り個所を一切なくしたうえで公刊されることを願ってやまない。

さて、『大正天皇実録』の内容をみると、日常の私生活には触れず、『官報』『宮内省省報』にも記載された公的行為がほとんどである（陸海軍の部隊に対して侍従武官を名代として差遣《さけん》するといった「侍従武官府日誌」にもとづく記述部分は目新しい）。その点で、エピソード的なプライベート記事も、機微に触れる政治情報も豊富な『明治天皇紀』とは対照的（季武嘉也）であり、記述が平板であるのは否めない。しかし、興味深い個所も散見される。

例えば、加藤外交への高い評価が挙げられる。元老山県有朋らの慎重論を抑え、日英同盟の情誼《じょうぎ》を理由に第一次世界大戦への参戦を決めた加藤高明外相に対し、大正天皇は加藤の「勤労ヲ嘉《よみ》ス」との勅語を与えた（一九一四年九月一一日条）。また、加藤による対華二一ヵ条要求に関しても、実録では「要求ハ実ニ公明正大」と記されている。大正天皇が時の大隈重信首相に個人的な親近感を抱いていたことは従来の研究でもつとに指摘するところであるが、大隈を媒介として、大正天皇が加藤へも親近感を抱いていたことがうかがわれる。

『大正天皇実録』で最も興味深い内容の一つが、大正天皇の病状と皇太子の摂政就任であろう。大正天皇は一九一四年頃から軽度の言語障害があり、翌一五年一一月頃から「階段ノ御昇降ニ当リテハ多少側近者ノ幇助《ほうじょ》ヲ要セラレ」るようになった。さらに、一九一八年夏には「御姿勢時々右側ニ御傾斜アリ、御乗馬ノ際モ御姿勢整ハセ給《たま》ハズ」という状況にいたる。結局、一九二一年に皇太子（のちの昭和天皇）が摂政に就任することになるが、天皇在世中における天皇の政治的無能力化という最大危機を脱する方策の正当性は、推古天皇時の摂政（聖徳太子）設置の先例に求められたのである（一九二一年一一月二五日条）。（千葉）

第3章　戦争の時代へ

Ⅰ　軍部台頭と政治

Ⅱ　苦悩の外交官

Ⅲ　肥大化する軍部

牧野伸顕日記

【史料期間】一九二一年（大正一〇）三月〜三八年（昭和一三）二月
【史料状況】原史料は国立国会図書館憲政資料室が所蔵。ただし非公開。伊藤隆・広瀬順晧編『牧野伸顕日記』（中央公論社、一九九〇年）として公刊

まきの・のぶあき
1861〜1949　明治期から昭和期の官僚，政治家．薩摩藩出身．大久保利通次男．吉田茂は女婿．1871年（明治４），岩倉使節団一行とアメリカに留学．74年に帰国．その後，外務省，制度取調局，法制局などに勤務．また，福井・茨城県知事，文部次官，イタリア・オーストリア公使などを経て，1906年第１次西園寺内閣の文相に就任．第２次西園寺内閣では農商務相，第１次山本権兵衛内閣では外相などを務め，19年（大正８），パリ講和会議に日本の次席全権として参加．21年宮相．25年に内大臣に転じ35年（昭和10）まで在任

天皇の政治関与の記述

牧野伸顕は、明治後期から大正中期にかけて三度入閣し、首相候補にもたびたび擬《ぎ》せられた官僚政治家である。また、パリ講和会議では日本全権の中心的役割を果たすなど、華々しいキャリアを積んだ外交官でもあった。さらに、牧野は若き日の昭和天皇に宮内大臣・内大臣として仕え、宮中側近としてその動向に大きな影響力を及ぼした。

このように牧野の経歴は、大きく三つに分けることができる。現存する彼の日記は、このうち昭和天皇の側近として活躍する期間のものが中心である。すなわち、牧野が宮内大臣として宮中入りした一九二一年（大正一〇）から、内大臣を辞任して宮中を去った三年後の一九三八年（昭和一三）までである。小型手帳で九六冊残されており、いずれもかなり読みにくい字で、ごく一部の墨書を除けば鉛筆で書かれているという。

「牧野日記」の刊行作業は、青年時代の昭和天皇に関する記述が多く含まれていることもあり、元号が平成に代わってから始められた。牧野の大甥でもある近代史家大久保利謙《としあき》の仲介によって、一九八九年に遺族から出版が許可され、翌年に中央公論社から公刊される。ただしその際に、ごく一部の記述が削除されたという。日記の原史料は、現在国立国会図書館憲政資料室に保管されているが、非公開となっている。そのため利用可能なのは公刊された日記（以下、『牧野日記』）だけである。

刊行当初『牧野日記』は、一九二八年の張作霖爆殺事件の処理をめぐって昭和天皇が田中義一首相を叱責し、内閣総辞職にまで発展した経緯を中心に、天皇の政治関与の実在を示すものとして注目を集めた。しかしその後、河井弥八、奈良武次、岡部長景など、他の宮中関係者の日記が公刊されたこともあり、別の関心から利用される研究が現れるようになる。

宮中研究への多大な貢献

その先鞭をつけたのは永井和である。永井は『牧野日記』を、牧野と同時期に宮中に在職していた倉富勇三郎の日記と突き合わせながら、新たな事実を発掘していった。たとえば、これまでほとんど知られていなかった久邇宮朝融《くにのみやあさあきら》王（昭和天皇の義兄）の婚約破棄事件を取り上げ、元老西園寺公望と牧野が連絡を取り合いながら事件処理にあたったことを明らかにした（「久邇宮朝融王婚約破棄事件と元老西園寺」『立命館文学』五四二号、一九九五年）。また、西園寺が「最後の元老」となっていく過程を丹念に追跡し、元老の再生産を拒む西園寺と、後継首班指名の「御下問範囲」の拡張をめざす牧野との間に、少なからぬ考え方の相違が存在していたことを指摘している。

一九九八年には、近代日本研究会が「宮中・皇室と政治」（『年報・近代日本研究』二〇）という特集を組み、『牧野日記』を利用した研究が多数発表された。なかでも、皇太子時代の昭和天皇が標榜《ひょうぼう》した「平民主義」の展開と皇室の現代化を論じた坂本一登論文、薩派（薩摩閥）による山本権兵衛の（準）元老擁立運動の動向を明らかにした小宮一夫論文、大正後期における皇室制度の整備過程に注目した西川誠論文などは、新たな視角から大正期の宮中・皇室の実態に迫ろうとするものであった。

二一世紀に入ると、『牧野日記』を用いた研究は、さらに深化する。伊藤之雄はイギリスの君主制と比較しながら、昭和天皇の下で近代日本の立憲君主制が崩壊していく過程を描いた。また村井良太は、『牧野日記』を丹念に読み込むことによって、政党内閣制が成立する過程を、首相選定方式の変化に着目しながら論じた。政党内閣崩壊後の宮中の状況についても、茶谷誠一によって、牧野に対する宮中内外の反発が強まり、「牧野グループ」が勢力を後退させていく様相が明らかにされている。

このように『牧野日記』によって、大正中期から昭和初期における宮中・皇室に関する研究水準が格段に引き上げられたのである。刊行後わずか十数年の間にである。このことからも、『牧野日記』の公刊が、いかに歴史学界に大きな衝撃をもたらしたかが理解されよう。

政治情勢・世論動向のメモ

次に日記の特徴について検討していきたい。日記の記述は基本的には平易である。中断することがしばしばあるが、かなりの紙数を費やして記述している日もある。記述内容の多くは、昭和天皇や宮中・皇室関係者、政治家との会談に関するものである。政治家のなかでは、牧野が島津家の家政に関係していたこともあり、薩派の人物が多い。特に、尊敬していた山本権兵衛には頻繁に意見を聞きに行っている。

また、昭和天皇の巡幸に同行した際には、各地での奉迎の様子について事細かに記述している。他方、宮中での行事や日常的な業務についての記述は少ない。牧野が業務日誌としてではなく、政治情勢や世論の動向をメモするために日記を書いていた様子がうかがえよう。

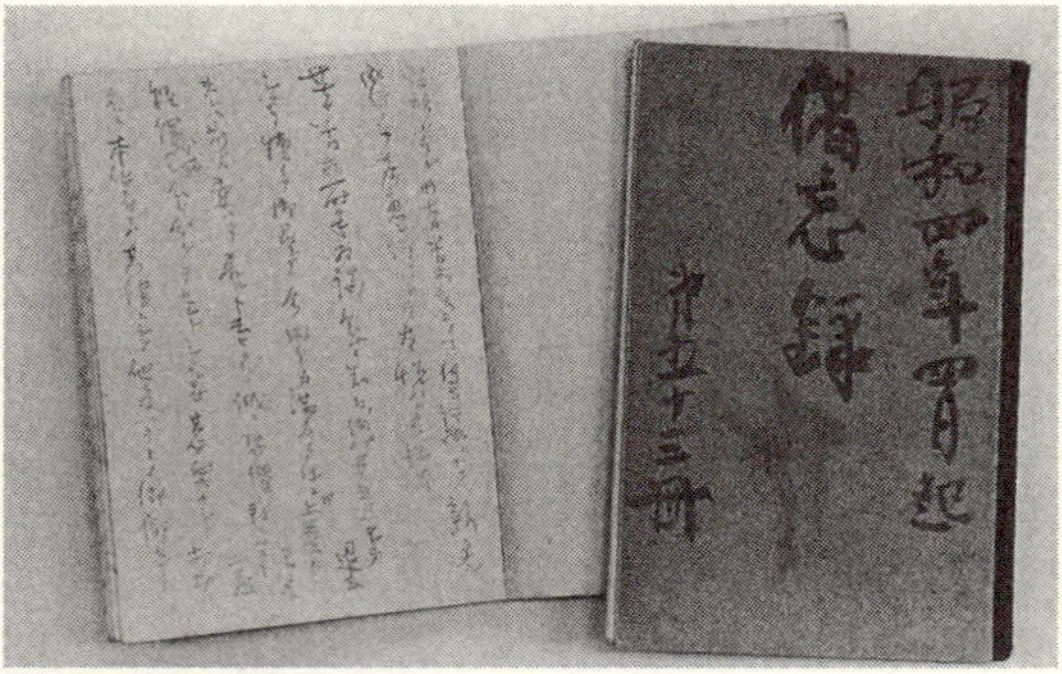

「牧野日記」原史料

このことは、記述された情報に対して牧野の考えが詳しく述べられている点にもよく表れている。

ここで注意したいのは、牧野は新たに得た情報によって、自らの考えを柔軟に変えるわけではないことである。むしろ、自らの考えに適合的な情報のみを日記に記述しているきらいがある。たとえば田中義一については、一貫して否定的な評判しか記述していない。この種の偏りは、いずれの日記にも多かれ少なかれ見られるものである。だが『牧野日記』は、特にその傾向が強いように思われる。

この点から、『牧野日記』の限界を指摘するのは簡単である。しかし、日記が書き始められた時点で、すでに牧野は数えで六〇歳を超えており、思考のパターンが固定化しているのは、むしろ当然であると言えよう。だとすれば、『牧野日記』を内在的に理解するために必要なのは、日記に見られる思考様式がどのように形成されたのか念頭に置くことであろう。そこで、日記のなかから抽出される牧野の思考様式を、日記が記述された以前の時期における牧野の経験と対照させながら検討していきたい。

こうした作業を行うのに最適な資料がある。牧野の『回顧録』（全三冊、文藝春秋社、一九四八〜四九年、のちに中公文庫）である。この『回顧録』は、戦後、牧野が口授《こうじゅ》した内容を牧野の孫である吉田健一と、その友人の中村光夫がまとめたものであり、幼年時代からパリ講和会議の時期までが叙述されている。すなわち『牧野日記』が書き始められる直前の時期までが対象とされているため、日記の欠を補完するものであると言えよう。

理想としての「桂園時代」

さて、大久保利通の次男である牧野にとって、征韓論から西南戦争へといたる過程は「全くの悲劇」に他ならなかったことは想像に難くない（『回顧録』）。その征韓論以来の「悶着」と牧野を言わしめたのが、陸軍部内における田中義一と上原勇作の対立であった（一九二四年五月一日条）。この対立は、清浦奎吾《きようらけいご》内閣の陸軍大臣人事をめぐって表面化したものだが、牧野はその原因を田中の「積年の横暴」に求めている。さらに、弁明にやってきた田中に対して、「反対連中を嘲笑する気味ありて自分不徳の事は全然感得せざるが如きものあり」と批判的な感想を日記に残している（一九二四年五月一〇日条）。

その田中が二大政党の一角を占める立憲政友会の総裁になると、牧野の不安はさらに高まっていく。総裁就任の挨拶に来た田中に対して、牧野は「首領株の政治上の責任」について述べ、「何れも相互に大局に着眼し、非常の時は協力を惜まざる襟度《きんど》望ましく、又平常に於ては感情に奔《はし》らず出来る丈け隠忍の節度を守り度ものなり」と注意を与えている（一九二五年五月九日条）。この田中への注意に明確に表現されているように、牧野は政党間で対立が激化することを避けるために、政党指導者間での協調関係を保つべきだと考えていたのである。

それでは、このような牧野の思考様式はどのようにして形成されたのだろうか。『回顧録』を通読すれば、牧野は桂園時代を理想として捉えていることが読み取れる。桂園時代とは、明治後期から大正初期にかけて、山県系官僚閥の桂太郎と政友会総裁の西園寺公望が交互に政権を担当した時期のことである。この桂園時代には、桂と政友会との協調関係によって、近代日本で稀《まれ》に見る安定的な政治秩序が成立していた。牧野によれば、このような協調関係が築かれたのは、「政友会側が行掛りを棄てて国家本位の態度を取った結果」であった。そして、彼は「従来もありがちの政権争奪の域を脱していて今後の指針にもなることを感じた」と回顧したうえで、「憲法政治の運用において政権獲得のみが能事ではない」と結論づけている（『回顧録』）。

こうした協調が成立した条件として、牧野が重視していたのが、政友会内で十分に統制がとられていたことであった。そして、それは、西園寺公望、原敬、松田正久に代表されるような人格・技量において優れた「人物」が政友会を率いたからこそ可能になったと牧野は考えていた（『回顧録』）。

このように桂園時代の政治体制を理想化する牧野にとって、統制がまったくとられていない田中総裁以下の政友会に対する評価は、いきおい低いものとならざるを得ない。それに対して、強い結束力を見せていた浜口雄幸総裁率いる立憲民政党に対する評価は高い。同様の発想から、牧野は枢密院の議長には「閲歴、経験、声望」などに優れている清浦奎吾のような人物が適当であると考えていた（一九二五年九月二六日条）。枢密院議長に重量級の人物を入れることで、ともすれば政界の攪乱《かくらん》要因にもなりかねなかった枢密院の統制を保とうとしたのである。

牧野時代の終焉

牧野はまた、政治対立の激化を回避するために、政治指導者間での協調を維持することに向けて自ら動くことを厭《いと》わなかった。第五一回帝国議会が松島遊郭事件や陸軍機密費問題などのスキャンダルによって紛糾すると、牧野は、一木喜徳郎《いっききとくろう》宮内大臣に対して、与野党の党首の間で「人身発合《あばきあい》を制止する様」申し合わせるべきだとして、それを若槻礼次郎首相に発議させるべきだと主張している（一九二六年三月九日条）。一木の兄である岡田良平は若槻内閣の文相であったことから、この発言は、若槻に伝わることを意識してのものだったと思われる。その後も牧野は、満州事変勃発直後に重臣会議の開催を構想したり、政友会と民政党との提携をめざす協力内閣運動に対して積極的な姿勢を示したりするなど、政治指導者間での協調によって統合を維持しようと動いていた。

こうした牧野の政治関与のあり方は、一九三二年の五・一五事件によって政党内閣が崩壊した後において、さらに顕在化していくことになる。政友会の犬養毅内閣に代わって成立した斎藤実内閣は、二大政党や財界などから入閣者を出した「挙国一致」内閣であったが、その主要ポストは、首相の斎藤をはじめ高橋是清蔵相、山本達雄内相など、かつて牧野とともに内閣に列した長老政治家によって占められていた。牧野は、彼ら長老が台頭しつつあった軍部の統制にあたるのを強く期待するとともに、それをバックアップする装置として、関係大臣や軍部のトップによって構成される御前会議の開催を主張している。そうすることで国家の「大方針」を確定させ、当局者が「時々の出来事に動揺する事」を防ぎ、暴走しがちな軍部の「出先を牽制」しようとしたのである（一九三三年一月一四日条）。

しかし、一九二〇年代を通じて、二大政党、官僚制、軍部など、あらゆる政治勢力のなかでは組織化・制度化が急速に進んでおり、これらの組織のトップが国家全体の統合のためにリーダーシップを発揮し得る余地は失われつつあった。それにもかかわらず、牧野は従来の考え方を変えることができず、結局は「中心人物たるべき後継者の現出せざるは誠に国家の大不幸也」（一九二四年七月二日条）と人材の払底を嘆くことしかできなかった。このような牧野に対して、木戸幸一や岡部長景、広幡《ひろはた》忠隆ら次代の宮中を担う若手華族たちは冷ややかな視線を向けていた。組織化・制度化が進んだ官僚制内でキャリアを積んだ彼らからすれば、牧野の考え方は時代遅れにしか見えなかったのであろう。

このように、牧野の時代は終わりに近付いていた。そのことを象徴的に示しているのが、『牧野日記』の記述の変化である。一九三〇年代初頭までの『牧野日記』では、牧野が自らのネットワークを利用しながら主体的に情報収集を行っている様子がうかがえる。そして、そこから得られた情報を基にして、他の政治勢力からの批判を引き起こすほど積極的な政治関与を行うことがしばしばあった。しかし、それ以後の時期の日記を見ると、木戸幸一らがもたらした情報量の比重が圧倒的に大きくなり、牧野自身が動いて情報を集めることは少なくなる。それと並行して、牧野の政治への関与も見られなくなっていく。このように牧野の動きが鈍っていくのは、牧野に対する宮中内外の批判の高まりによって活動の自粛を余儀なくされたことに加え、各政治勢力内で世代交代が進み、牧野のネットワークでは対応できなくなっていったからである。かくして一九三五年一二月二六日、牧野は宮中から去ることを余儀なくされる。

牧野は、政治の組織化・制度化が進むなかで、最後までリーダーシップを持った「人物」の出現を待ち望んでいた。現在、政治家のリーダーシップの欠如が言われて久しい。このような時代であるからこそ、苦悶にあふれる牧野の日記は、リーダーシップのあり方を考える上で、多くの示唆《しさ》に富んでいる。

（若月）

原田熊雄文書——『西園寺公と政局』

【史料期間】一九三〇年（昭和五）三月六日に口述された張作霖爆殺事件関連記事から西園寺の死の直前となる一九四〇年一一月二一日の口述まで（別に一九二四年六月一五日〜四〇年一一月二〇日の手帳に記されたメモなどがある）

【史料状況】口述記録の原史料など関連資料の多くは国立国会図書館憲政資料室が所蔵・閲覧可能。原田熊雄『西園寺公と政局』全八巻、別巻一（岩波書店、一九五〇〜五六年）として公刊

はらだ・くまお
1888〜1946　大正・昭和期の政治家，西園寺公望私設秘書．東京生．祖父一道は陸軍少将で1900年（明治33）男爵授爵、貴族院議員．原田は10年に襲爵．15年（大正４）京都帝国大学法科大学政治学科卒業，24年６月加藤高明の首相秘書官，第１次若槻礼次郎内閣下の26年（大正15）６月まで務める．次いで住友合資会社に嘱託として入社，最後の元老西園寺公望の秘書として40年の死まで文字通り東奔西走．同時に31年貴族院議員に互選．同じく青年華族政治家である近衛文麿や木戸幸一と時局改善に尽力するも果たせぬまま敗戦後死去

西園寺の情報係として

本史料は最後の元老西園寺公望の私設秘書原田熊雄による口述記録である。出版に携わった岩波書店の編集者吉野源三郎は、一九四三年（昭和一八）秋に初めて本史料を読み、「この記録には日本の『立憲君主制』が正に浮彫りに示されていた」（『職業としての編集者』）と

の強い印象を受けた。元老西園寺の動静を中心に同時代の政治情勢を生き生きと描写した同史料は、現代史を伝える史料として、一つの古典的位置を占めている。

書誌情報は里見弴《とん》こと山内《やまのうち》英夫による「緒言《しょげん》」、編者丸山眞男・林茂による第一巻「あとがき」ならびに林の別巻「あとがき」に詳しい。さらに里見と吉野がいくつかの記録を残し、二〇〇七年の五刷九冊セットに付録された坂野潤治・井上寿一の対談「『西園寺公と政局』の読みどころ」は刊行後の研究動向をふまえた解説として貴重である。

西園寺公望（左）と原田（1932年頃）

本史料はその成立過程や公開の経緯を思えば実に数奇な運命を辿った史料である。原田は一二歳にして突如華族を嗣ぐべき者となった。一九〇〇年に祖父一道が陸軍少将として男爵を授けられたとき、すでに父豊吉は亡かった。原田の個人史については女婿《じょせい》勝田龍夫『重臣たちの昭和史』が詳しい。幼少時の原田は「内気でシャイ」であり、母照子は金子堅太郎など「偉い人」にも会わせ友人たちを自宅に招く中でその矯正に努めた。東京高等師範附属中学校に通っていた原田は、華族として無試験で進学できる学習院中等科に編入し、木戸幸一と同窓になった。また一つ下には近衛文麿がおり、三人の結びつきは京都帝国大学法科大学政治学科を経て生涯に及んだ。母の熱意の賜《たまもの》か、二三歳で男爵となった原田は京都でもよく食事会を催した。この饗応の徳は原田生涯の財産となった。

西園寺は原田の祖父、父ともに旧知の間柄であった。原田は、一八歳の夏に別荘地大磯で初めて照子から「わたくしどもの嗣子《あととり》」(原田「跋」、同編『陶庵公清話《とうあんこうせいわ》』)と紹介を受けたという。西園寺から「卒業したら、ともかくも、ひと巡《まわ》り外国を見て来ることだね」と言われていた原田は、一時勤めていた日本銀行を退職し、一九二二年五月から約一年半、宮内省嘱託として渡欧、主にイギリスに滞在した。帰国後半年にして第二次憲政擁護運動が起こり、加藤高明内閣が成立すると首相秘書官となる。西園寺は「大層いゝ修行の機会」で「憲政会の人たちと馴染の薄い自分としても、原田がさういふ位置にゐてくれることは、洵《まこと》に好都合だ」と賛同したという。加藤病没後、若槻礼次郎内閣でも引き続き首相秘書官を務めたが、一九二六年七月住友合資会社の嘱託となり、そのまま「公爵御自身のお声がかり」で西園寺の情報係を務めることになった。西園寺からは首相との面会から葡萄酒購入に至るまで、用件を箇条書きしたカードを渡された。

「四百数十回」の口述

元老秘書としての原田の動静は牧野伸顕内大臣の日記にも頻出する。元老とのパイプ役として十五銀行問題や田中義一政権下の議会情勢など、積極的に政界情報を行き来させていた。編者の林が指摘するように、別巻には「元老秘書ならびに総理秘書官としてのメモ」が残され、一九二七年一一月と一二月分については日記らしい日記が残されている。にもかかわらず原田はこの時期まだ口述記録を残していない。原田が口述を始めるのは一九三〇年三月六日のことである。この日より西園寺の死の三日前、一九四〇年一一月二一日まで、懐中日記のメモを見ながら、速記者である近衛秀麿夫人泰子を相手に極秘に口述を重ねた。泰子は近衛文麿の紹介による。この一〇年以上「四百数十回」に及ぶ口述草稿は、「満洲某重大事件と西園寺公」「海軍会議と西園寺公」「陸軍軍縮と西園寺公」と題された三篇からなる。最初に第二篇のロンドン海軍軍縮会議について口述を始め、約一月後に二度、第一篇となる二年前の張作霖爆殺事件を回想し、再び第二篇の口述を続けた。第二篇については個々の口述期日が必ずしも明らかでないが、内容は一九三〇年末のロンドン条約公布で終わっている。政党内閣制の成立と軌を一にして活発化していた宮中の活動は同時に強い批判も招いていた。本史料は同時代の天皇・元老・宮中官僚らに対する「悪しざま」な批判・宣伝に対して、「政治の実状」を書き残す目的でまずは作成されたのである。

このような企図は西園寺にも伝えられ、「後世絶好の史料」（一巻口絵写真）とのお墨付きとともに、継続的な閲覧・訂正を得ている。口述は一九三一年七月に再開される。その間、原田は男爵議員として貴族院議員に補欠当選した。以後の口述は第三篇にあたるが、全八巻中七巻分を占める。それは標題の如く事件記録を目して始まりながら、危機の日常化の中でその性格が変質していったことをうかがわせる。宮中の活発化は当初政党政治の補完者として始まったが、権力の遠心化が進むと政党への期待は急速に失われていった。その中で原田の政治活動は、年来の友人である近衛と木戸に加えて、西園寺と宮中官僚さらには海軍穏健派を軸に展開され、主として陸軍に強く押されますます安定を失う内外情勢の均衡回復、なかでも対英米協調路線の再建に努めるものであった。しかし長期にわたる尽力も実らぬままに西園寺は亡くなった。原田は「これからどうしたらいいのだろう」と呟《つぶや》いていたという。

軍部の圧力と「国内疎開」

一九四〇年秋、原田は幼少期以来の友人である里見弴に「文章上の加筆、整理」を依頼した。里見は雑誌『白樺』の同人として当時すでに著名な小説家であった。里見は「どっちにも意味の釈《と》れる言葉の続き具合」や「主格、客格ぬきの口癖」に困難を覚えつつ、「一日の口述とひと区切り分を繰り返し精読して、その内容を誤りなく肚《はら》に納めたうへ、初から自分で記述する気持でかゝつたはうが、文意の曖昧さを除く捷径《はやみち》と思ひ、その方法をとつた」と述べている。それは「当時として予想し得るたつた一人の読者なる天子様のために、すらすらと、しかもはつきりあたまに納まるやうな文書にして置いてあげなければ相済まない」との緊張感のある作業であった。里見の校訂は全体の約六分の一に及んだという。

また原田は、一九四二年に出された『西園寺公追憶』で西園寺が毎夜日記をつけていたこと、亡くなる少し前に全部焼き捨てられたことを語り、翌四三年には、里見の手も煩《わずら》わせつつ口述記録をもとに整理した『陶庵公清話』を世に出した。これを手伝ったのが先の吉野であり、このときに本史料を実見した。本史料は西園寺没後の原田について何も語らない。里見によると西園寺の死に「原田は目に見えて弱つた」という。しかし原田は体がゆるす限り奔走をやめなかったようである。一九四三年夏頃には「軍の一部」の動きを懸念して、口述記録をトランクに入れて高松宮に預け、さらに宮内省図書寮《ずしょりょう》に移すという国内疎開をしている。そして戦時下に印象的なのが同じく大磯に居を構えていた吉田茂との親交である。一九四五年五月に吉田らが逮捕されたおりには原田も憲兵の取り調べを受け、病床で四日間に及ぶ臨床尋問を受けた。吉田が敗戦後に「軍なる政治の癌切開除去、政界明朗国民道義昂揚《こうよう》、外交自ら一新可致、加之科学振興、米資招致ニより而財界立直り、遂ニ帝国の真髄一段と発揮するに至らハ、此敗戦必らすしも悪からす」と書いた有名な書簡は、「老兄の御慰みニ」と原田にも回覧されている。原田と来るべき時代像を共有していたからと見ることができよう。

終戦の年の暮、原田から吉野のもとに史料の公表について「もう、そろそろいいだろう」との手紙が来た。しかし出版まではなお曲折があった。同年一二月の近衛自殺を追うかのように翌年早々に原田は病没した。そして残された者たちのもとに乗り込んで来たのは占領軍であった。極東国際軍事裁判所に証拠書類として提出された本史料は「原田文書」として脚光を浴び、被告席の木戸と再会した。一九四八年一一月に裁判が閉廷するとやっと出版に向けた動きが本格化した。吉野は丸山の協力を仰ぎ、丸山は林の協力を求める。一九五〇年一月号の雑誌『世界』には、「これは故公爵西園寺公望の秘書、故男爵原田熊雄が口述した『原田日記』と世に呼ばれているいわば回想録の一部である」に始まる林の「はしがき」を付した抄録が掲載公表された。こうして同年六月から『西園寺公と政局』が出版されると、唯一の読者と想定された昭和天皇にも第一巻の特製本が捧呈《ほうてい》された。里見は、「某氏によって、陛下の御読後感までも洩れ承ることが出来た」（勝田、「跋」）と後に記している。

史料の一次性への疑問

最後に本史料について西園寺史料としての留意点を述べたい。本史料は昭和天皇への捧呈に端的に表れているように元老西園寺の記録として残された。西園寺については近年ゆかりのある立命館大学編にて『西園寺公望伝』が出版され、その事跡や書簡、演説などを容易にたどることができる。しかし西園寺については本人の手になる史料は少なく、その理解は観察者がいて初めて成り立っている。伝聞史料中心のこうした西園寺像の難しさは西園寺固有の問題でもある。一つには西園寺のその物腰の柔らかさである。対話者は多く西園寺が自らを理解してくれたとの印象を受けて退座する。もう一つには彼が一九二〇年代半ば以来、元老以後の政治指導を考えていたことである。西園寺は内閣による責任政治を望み、局外にある元老の意向が明確に現れることに警戒的であった。したがってその真意は測りがたく、近衛と政友会の小川平吉は、「今日の処にて割合に公の意を忖度《そんたく》し得るものはやはり原田ならん」（『小川平吉関係文書』一九三三年五月一二日条）との会話を交わしているほどであった。

西園寺は時に自らの意向を原田を通じて間接的に伝えるようにもしていたようである。となれば受け手には誰の意向なのかわからなくなり、原田の伝える西園寺の意向を牧野内大臣ら宮中官僚が信じないという事態まで起きている。

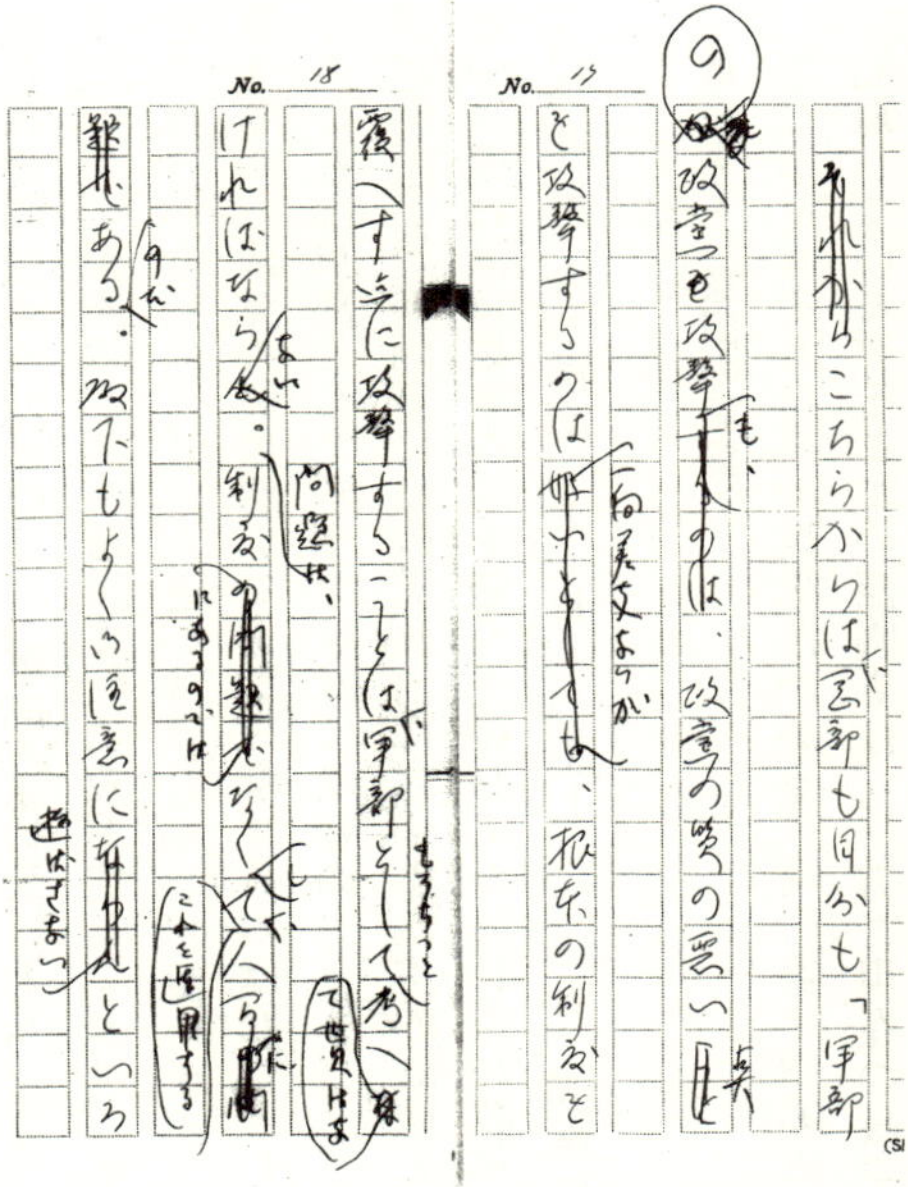

1931年８月７日条．原田から聴き取った速記に里見弴が手を加えている

原田は記録者に徹しようとし、「故意の歪曲や虚偽」はないとの里見の証言は事実にせよ、なお史料の一次性という点で残る問題はある。第一に文書の校正による変遷である。東久邇宮稔彦《ひがしくにのみやなるひこ》から三月事

件の話を聞き込んだ原田は、「軍部の政党攻撃も、政党の質の悪い点を攻撃するのは一向差支ないが、根本の制度を覆すまでに攻撃することは、軍部としてもうちつと考へてもらはなければならない」と述べたという。しかし里見の手が入る前の史料では、「軍部が政党を攻撃するのは政党の質の悪いことを攻撃するのは好いとしても、根本の制度を覆へす迄に攻撃することは軍部として考へなければならぬ」となっている（原田文書一〇－五、国立国会図書館憲政資料室蔵）。両者には政党政治に対する基本的信頼という点でニュアンスの相違がないか。宮中官僚は浜口雄幸内閣を強く支持してからわずか数年で政党政治家への基本的信頼を失い、「清廉剛直」な加藤高明の人格を思慕した原田も、同様に従来の政党政治から遠ざかる。

あくまで「原田の記録」

第二にそもそも口述の曖昧性がある。岡田啓介内閣成立時に原田は西園寺の発言を少し長く記録している。そこでの西園寺は、一方で現在の政党の質を疑問視し、「あんまり政党にこだはる必要はない」と述べながら、他方で、若槻、床次《とこなみ》竹二郎などがとにかく入閣することを重視する発言を重ねている。これはどう理解すべきか。一連の会話のように記録されているが、聴き取った印象的な話を原田がつないだものではないだろうか。「といふ風なことを話してをられた」という原田の言葉は良心的である。西園寺は綱紀問題には概して淡泊であり、政党政治への基本的信頼を維持し続けた。そして第三に記録の誤りである。本史料を西園寺史料としてみる場合に第一に重要なのは書き込みである。一九三九年八月には、「公爵は『どうも平沼も早く辞めた方がよくはないかと思ふ。已むを得なければ荒木でもしやうがあるまい。その話とは別だが、とにかく陸軍にもつと判る人はゐないものか。』と言つてをられた」との記述がある。原田は早速荒木貞夫元陸相に電話で「後継内閣組閣の大命は貴下に降下する事に西園寺公がきめた」（『荒木貞夫風雲三十年』）と組閣準備を求めたというが、西園寺は原史料欄外に「総理たる人と誤解ナキを要す」と書き記し、選ばれた首相も阿部信行であった。また本史料の一部は高松宮の政治秘書細川護貞や勝田らも戦時下に目にしたように、用いられ方としてある目的を持った集団内での生きた記録でもあったようである。

総じて重要なのは、本史料があくまでも原田の記録であるということである。現在、原田は元老西園寺の政治秘書として記憶されており、本人もその矜持《きょうじ》を持って東奔西走に努めた。しかしその前に彼はその本分に生きた一人の華族政治家であった。一八七一年一〇月、明治天皇は華族一同を前に外国留学を奨励し、開化有用の材となることを求めた。西園寺もまた世界の中の日本を聖旨《せいし》とも奉じ、その生涯を尽くした。原田は西園寺に遅れること五年強、一九四六年二月二六日に亡くなった。一〇年前と同じくその日も雪であったという。その四日前に幣原喜重郎内閣が受け入れを決めたマッカーサー草案による日本国憲法は、一九四七年五月に施行、華族制度は廃止された。華族政治家が担おうとした使命と職責の一端は、貴族的政治家といわれた吉田茂に引き継がれたとも言えようか。

（村井良）

有馬頼寧日記

【史料期間】一九一三年（大正二）一～九月、一九一九年一月～五七年（昭和三二）一月（この間、一九二二、二三、二五、二九～三四、四七～五〇年が欠）

【史料状況】原史料は国立国会図書館憲政資料室が所蔵。マイクロフィルムでの閲覧可能。尚友倶楽部・伊藤隆編『有馬頼寧日記』全五巻（山川出版社、一九九七～二〇〇三年）として一九一九年一月～四六年九月までが公刊

ありま・よりやす
1884～1957　政治家．旧久留米藩主有馬家の長男．伯爵．東京生．東京帝国大学農科大学卒．近衛文麿，木戸幸一らと華族政治家として活躍．社会問題に関心が深く，農村運動，労働運動，水平運動を支援．衆議院議員，貴族院議員，産業組合中央金庫理事長，産業組合中央会会頭，農相を歴任，近衛新体制運動に深く関与，大政翼賛会事務総長に．そのため極東国際軍事裁判ではＡ級戦犯容疑者とされたが，不起訴．のち日本中央競馬会理事長となり，「有馬記念」に名を残す

トルストイの影響

有馬頼寧は華族出身の政治家として、戦時期に近衛文麿を担いで新体制運動を推進した人物である。とはいえ、現代の読者にとっては、競馬の「有馬記念」がＪＲＡ第二代理事長であった有馬を記念したレースである、と説明されたほうが親しみが湧くだろう。

その有馬が残した日記が、この『有馬頼寧日記』である。なお、有馬には『七十年の回想』という回想録もある。日記は、そのほとんどが博文館発行の当用日記に書かれている。一九三五（昭和一〇）〜四三年、五三年以降については、同じ頁に三年分の記載欄が三段に並んでいる三年連用のものが使われている。記述がある場合は、日記の記載欄いっぱいに書かれていることが多い。翻刻された日記で、日々の記述量がある程度一定しているのは、そのためである。文章は読みやすく、文字もペン（一部は筆）で丁寧に書かれている。

有馬はトルストイの日記を見てから本格的に日記をつけるようになった。そして、日々の感想、体験というようなものを真実に書く、この日記に書いたことは決して偽りはない（一九二一年一月一日条）と記している。それゆえ日記の記述は、時に赤裸々といえるほどに率直である。

日記の存在が知られたきっかけは、一九六九年、近衛新体制運動の研究を進めていた伊藤隆が有馬頼寧の三男頼義（直木賞作家）から閲覧を許されたことによる。そして、伊藤の一連の研究で昭和期の記述が引用・紹介され、近衛新体制運動の内幕と、運動を推進した人々の思想を伝える史料として広く利用されるようになった。

つづいて有馬頼寧が、若い頃からさまざまな社会事業に積極的に関わってきたことが注目された。まず有馬が華族でありながら部落問題・水平運動に取り組んだことに関心が集まり、その時期の日記（一九一九〜二八年）が雑誌に翻刻された。さらに最近では教育の機会均等をめざした有馬の教育者としての側面に焦点を当てた研究も現れている。

また、大正・昭和期に政治的、社会的分野において活躍した華族が多くいたことに着目し、その背景を知るために大正期に華族という社会集団がどのような変容を遂げていくのかを検討した研究でも、有馬とその日記は重要な手がかりとなった。

女性をめぐる記述

このように重要史料である『有馬日記』は、尚友《しょうゆう》倶楽部（貴族院子爵議員の選挙母体であった尚友会を前身とする公益法人）と伊藤隆の編集により、山川出版社から『有馬頼寧日記』として刊行された。翻刻されたのは、一九一九年一月から四六年九月までの日記である。

前述のように日記の記述は率直であり、それは刊行に際しても損なわれることがなかった。遺族の理解により女性をめぐる問題など、ごくプライベートな事柄までが翻刻され、有馬の人間性をリアルに伝える記録となっているのである。その特徴をうまく活かし、丹念な関係文献の調査と、日記の舞台となった場所への実地調査により、有馬と彼に連なる人々の人間ドラマを生き生きと描き出したノンフィクションが、山本一生『恋と伯爵と大正デモクラシー』である。同書は第五六回日本エッセイスト・クラブ賞を受賞した。一九一九年の日記を素材としているが、巻末には有馬に関する詳しい年譜も付され、有馬という人物を知るために有用である。

このように有馬の歴史上の役割とその多面性、日記の内容により、さまざまな研究者、作家が、『有馬日記』を利用してきた。しかし、有馬という人物の活動範囲と日記の内容は実に幅広い。

例えば、都市娯楽の消費者としてみると、有馬はしばしば「銀ブラ」に出かけ、演劇や映画、買い物を楽しんでいる。スポーツでは、特に野球に関心が深く、昭和一〇年代以降、六大学野球、都市対抗野球、中等野球（現・高校野球）、プロ野球の観戦に関する記載も多い。プロ野球については球団の経営にも携わっている。日記には試合の経過、選手評、監督評と、熱心な記述が見られる。新体制運動に加わっていた頃のことである。

一九四一年三月二五日条には、たまたま時間ができたために「後楽園に行き見つからぬ様にして見る。途中までリードして居たのに八回に二点入れられ惜しくも破れ《ママ》た」との記述がある。当時の新聞を調べてみると、この日は有馬との関わりが深い「大洋」と「巨人」の試合があり、二対三で大洋が敗れていることがわかる。そして、その日の夜に有馬は近衛首相を訪問、大政翼賛会の「改組は大体よろしき方向に向つて居る様なれど、全員辞表を出せとの事」との記述が続いている。

戦時体制が強まりつつあるなかで、大衆文化も花開きつつあったのだ。『有馬日記』から、大正・昭和戦前期の都市文化を読み取ることもできる。

（土田）

矢部貞治日記　岡義武日記

「矢部貞治日記」

【史料期間】一九二一年（大正一〇）三月〜六七年（昭和四二）五月

【史料状況】原史料は憲政記念館に「矢部貞治文書」の一つとして保管。一九三五年四月〜三七年五月が、『矢部貞治日記　欧米留学時代』（矢部堯男発行、一九八九年）として私家版にて刊行。それ以後は、矢部貞治日記刊行会編『矢部貞治日記』銀杏の巻・欅の巻・紅葉の巻・躑躅の巻（読売新聞社、一九七四〜七五年）として公刊。いずれも、原史料から「私的事情の一切を削除」（「銀杏の巻」所収の東畑精一による「刊行のことば」）していると思われる

「岡義武日記」

【史料期間】一九三六年（昭和一一）五月〜三七年四月（ロンドン留学期。他の期間の日記が現存するか否かは不明）

【史料状況】原史料は岡家所蔵の日記原史料と、それをもとにして留学中の岡が家族に書き送った「日記抄」との二種類からなる。ロンドン滞在期間の「日記抄」をもととし、欠落を日記原史料で補ったものが、篠原一・三谷太一郎編『岡義武ロンドン日記　一九三六〜一九三七』（岩波書店、一九九七年）として公刊。日記原史料の掲載部分で、時に記述のない日があるのは、原史料のままか、編集のさいの措置によるものか不明

「静子を愛撫す」

刊本『矢部貞治日記』の「銀杏の巻」（一九三七年五月末〜四五年暮れまでの日記を収める）

は、日中戦争、新体制運動、大東亜戦争、そして終戦と占領に続く、政治の激動の時代に生きた政治学者の生活を、詳しく語った史料として名高い。この巻は、著者がアメリカ・英国・フランス・ドイツへの留学から帰り、船が神戸港に着いた日から始まるが、その日の末尾にある記述には、この日記を読んだ誰もが驚いただろう。「夜二年二ヶ月振りに静子を愛撫す」。静子は妻の名前である。

庶民的と言われた、矢部貞治——名の読みは正しくは「さだじ」であるが、「晩年は自身でも『ていじ』と言っていた」(「銀杏の巻」の「凡例」)という理由から、刊本の奥付は「ていじ」とルビを振っている——の人柄にふさわしく、このように生々しい記述をざっくばらんに披露しているのが、矢部日記の特色である。愛妻家であるとともに、たとえばアメリカ滞在中、世話を受けた日系人の女性について、「誠に触らば散らん風情なり」(『欧米留学時代』一九三五年六月八日条)と記すなど、女性への関心の旺盛さが、時にうかがえる。一九三八年(昭和一三)正月に、赤坂の待合で深夜まで宴席をもったさい、呼んだ芸者のうち「歌の上手なのは初音といふ女でこの女が一番印象に残った」(一月七日条)とあり、刊本では記載がここでとぎれているが、この後どうしたのだろうか。

そうした人格と、また、昭和研究会や新体制運動、また東条英機内閣の打倒工作など、現実政治にも深くかかわった生活ゆえに、矢部日記はこの時代の政治状況をめぐる、克明な記録になっている。その政治思想と実践活動については、源川真希『近衛新体制の思想と政

やべ・さだじ（ていじ）
1902〜67　政治学者．鳥取県生．旧制第一高等学校を経て，1926年（大正15）東京帝国大学法学部を卒業．小野塚喜平次のもとで助手となり，28年（昭和3）に政治学（政治原論）担当の助教授に，さらに39年には教授に昇任．学問上の仕事のかたわら昭和研究会で活躍し，新体制運動や海軍のブレーンとして，現実政治に深くかかわった．大東亜戦争の終結ののち，45年12月に東京帝大を辞職する．7年間，フリーの生活を送った後は早稲田大学と拓殖大学で教え，憲法調査会の副会長としても活躍した．著書に『新秩序の研究』『近衛文麿』『政治・民族・国家の話』などがある

治』と、伊藤隆『昭和十年代史断章』とに、詳しい分析がある。

留学中の日記では、ハイデルベルクで、恩師の小野塚喜平次と旧知のドイツ人女性から、あなたは「小野塚の様なリベラリストか」と尋ねられて、否と答え、小野塚の政治学説を批判するなりゆきとなっている（一九三六年一一月三日条）。個人の自由に立脚し、議会における政党の競争を重視する、それまでの「自由主義的」なデモクラシーをのりこえ、国民の緊密な一体性と政府の強い指導力を特色とする、「共同体的」なデモクラシー（「共同体的衆民政」）を実現することが、その目ざす理想であった。新体制運動に熱心にかかわったのも、近衛文麿首相のもとで、そうした力の結集が可能になると期待したがゆえのことである。

好対照だった性格

しかし、かつて小野塚の演習でともに学び、東京帝国大学法学部での政治史担当の同僚教授となっていた岡義武は、矢部のこうした活動を冷ややかに眺めていた。一九四一年三月二二日の矢部日記には、岡と高柳真三（日本法制史学者、東北帝大教授）と、三人で夕食をともにしたさい、読売新聞夕刊に連載していたコラムに関し、時流に対する迎合として批判されたという記述がある。そしてその後に、「度し難きものは世の現実を見ぬ書斎人だ。費用は全部僕が払った」と、矢部は憤懣《ふんまん》を書きつけるのである。

矢部と岡とは、同じ年齢の親しい友人どうしであったが、その性格はまったく好対照だったことが、日記にもよく表れている。ベルリンの「淫売カフェー」にも探訪を試みた（一九三六年七月二八日条）矢部に対して、一年遅れてロンドンとパリへ留学に出た岡は、キャバレーへの誘いを断り（一九三七年二月二七日条）、カフェというものは日本の「カフェー」と

おか・よしたけ
1902〜90　政治史学者．農商務省の官僚，岡実の長男として，東京市麴町区に生まれる．旧制第一高等学校から東京帝国大学法学部に進み，政治学者を志すが，矢部貞治がいるために小野塚喜平次のもとで助手になることは断念し，吉野作造の門下に入って政治史学者となる．28年（昭和3）に助教授，39年に教授に昇任し，戦後改革をはさんで，63年の停年退職まで，東京大学法学部で教え続け，『近代ヨーロッパ政治史』『近代日本政治史Ⅰ』『転換期の大正』などの著書を遺した．東大退官後，73年まで学習院大学法学部教授も務めている

は違う、とわざわざ家族に説明している（一九三六年六月九日条）。

矢部は欧米の各地で大学の講義を聴き、現地の学者と盛んに議論しているが、岡のロンドン生活は、公文書保存館に通って明治初期の駐日公使の本国宛報告文書を読み続ける、地味なものであった。

さらに二人の政治姿勢の違いも、それぞれの留学日記に、鮮やかに表れている。岡は、フランス語の教師から政治上の立場を尋ねられたさい、自分は社会民主主義者だと答えた（一九三六年一二月二日条）。そして、一九三六年六月一四日、パリで矢部と並んで人民戦線の大集会とデモを眺めたさいには、「他国のことながら心に快哉を叫ぶ思いでした」と回想している（『岡義武先生談話筆記』、『丸山眞男座談』第九冊、岩波書店、一九九八年、二七八頁に引用）。この日は、現地で社会党のレオン・ブルムを首相とする内閣が発足して十日めにあたる。大恐慌ののち、フランスでは経済と政府財政の危機状況が続き、ファシズム運動の擡頭を呼んだ。これに対抗するため、左派の政治家と知識人とが幅ひろい連合を組んだのが人民戦線である。そこでは、それまではげしく対立していた社会民主主義者と共産主義者とが手を結び、左派政党・労働組合・市民団体が連合を組んで、ブルム内閣を支えたのである。やがて人民戦線は、スペイン内乱をきっかけに、一年後には崩壊することになるのだが、このときは岡にかぎらず、日本の左派・リベラル派の知識人の間でも、人民戦線の成立を歓迎する風潮が高まっていた。

しかし、すでにナチズム政権下のドイツでの生活を経験し、リベラル・デモクラシーの限界を論じる知識人たちと語り合っていた矢部にとって、そうした期待を持つことはすでにむずかしい。岡と並んで人民戦線のデモ行進を目撃したときには、「一体どこの国民が幸福なのか、この設題ではソヴェトとファッショとどっちがどっちか判らぬのではないか」と懐疑論を口にし、「岡君の議論は学生流のまゝの講壇論理でいやに赤いことを言ふ」と日記に記したのである。

大東亜戦争の終結をへて、矢部は大学内の冷たい空気を察し、東京帝大教授を辞めてしまう。しばらくフリーの知識人として活動するが、のちには早稲田大学の大学院講師と拓殖大学の総長兼教授に就任することになる。追放中に刊行した教科書『政治学』（勁草書房、一九四九年）は、新版が二〇一一年初頭の現在も入手可能であり、アカデミズムの世界との縁が切れたわけではない。だが活動の中心は、憲法調査会の副会長としての仕事などに移ったと見てよいだろう。これに対して、岡は、東京大学法学部の政治系の長老教授として、西欧と日本の政治史研究に足跡を遺し、多くの門下生を育てた。この二人が、三〇歳代前半という意気盛んな時期に、おたがいの政治上の見解を交錯させていた様子が、留学中の日記からは克明にうかがえる。そしてそれは、一九三〇年代の政治状況の分極化を、色濃く反映したものとなっているのである。

（苅部）

重光葵関係文書

【史料期間】一九三一年（昭和六）（A）、一九四〇～五六年（B）、一九四二～四五年（C）、一九四四～四五年（D）、一九四六年四月～五〇年一一月（E）

【史料状況】Bの原史料は、葵の子息・篤から寄託され、翻刻されたものも含め衆議院憲政記念館が所蔵。閲覧可能だが目録未記載のものもある。Dの原史料は重光葵記念館が所蔵。『続巣鴨日記』の原史料や若干の文書は山渓偉人館が所蔵。Aの元となる記録や重光が作成した外交文書は外務省外交史料館、駐ソ大使時代の意見書であるCはケンブリッジ大学図書館が所蔵

史料は以下のように公刊されている。A服部龍二編著『満州事変と重光駐華公使報告書』（日本図書センター、二〇〇二年）、B伊藤隆・渡邊行雄編『重光葵手記』正続（中央公論社、一九八六、八八年）、C重光葵記念館編『重光葵・外交意見書集』一～三（現代史料出版、二〇〇七～一〇年）、D伊藤隆・武田知己編『最高戦争指導会議記録・手記』（中央公論新社、二〇〇四年）、E『巣鴨日記』正続（文藝春秋新社、一九五三年）。なお自らを振り返った著書に『昭和の動乱』上下（中央公論社、一九五二年）、『重光葵外交回想録』（毎日新聞社、一九五三年）がある

厖大な自筆文書

重光葵は、六つの内閣（東条英機・小磯国昭・東久邇宮稔彦・第一～第三次鳩山一郎）で外相を務め、戦前・戦後を通して活躍した外交家として知られる。戦後はA級戦犯として有罪判決を受けたが、公職追放解除後には改進党総裁に推され、戦後政治の一翼を担った。そして重光は、生涯にわたって厖大《ぼうだい》な自筆文書を残している。

「重光葵関係文書」は現在、衆議院憲政記念館、重光葵記念館、山渓偉人館（大分県国東市）、きつき城下町資料館がそれぞれ所蔵している。このうち憲政記念館には、葵の子・篤から寄託された厖大な史料が保管されている。また、外務省外交史料館、ケンブリッジ大学図書館は、重光の作成した外交文書を保管している。

上記のほかにも、存在を推定されながら未発見の文書がなおあり、『重光葵と戦後政治』の著者・武田知己を中心に精力的な調査が進められている（本稿冒頭の史料状況も、武田の解説に大きく依拠した）。二〇〇八年（平成二〇）夏、杵築《きつき》市の重光の生家から書簡と書類が発見され、国立国会図書館憲政資料室へ寄託されて二〇一二年に公開となった。

以上の史料は、重光の外交政策を知るうえでの好材料である。実際、英米との協調と中国における日本の優越を両立させようとした一九三〇年代、ソ連を警戒しつつ、対英米戦争の

しげみつ・まもる
1887〜1957　外交官・政治家．大分県生．1911年（明治44）東京帝国大学法科大学独法科卒業，外交官及び領事官試験，文官高等試験に合格．1919年（大正８）パリ講和会議全権随員，25年中国関税特別会議代表随員．29年（昭和４）上海総領事，31年駐華公使．32年４月上海で爆弾テロに遭い右脚を失う．33年外務次官，36年駐ソ大使，38年駐英大使，41年駐華大使．43年外相，44年兼大東亜相．46年Ａ級戦犯として逮捕・起訴，48年有罪（禁錮７年）．52年改進党総裁，衆議院議員．54年民主党副総裁，外相

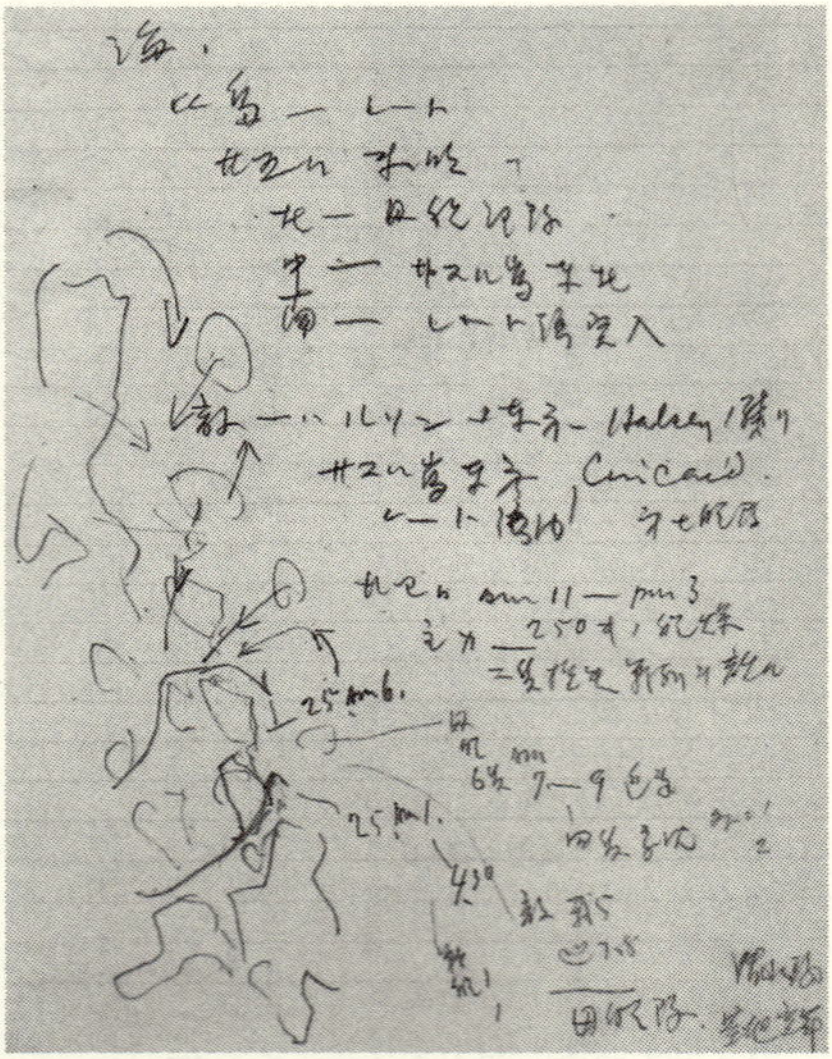

「聯立協力内閣小磯・米内」1944年10月28日の項（『最高戦争指導会議記録・手記』）

回避を求めた駐ソ・駐英大使時代、アジアの解放を謳うことで戦局の打開と和平を模索した外相時代など、重光は多くの意見を書き残している。「案外やり方によっては有効なんですね。上層部としても、外交は天皇の大権だということで、軍を押える道具に使っていた」（『中央公論』一九五二年六月号）と述懐するように、重光は外交官として意見を書き、要路へ伝えることの意味に自覚的だった。このことは、内政から外交を自立させる、「外交一元化」にもつながっていく（武田『重光葵と戦後政治』）。

巣鴨プリズン内での記述

重光の筆は巣鴨プリズン入所後も止まることはなく、時に辛辣《しんらつ》に、時にユーモアを交えて獄中での思索を綴っている。戦前から変わったとすれば、より広い層を読者に想定した点であり、その結実が『昭和の動乱』であった。

東京裁判継続中の一九四八年二月二三日、重光は当時取りかかっていた書き物に『昭和の動乱』（以下『動乱』）と命名する（『巣鴨日記』）。獄中で刃物は一切使えないため、鉛筆を舐めて木を柔らかくしては爪で削って芯を出し、灯りの弱い夜間を避けて青天の日の昼間に執筆したという（加瀬俊一『加瀬俊一回想録』下）。

他方、紙や鉛筆は満足に配給されず、検査と称して筆記用具や書籍、日記の一部が没収され、自殺予防を理由に夜間にかけて眼鏡と鉛筆を取り上げられもした（『巣鴨日記』一九四七年五月二四日、六月二四日、四八年二月五日条）。快適とは言い難い環境で、重光の執筆は続いた。

重光が六〇〇頁に及ぶ『動乱』原稿を脱稿したのは一九四九年四月三〇日、入所から丸四年後のことである（『巣鴨日記』）。完成を喜ぶのも束の間、今度は「昭和の革命」の執筆を志し、『動乱』の推敲を重ねるのだから、その精力には恐れ入る。

重光が『動乱』執筆の第一の材料としたのは、検察側や弁護側が提出した東京裁判の資料である（『動乱』上、緒言）。日中戦争での中国人虐殺（南京事件）など、重光が初めて耳にする事実もあった。慢性的な紙不足のせいか、『動乱』の原稿は裁判記録の裏に書き込まれた（加瀬前掲）。

『動乱』のもう一つ重要な材料は、A級戦犯の談話である。戦犯同士の雑談や往来は比較的寛大に許されたから、重光はある意味で恵まれたオーラル・ヒストリーの担い手だった。広田弘毅（元首相、元外相）、木戸幸一（元内大臣）のほか、荒木貞夫（元陸相）と平沼騏一郎（元首相、元枢密院議長）が重光を頻繁に訪ねているのが興味深い。

このほか、知己の差し入れた資料、そしてもちろん重光の知識と経験も『動乱』の材料とされた。駐英大使時代の、日本政府が英米への対抗として期待したドイツとソ連の提携は、実は不安定であるとの見方や、日独伊三国同盟に対する批判的な眼差しは、『動乱』にも反映されている。

なお、東京裁判の過程で、検察側はしばしば「原田熊雄文書」（『西園寺公と政局』）、「木戸幸一日記」を証拠資料に用いた。だが、重光は「総て悪意に解釈した悪質の論告であつた」と憤っている（『巣鴨日記』一九四八年二月二四日条）。東京裁判を通して、重光は自らの所信を書き残す意義を再認識したものと思われる。

また、『動乱』は重光の平和への努力を記すとともに、外務省を蔑《ないがし》ろにした「統帥部」すなわち軍部を痛烈に批判している。軍部に対する批判は「外交一元化」と並ぶ同書の骨子であり、裏を返せば軍部の介入と戦争を許した外務省と重光の弁明でもあった。

さりとて、自己弁明ばかりが『動乱』の目的ではない。重光は敗戦に至る「昭和動乱」の歴史を研究し、日本の再建に際して自己反省の資料とすることを意図していた（『動乱』上、緒言）。折しも当時は、『原敬日記』の公表によって故人の評価が一変しつつあったが、重光は自身の歴史的評価よりも「之から日本の行く道を誤らしめざること」を願って『動乱』を書いた（『続巣鴨日記』一九五〇年六月二一日条）。『動乱』緒言の日付の一九五〇年三月一日は重光の娘・華子の一八歳の誕生日でもあり、重光は同日の日記に「十八になる子のことをなつかしみ　その子の末をまた思ふかな」と詠んでいる（『続巣鴨日記』）。重光にとり、『動乱』の執筆は過去を顧みてなお未来に希望を託す作業に他ならなかった。

世間の好評価への満足

一九五〇年一一月に仮出所した重光が着手したのは、獄中での著作の出版であった。重光の日記は「昭和の動乱」「昭和の革命」「獄中詩集」「東京裁判」「獄中雑記」「ロード・ハンキー著書翻訳」と、六冊もの候補を挙げている（「日記」一九五一年二月二日条。『続重光葵手記』所収）。このうち重光の名で公刊を確認できるのは『動乱』のみである。

出所後、重光は元外相秘書官の加瀬俊一を訪ね、『動乱』草稿の下読みを依頼した。加瀬は重光が駐英大使の頃から、原稿を手直ししてきた側近である。ただし加瀬によれば、重光は悪文家であり相当苦労したという（加瀬前掲）。また重光は谷正之、天羽英二、太田三郎ら外務省ＯＢと頻繁に会合し、彼らを実質的な共同執筆者として推敲を重ねた（「日記」一九五一年七月二一日条）。この研究会はいつしか「円卓倶楽部」と呼ばれ、吉田茂政権下の外務省非主流派が集ってアジア外交を議論する場となった。

以上の経緯を経て、『動乱』は一九五二年三月、重光の公職追放解除と同時に中央公論社から出版された。重光は「昭和動乱評判よし。第四版を出し、売行きよく、毎週Best Sellerの称号を続く」と、世間の好評価に満足している（「日記」一九五二年四月二八日条）。同年六月、重光は反吉田・反自由党勢力が結成する改進党総裁に就任し、谷、太田、加瀬は「重光御三家」として重光を支えた。政治活動と並行して、翌五三年には『巣鴨日記』と『重光葵外交回想録』も刊行された。

しかし、重光が首相となることはついになく、鳩山内閣の副総理・外相が最後の公職となった。一九五六年一二月一八日、重光はニューヨークの国際連合総会に臨み、「日本は東西のかけ橋となりうる」で知られる国連加盟演説を行う。演説の原稿は小畑薫良（外務省翻訳官として日本国憲法を翻訳）と加瀬（国連大使）の英文草稿をつき合わせ、加瀬や谷（駐米大使）らと検討して前日に完成させたものだった。演説を傍聴した明石康（元国連事務次長）は、技術的には大したものではなかったが、日本の敗戦に根ざして平和と国際主義を掲げた忘れ難い演説だったと回顧している（明石康）。満場の拍手を浴びた重光は、「日本に対する期待多し」と感無量であった（「日記」一九五六年一二月一六～一八日条）。

重光は外交家として挫折を味わい、政党政治家としても不遇であった。それでも、書くことによって培われた彼の理念は、「昭和動乱」を経て戦後日本へと継承されたのである。

（中澤）

石射猪太郎日記　天羽英二日記

「石射猪太郎日記」
【史料期間】一九三六年（昭和一一）一月～三九、四二～四四年九月
【史料状況】原史料は国立国会図書館憲政資料室が所蔵、閲覧可能。二〇〇七年に寄贈された。伊藤隆・劉傑編『石射猪太郎日記』（中央公論社、一九九三年）として公刊

「天羽英二日記」
【史料期間】一九〇六年（明治三九）七月～六二年（昭和三七）一月
【史料状況】原史料は国立国会図書館憲政資料室が所蔵、閲覧可能。一九九五年に寄贈された。一九〇六～四八年分の日記と関係資料（原稿・論文・関係記事など）が『天羽英二日記・資料集』全五巻（天羽英二日記・資料集刊行会、一九八二～九二年）として公刊

中規模国大使からの視線

石射猪太郎と天羽英二は昭和前期に活躍した外交官である。二人は同じ一八八七年（明治二〇）の生まれである。昭和の日本でこの二人は外交政策に関する態度は対照的なものであったが、日記を読むなかでは外交官として似た部分も見えてくる。「外交官のスタイル」を読み解く面白さもこの二人の日記にはあるだろう。

石射猪太郎は、一九三七年（昭和一二）の日中戦争の時期に外務省東亜局長として事変処

いしい・いたろう
1887〜1954　外交官．福島県生．上海の東亜同文書院卒．満鉄勤務後，高等文官試験・外交官領事官試験に合格．1915年（大正４）外務省入省．中国・アメリカ・メキシコで勤務．外務省通商局第３課長，英国在勤．29年（昭和４）から吉林総領事，満州事変の処理に当たる．36年特命全権公使としてシャムへ．37年５月外務省東亜局長．同年７月から始まる日中戦争処理の初期の担当者に．38年宇垣外相とともに辞任．オランダ公使．40年ブラジル大使．交換船で帰国，待命大使の時期を経て，44年ビルマ大使．敗戦後46年に帰国，依願免官．公職追放

理の担当者となっている。その他にシャム公使、オランダ公使、ブラジル大使、ビルマ大使などを歴任した。公刊された『石射猪太郎日記』の原史料は二〇〇七年に国立国会図書館憲政資料室に寄贈された。同書に翻刻された日記や自伝『外交官の一生』の草稿などが「石射猪太郎関係文書」としてまとめられている。その他に石射家所蔵の資料の一部は外務省外交史料館にあるが、石射の資料としてはまとめられていない。

初学者はいきなり『石射猪太郎日記』に取りかかるよりも、彼の自伝である『外交官の一生』と併読しながらの読解がよいであろう。『外交官の一生』は面白い文章であり、よいガイドブックとなる。ただ、戦後の一九五〇年に書かれたものであり、やや弁解が目立つ。軍人との不仲やドイツ嫌いを強調する一方で、戦後に首相となった幣原喜重郎との関係などが強調されている。

日中戦争勃発時、先述したように石射は東亜局長であり、外務省を代表して陸軍・海軍と折衝する立場にあった。石射は内閣書記官長へ事変解決案の提示を行ったが、事変の解決に成功せず、内閣や軍に対する不満を書き記している。石射は東亜局長として国内をまとめて事変の解決への道筋を示すことができなかった。石射は良識的な判断を述べ、政府・軍部・国民を批判するが、新聞記者嫌いで国民への世論喚起も成功していない。彼の客観的な記述は悪い意味で第三者的にも見えてくる。

外務省のなかでは石射は幣原の知遇を得て佐分利貞夫《さぶりさだお》に重用され、任地でも引き立てられていた。だが、その佐分利が亡くなった後は逆風を受ける時期が続く。石射は昇進し、公使・大使も経験したが、東亜局長の一時期を除いて表舞台には立てなくなる。

石射の任地は欧米の大国や、東亜同文書院出身という経歴を活かせる中国でもなく、シャム・オランダ・ブラジル・ビルマといった中規模な国、かつ日本との政治的問題を抱えていない国々だった。日本を離れると途端に石射の日記・自伝は非政治化し、現地の日本人社会との関係や当該国政府との関係に関心が集中していく。

石射は日本から入る情報を得ては日本の政治情勢への不満を書き綴る。だが石射もブラジル大使の時期には独伊の大使と協力し、アメリカが南米各国へ加える圧力への不満を書き記す。石射の日記が面白いのは赴任先の中小国、つまり当時日本と敵対関係にない比較的中立的な国々への日本の外交政策を把握できることである。ブラジル政府に中立の維持を求めるが、徐々にアメリカの外交攻勢に敗れていく過程の記述は興味深い。石射の日記や自伝については、政府や軍部を批判するその「良識的」な部分が高く評価されている。だが、一方で外務省の内部や政府国民を含めた日本国のなかでは孤高を保つにとどまったのかもしれない。少なくとも日記には第三者的・傍観者的な色彩が含まれており、その点について物足りなさも感じられる。

外務省主流の視線

天羽英二は外務省情報部長の際、後述する「天羽声明」で有名になった外交官である。外務省情報部長、スイス公使、イタリア大使、外務次官、内閣情報局総裁などを歴任した。外務次官在任中の一九四一年に日米交渉に当たった。天羽英二の日記は関連する資料とともに『天羽英二日記・資料集』として刊行されている。全五巻六冊、約八〇〇〇頁、四〇〇字詰原稿用紙で八〇〇〇枚にも及ぶ膨大なものである。刊行開始から完結まで一〇年を要している。刊行に際しては天羽英二の長男大平、次いで次男民雄が編集にあたった。

「天羽英二日記」の原史料は一九九五年に国立国会図書館憲政資料室に寄贈され、「天羽英二関係文書」として一九〇六～六二年の七〇冊あまりの日記・手帳や書類・原稿・新聞雑誌切り抜きなどが所蔵されている。「関係文書」のなかには刊行された『天羽英二日記・資料集』に収録されていない部分もある。刊行された日記は戦後一九四八年の巣鴨日記までであるが、憲政資料室の「関係文書」には一九六二年までの天羽の戦後の日本国際連合協議会理事などの時期の日記も含まれている。

読者はまずはこの長大さに圧倒されるであろう。天羽英二には石射のような手頃なガイドブックはないが、『天羽英二日記・資料集』には書簡・写真・原稿・新聞雑誌の切り抜きなど多数の関係資料が収録されており、それらの資料でその役割を代替することができるだろう。天羽は重要人物との会談なども、その事実は日記に記録するが、内容についてまで記録をすることはほとんどない。そのため文書・草稿や当時の記事などを併読していくことでその背景を理解していくのが便利である。日記自体は簡素な記述が続いており、重大事件についても比較的淡々と書かれている。

天羽の外交官のキャリアのなかで最も有名なのが「天羽声明」である。第二巻の資料篇に

あもう・えいじ
1887〜1968　外交官．徳島県生．神戸高商から東京高商に転じ，1912年（大正元）外務省入省．安東・シドニー駐在．21年ワシントン会議随員．広東総領事，中国在勤，ソ連在勤．33年（昭和8）外務省情報部長．4年弱の情報部長の間に34年4月17日の非公式声明が反響を呼び，「天羽声明」として有名になる．37年スイス公使．39年イタリア大使．41年に外務次官となり日米交渉に当たる．43年内閣情報局総裁．戦後戦犯容疑を受け巣鴨拘置所に3年間収監されるが不起訴・釈放

は戦後に書かれた天羽の弁明の原稿なども多く含まれている。天羽声明は当時「中国から手を引け声明」と評されたように強硬な内容を持つものとして理解されたが、天羽は「帝国は東亜における平和維持の唯一の礎」だとするその内容（第二巻資料篇）はすでに広田外相の演説などでも述べられており、なおかつ日本を「東亜の安定力」と称したのはむしろアメリカが最初であると指摘している。

ただ一方で、戦前・戦中の日本では「天羽声明」は天羽にとってのある種の「勲章」であった。それはしばしば天羽の先見性と行動力を評価するエピソードとなったのである。

天羽が非公式声明を発したのは彼が外務省情報部長の職にあったからだった。外務省情報部はパリ講和会議後に設置された。情報部長は毎日二回の新聞記者との会見に加えて、週に三回外国人記者団へのプレスコンファレンスも行うスポークスマンであった。当時はこのような形態は日本だけだったという。天羽は情報部長時代に同盟通信社の設立にも尽力している。当時すでに外務省の重要ポストであり「出世の緒」とされていた情報部長を天羽は長期にわたって務め、その後スイス公使、次いでイタリア大使となる。当時すでに英独間で戦争が始まっていたにもかかわらず、イタリアは未だ参戦していなかった。中立か参戦か、世界がイタリアの動向に注目するなかで、天羽はイタリアの動きを探るために奔走していた。

イタリア大使からの帰国後に天羽は求められて外務次官となった。これは意外なことであり、天羽自身「今更次官デモアルマジ」（一九四一年七月三一日条）と記している。大使は親任官であり、次官は勅任官である。大使から次官に就任することは「格落ち」であった。だが第三次近衛内閣の豊田貞次郎外相には外交の経験がなく、なおかつ外務省が次官の地位を高める「大次官制」を敷くために天羽が求められたのだった。

天羽が外務次官となった理由はそれだけではなかった。天羽はイタリア大使やソ連での勤務の経験があることから、枢軸国側やソ連にも馴染みがあり、英米にも刺激を与えない存在（第四巻）として、日米交渉を行う外務省にとって必要な存在とされたのだった。

資料には松岡洋右《ようすけ》外相から引き継いだ日米交渉の記録も多く残されている。天羽はこの日米交渉の過程について戦時中にも戦後にも様々な機会で書き残している。外務省はアメリカやイギリスの暗号電報を解読しており、大臣・次官のみがそれを読んでいた。松岡外相は米英が「マツオカがいるかぎり日本交渉はできない」と評した電報を彼自身読んでいたという苦笑させられるエピソードもある（第四巻）。

その後の天羽は情報部長からの繋がりで内閣情報局総裁となる。戦後には巣鴨に三年間留め置かれていたが、外交官としての役割を果たしてきた自らの仕事を悪評のある部分も含めて卑下することなく回顧している。

外交官として、昭和の外務省のなかで批判を書き残した石射と主流として行動した天羽、毀誉褒貶《きよほうへん》の激しい昭和の日本外交について、この二つの日記を対照させることでその面白さが味わえるのではないだろうか。

（米山）

財部彪日記

【史料期間】一八九〇年（明治二三）一月～一九四三年（昭和一八）一二月、一九〇四年は欠
【史料状況】原史料は国立国会図書館憲政資料室で「財部彪文書」として公開。うち海軍次官時代（一九〇九年一一月～一五年一二月）は坂野潤治ほか編『財部彪日記　海軍次官時代』上下（山川出版社、一九八三年）として公刊

たからべ・たけし
1867～1949　海軍軍人．最終階級は大将．宮崎県生．都城島津家家臣の次男として生まれ，海軍兵学校・海軍大学校卒業後，日清戦争に巡洋艦・高雄分隊長として従軍．日露戦争時は大本営参謀を務める．1909年（明治42）海軍次官に異例の昇進を遂げたが，シーメンス事件により辞職．19年（大正８）大将となり，23年加藤友三郎内閣で海相として入閣，以後，第２次山本権兵衛，加藤高明，第１次若槻礼次郎，浜口雄幸の各内閣で海相を歴任．32年（昭和７）予備役に編入．49年病没

他人の目を憚った日記

財部彪は、明治中期から昭和初期に活躍した海軍軍人である。「日本海軍の父」とも称される山本権兵衛の女婿《じょせい》で、日露戦後の一九〇九年（明治四二）、当時としては異例の抜擢を受けて海軍次官に就任した。シーメンス事件の後、しばらく軍政部門を離れるが、一九二三年に海軍大臣として入閣後、中断を挟みながらも、通算約五年間にわたって務めた。第一次

世界大戦を挟んで海軍の中枢部に位置していた財部の日記は、日露戦後の熾烈《しれつ》な軍拡競争の時代と、大戦後における世界的軍縮の時代の双方が俯瞰《ふかん》できる貴重な歴史資料と言えるだろう。

日記は、財部が一八九〇年に少尉任官した後より、一九四三年に至るまでの五四冊からなり、一九〇四年分のみが欠である。このほか「財部彪文書」には、手帳一四冊、兵学校卒業当時の父からの書簡写、父・実秋の「戊申日記」三冊から成っている。日記の多くは当用日記を使用し、墨書で書かれている。全体的に角張った特徴的な字体で、少々難読な部分もある（一九〇三年の日記は英文で書かれている）。

内容はその日の行動記録や会話などが中心で、軍人らしい几帳面さをうかがわせる比較的簡潔な記述である。しかし時折（決して多くはないが）見せる率直な心情を吐露した記述や、岳父・山本の時局観察、様々な政界情報を持ち寄る政界ブローカーの存在など、軍人の執務日記とは異なる面白さが随所に見える。情報の粗密はバラバラであるが、子息の財部実氏によると、毎晩どんなに遅く帰宅しても必ず書斎にこもり、その日の来簡を整理して日記をつけ、他人の目に触れることを憚《はばか》っていたという（『財部彪日記　海軍次官時代』上　広瀬順晧の解題）。

軍拡派急先鋒から軍縮主導へ

「財部彪日記」に初めて光を当てたのは坂野潤治『大正政変』である。日露戦後、世界的な大鑑巨砲主義の浸透に危機感を強めた海軍の中で、財部は少壮次官として軍拡派の急先鋒であった。日記の中で財部は、若槻礼次郎次官を相手に打打発止の予算折衝をくり返す一方、閣議で妥協しがちな斎藤実海相に常に不満を漏らし、「決戦ヲ急ガレザレバ見苦キ目ニ逢フノ虞《おそれ》ナキヤ」（一九一一年一〇月二八日条）と大臣を強力に突き上げる。その傍らで、「斎藤海相ヲシテ引退、山本大将ヲ推挙セシメントノ計略」をめぐらす（一九一一年八月二八日条）。この計画は、薩摩出身の松方正義、牧野伸顕、さらには政友会で原敬と並ぶ実力者の松田正久などを巻き込むほどの大規模な政治工作へと拡がり、一九一三年ついに第一次山本内閣を誕生させる。

しかし山本内閣は、海軍の瀆職《とくしょく》事件・シーメンス事件への批判などを受けて約一年余りで総辞職、財部も舞鶴・佐世保・横須賀の鎮守府司令長官の勤務となり、しばらく政界から遠ざかる。だが、九年後（一九二三年）に海軍大臣として復活を果たす。この裏では、薩摩出身の政治家・官僚など、いわゆる「薩派」による山本権兵衛擁立の動きがあり、財部はその渦中にあった。

財部は一介の武人というよりも、政治的機略に富み、薩派をはじめ様々な政界の策士連がしばしば日記に登場する。「政党内閣」「普通選挙」が叫ばれる時代に逆行するかのように、関東大震災の直後に第二次山本内閣が成立したのは、彼らの水面下における政治活動の成果である。財部は当然、海相として入閣したが、この内閣も虎ノ門事件で約四ヵ月の短命に終わった。

この後、第二次護憲運動を経て、政友会と憲政会（のちに民政党）の二大政党が政権を交互に担当する「政党内閣時代」を迎えるが、財部は憲政会内閣のもとで通算四年あまり海相を務めた。巷《ちまた》では「財部親王」とも称されたが、大臣に就任した彼の苦悩は、次官時代とは一転して海軍軍縮の局に当たらねばならなくなったことである。

第一次世界大戦後の世界的軍縮の世論の高まりを受けて、一九二二年米英日仏伊の五ヵ国は、主力艦の保有量を制限したワシントン海軍軍縮条約を結び、内閣の財政緊縮方針のもと、海軍の建艦政策は大幅な変更を迫られた。加えて、一九三〇年には補助艦の保有比率を決めるロンドン海軍軍縮会議が開催され、財部は海軍全権として参加した。条約の内容は、日本の補助艦の保有率を対アメリカ比約七割弱とするものであった。海軍内には、軍令部の加藤寛治などを中心に、条約締結に反対する強硬派が存在し、一時暗礁に乗りあげようとしたが、首相・浜口雄幸らと協力することで、彼らの動きを押さえ込み、何とか条約締結・批准にこぎ着けることに成功した。財部は枢密院で条約批准が決議された直後に海相を辞職、以後表だった活動は行わなかった。

（松本）

宇垣一成日記

【史料期間】一九〇二年(明治三五)九月〜〇七年、一三年(大正二)〜五二年(昭和二七)一〇月

【史料状況】原史料は衆議院憲政記念館が公刊済の部分を所蔵。国立国会図書館憲政資料室が未公刊部分(一九四九年八月〜五二年一〇月)を所蔵。その他、憲政記念館は別の日記帳五冊を含む文書を、憲政資料室は書類などの文書を所蔵。日記は宇垣の生前に一九二三〜四八年の一部を『宇垣日記』(朝日新聞社、一九五四年)、宇垣の死後に宇垣家の許諾を得て、一九〇二〜四九年七月の全部分を角田順校訂『宇垣一成日記』全三巻(みすず書房、一九六八〜七一)、早稲田大学図書館が宇垣親族から寄贈された書簡を保管し、宇垣一成文書研究会編『宇垣一成関係文書』(芙蓉書房出版、一九九五年)として、それぞれ公刊

うがき・かずしげ
1868〜1956 陸軍軍人.最終階級は大将.岡山県生.幼名は杢次.郷里の代用教員,小学校長を経て,1890年(明治23)陸軍士官学校卒業,1900年陸軍大学校卒業,ドイツ留学.13年陸軍省軍事課長のとき軍部大臣現役武官制廃止反対の文書を配布,歩兵6連隊長に転任.陸軍大学校長,第10師団長,陸軍次官.24年(大正13)陸相(通算5内閣).31年(昭和6)朝鮮総督.37年1月首班指名,陸相を得られず組閣に失敗.38年第1次近衛文麿内閣の外相,兼拓務相.46年公職追放.53年参議院議員当選

余ノ八十余年ノ歴史ハ頗ル変化多彩ニ富ミ且余ノ立場モ各種ノ変化波瀾ヲ圣《へ》テ恐ラク余ノ比較スヘキ経歴ヲ有スル人ハ恐ラク近代ニ求メテ得サルベシト余ハ確信スル！

（「一如庵随想録」一九五一年一二月一〇日条。以下日付のみ）

これは晩年の宇垣一成が、自己の来歴を総括した一節である。

宇垣は一八六八年（慶応四）岡山県に生まれ、陸軍士官学校第一期生として陸軍軍人の道を歩んだ。陸軍大臣、朝鮮総督を歴任し、昭和期には総理大臣候補と目され、戦後は参議院議員に当選するなど、その人生はまさに「変化多彩」であった。

宇垣の日記は、正式名を「一如庵随想録《いちにょあんずいそうろく》」（以下、随想録）という。革表紙のノートにペンで縦書きされ（横書きも若干ある）、力強い「である」調で綴られている。事実を詳細に記録した箇所もあるが、その名の通り日々の随想が多く、まるで読者に訴えるかのような感情迸《ほとばし》る記述も見られる。

さてこの随想録、とにかく「！」が頻出する。試みに随想録の公刊本である『宇垣一成日記』全三巻をめくったところ、「！」が二〇〇〇回以上、「!!」は一〇〇〇回超、「!!!」は約三〇回、そして「？」「??」も計四〇〇回以上登場する。使用頻度は年々増え、一九三六年（昭和一一）から急増する。一読すれば、宇垣を激情家として捉える誘惑に駆られることだろう。ちなみに「物事の困難と云ふことは絶対的の不可能事ではないから打勝ち得べきものである。現時吾人の眼前には幾多困難事が提供せられてある。是非共之れに打勝たねばならぬ！」（一九一七年七月条）は、宇垣の気質を象徴していると言えなくもない。

随想録の筆先は、政治、外交、軍事、社会、思想、風俗、文化など多岐に及ぶ。民本主義が一世を風靡した大正期には「近代の政治や社交の真髄は民衆の正当なる意志、正当なる利害を尊重するにある。之れが所謂「デモクラチック」な点なりとす」（一九一九年六月条）との記述もある。また、病死した夫人に宛てて追悼文を綴り（一九三六年九月二七日条）、娘の婚約を済ませた日に「見せたいと思ふ時には妻はなし」と詠むなど（同年一二月一一日条）、家族への愛情を窺わせる箇所もある。

他方、宇垣は本領である軍事に関して、軍の政治的中立、軍の近代化（火力の向上と機械化）を志向し、随想録で対立者を辛辣に批判した。師団規模の縮小を主眼とした「山梨軍縮」に関して、陸軍次官でありながら、軍近代化が伴わない点に不満を抱き、実施の日の随想録には「之れ余が今日迄の軍人生活に於ける第一の不快なる日である」（一九二二年八月一五日条）とある。それから二年後、加藤高明内閣の陸相となった宇垣は、四個師団を廃止し、削減分を軍備充実に回す「宇垣軍縮」に着手した。宇垣は「政党政治は多数政治を意味する。多数政治は又少数政治を意味する」（一九一八年一〇月条）とのシニカルな政党観を持ち合わせていたが、政党内閣の時代には、政党と提携して軍縮を実行する穏健派のイメージを築いていった。結果、宇垣はよくも悪くも「政界の惑星」として注目を集め、陸軍内に反宇垣の口実を与えることとなる。このように随想録の記述は縦横無尽であり、探そうと思えば宇垣のあらゆる顔を見出すことができよう。

なお、公刊本の『宇垣日記』『宇垣一成日記』には、参考資料や宇垣による附記が挿入されている。宇垣擁立を謀ったとされるクーデター未遂事件の三月事件（一九三一年三月）についても、同時期の随想録に記述は一切なく、附記で語られるのみである。宇垣内閣流産（一九三七年一月）の経緯についても、附記でより詳しく述べられている。

戦後の試行錯誤

もともと宇垣には、随想録を公開する意図はなかった。ある人に回想談を請われた際に見せたところ、「斯《か》かる記録は徒《いたず》らに私蔵すべきに非ず、是非共公刊すべし」と切望された末のことであった（『宇垣日記』「序に代へて」）。むしろ、敗戦後ほどなくして宇垣が発表を計画したのは、赤裸々な随想録ではなく、宇垣待望論を背景に作成した政策政綱、いわゆるマニフェストであった。終戦直前の一九四五年八月一一日、宇垣はポツダム宣言受諾の情報に接し、翌一二日には「余の出馬の声高し」との風聞を耳にする（「日記　昭和二〇年」衆議院憲政記念館所蔵）。玉音放送前日の同一四日、宇垣は戦災復興政策を中心とする「旧日本の精算と新日本の建設」を執筆し（一九四五年八月一四日条）、戦後の政界復帰、具体的には衆院選出馬をめざした。

しかし、宇垣は一九四六年一月、公職追放を受けてしまう。

一九四六年二月一二日付「宇垣一成回顧の一部」（国立国会図書館憲政資料室所蔵）の中で、宇垣は「軍は弥陀《みだ》（阿弥陀如来《あみだ》）の利剣なり」「これは容易に抜くべきものでもなし、常に研ぎすまして切れ味のよいやうにして置かねばならぬ。けれども之を使はずに世の中を渡って行くということが一番必要である」との軍備観を展開し、自身の穏健性を強調している。宇垣はまた、抑止力としての軍を象徴するエピソードとして、神戸三菱造船争議（一九二一年七月）への対応を挙げている。当時第一〇師団長（姫路）の宇垣は、兵庫県知事の要請を受けて神戸市郊外へ非公式に兵を派遣し、実力を行使せずに争議団を牽制したという（当時の随想録にも記述がある）。宇垣は三月事件に関しても、首謀者の大川周明の軍隊出動要請を拒絶した点をもって、「事件を止めたのは実に宇垣陸相」と断言している。こうした宇垣の回顧は、一面で自己弁明に他ならなかった。

結局、宇垣は一九四六年四月の衆院選出馬を断念する。随想録には「各官庁は終戦刹那アワテて重要記録を焼却せしに依り将来正確なる歴史の資料を欠くに至りしと。前月二十五日付記事、米国側の意見とを考へ合して回顧録の記述を思立ちたり」（一九四六年四月二〇日条）とあり、政界復帰を断たれたことで回顧録を企図した模様である。宇垣はその後も、世間には「余はまだ〳〵其時機でないと信ずる」（一九四八年二月二一日条）として伝記編纂を断っていたが、渡辺茂雄『宇垣一成の歩んだ道』の再版が決まったことには、「福音也」と素直な喜びを示している（同年七月三一日条）。

宇垣が回顧録の構想を練り始めるのは、随想録によれば一九四九年一二月中旬である（一九四九年一二月一七日条）。宇垣は一九五〇年頃から『文藝春秋』『読売評論』『キング』などに戦前の回顧談を寄せ、五一年二月には戦前の思い出を口述筆記した『松籟《しょうらい》清談』を刊行している。一九五〇年一～六月に宇垣が作成した回顧録の構想ノートは、随想録を下敷きとして一九四九年七月までを範囲とする（「回顧録構想」国立国会図書館憲政資料室所蔵）。冒頭に引用した随想録が示唆するように、宇垣は晩年に至り、戦前から戦後を通して自己の歴史を総括しようとしたようである。

一九五二年一月、宇垣の公職追放が解除された。宇垣周辺は俄《にわか》に活気づくが、同年の随想録は山県有朋、田中義一、西園寺公望、近衛文麿など故人を回顧する記述が目立つ。特に、近衛を首相に推した西園寺と、首相として優柔不断が目立った近衛を批判し、「拙評決シテ余ノ偏見ニアラズト信ズ。園公〔西園寺〕、近公〔近衛〕ノ伝記ヲ精査シテ後ニ最後的ノ評決ヲ為ス考也」と結んでいる（一九五二年五月下旬）。齢八四の宇垣にとり、歴史的評価は他人事ではなくなりつつあった。

一九五三年四月、宇垣は参院選に出馬し、全国最高点で当選する。選挙中の一酸化炭素中毒で体を壊したゆえか、同年の随想録に記述はない。そして翌一九五四年の随想録にはただ「一九五四　一月」とのみある。この年の八月、随想録の一部を抜粋した『宇垣日記』が刊行され、宇垣の歴史を形成する随想録はついに客観視されたのである。

（中澤）

真崎甚三郎日記

【史料期間】一九〇五年（明治三八）九月、〇八～一〇年、一九二二年（大正一一）～二四年、一九三二年（昭和七）～五六年八月

【史料状況】原史料は国立国会図書館憲政資料室が保管。日記の一九三二～四五年までが伊藤隆ほか編『真崎甚三郎日記』全六巻（山川出版社、一九八一～八三、八七年）として公刊

まさき・じんざぶろう
1876～1956　陸軍軍人．最終階級は大将．佐賀県生．陸軍士官学校（九期），陸軍大学校卒．歩兵第46連隊中隊長として日露戦争に出征．1911年（明治44）～14年（大正3）ドイツ駐在．15年久留米俘虜収容所長．20年陸軍省軍務局軍事課長．26年陸軍士官学校長．27年（昭和2）中将．32年参謀次長，荒木貞夫陸相とともに，皇道派の中心人物となる．33年大将・軍事参議官．34年教育総監．35年教育総監を罷免される．36年3月待命，予備役．同年7月，2・26事件に関連して拘禁．37年無罪判決，釈放．45～47年A級戦犯容疑者として収監

一〇二冊の日記群

本史料の体裁は以下のとおりである。一〇二冊にわたる膨大な日記群は、日録のほかに、旅行日誌や備忘録など一九のカテゴリーによって構成されている。なかには二・二六事件に関連して拘禁された際の獄中日誌や、戦後、A級戦犯容疑者として巣鴨プリズンで書いた「在監日誌」などもある。

いわゆる大学ノート（縦二〇センチ、横一三センチ）に、鉛筆やペンで書かれている個所もあるが、主に筆で書かれている。筆書きにもかかわらず、極端な崩し字などはなく、判読が困難ということはない。公開を前提としているかのような、わかりやすい字体である。文体は漢字カタカナ交じりの「である調」である。一文は短く、簡潔な記述となっている。

本日記の所在は、かねてより知られていた。保管する遺族への閲覧希望が出されたものの、認められなかった。一九七〇年代に伊藤隆を中心とする東京大学の研究グループの要請に応じて、ようやく閲覧が可能となった。日記は封印されていた戸棚のなかにあったという。同グループの研究者たちは、数年後、日記を用いた個別研究を発表した。これによって、一般にその内容が知られるところとなった。一九三二年（昭和七）から四五年の部分が一九八一年から八七年にかけて、六分冊形式で、山川出版社より公刊された。

目の敵にした林銑十郎

本日記のハイライトシーンは主に四つある。第一は、昭和戦前期における陸軍派閥対立に関する記述の部分である。イデオロギーや政策をめぐる対立はもとより、個人の人格攻撃まで、皇道派と統制派の熾烈《しれつ》な派閥対立が生々しく描写されている。真崎は特に統制派の林銑十郎を目の敵にした。真崎は日記のなかで、林のことを「蜘蛛」「土蜘蛛」と表記している。たとえば次のような記述がある。「土蜘蛛ハ予ニ向ヒ、他ノコトハ悉《ことごと》ク予ノ要求ヲ容《い》ルル故予自身ノ件丈ハ譲歩セヨト泣キヲ入ル」（一九三五年七月一五日条）。「私はこれを読んで、何か背筋の寒くなる思いがしたことを憶えている。『林』というのは簡単な苗字である。それをわざわざ貶《おとし》めて『土蜘蛛』と書いている。この執念深さはただごとではない」。先の研究グループの一人、北岡伸一の回想である。林に対する真崎の激烈な非難は鬼気迫るものがあった。同じ組織に属する者同士がなぜこれほどまでに憎しみあっていたのか。真崎日記は、そのことを知ることができる、昭和軍閥抗争史のドキュメンタリーである。

第二に、本日記から対外政策をめぐる対立の構図を抽出することができる。反ソ反共のイデオロギーの皇道派は、対ソ戦＝早期開戦論の立場である。対ソ戦に備えて、満州国は固める。しかし、対中関係はこれ以上悪化させない。対列国関係の修復をめざす。満州事変をめぐって、日本は国際連盟において窮地に陥っていた。真崎は記している。「列国特ニ英米ノ疑惑ヲ招キ若ハ嫌厭セラルル如キコトハ勉メテ之ヲ避クルヲ有利トス」（一九三三年一月六日条）。

他方で統制派は、対ソ戦のための国防力整備を優先させ、国内では総動員体制の確立、対外的には戦略的拠点である満州国の強化のために、大陸で手を伸ばそうとしていた。この観点から、統制派の下で、現地軍が一九三五年に華北分離工作を敢行した。真崎は反対した。「斯ル謀略ハ国辱ナリ」（一九三五年一〇月二八日条）。「斯ル非皇道ノ行リ方ヲ予等ハ排撃シツ、アルコトヲ知ラザルヤ」（一九三五年一一月二二日条）。さらに真崎は、避けなくてはならなかった日中全面戦争を戦いながら、対米開戦に踏み切ったことを危惧して、「対支作戦ヨリ尚持久スルヲ考ヘナバ歓喜ニ耽ル時ニアラズ」（一九四一年一二月八日条）と記している。

1936年２月26日条

　皇道派は精神主義的で非合理的な判断を下す。このような既存イメージを真崎日記は修正した。しかし、この日記に比する統制派の史料が著しく不足しているために、読み手は「皇道派史観」に陥りやすくなる。以下の論点をも踏まえて、相対化する必要がある。

　第三は、国内体制構想である。真崎から見れば、統制派は「国家社会主義」体制を作ろうとしていた。危機感を抱いた真崎は、「皇道精神」＝「日本思想」に基づく国家改造を志向する。権力奪取の暁には、自身が首班となる政権構想である。日記には、その推進力となる青年将校と真崎との関係が描かれている。真崎は「一般ノ青年将校ハ依然トシテ予等ヲ推シアルコトヲ判知」（一九三四年一一月一九日条）したと記している。

さらに真崎は、天皇機関説問題によって、政府を追いつめる。政府側が譲歩して「国体明徴」声明を発すると、真崎は「予ノ喜ビハ他ノ窺ヒ知ル能ハザル所ナリ」（一九三五年八月三日条）と述べている。

以上を前史として、二・二六事件が起きる。当日の日記には、ある青年将校から「今ヤ予ヨリ外ニ救フ人ナキ故ニ本日中ニ組閣出来ザレバ兵ヲ殺スコトトナル」（一九三六年二月二六日条）と告げられたとの記述がある。二・二六事件による真崎首班内閣構想は実現の可能性があった。このように指摘する研究の信頼性は、真崎日記によって高まった。

しかし、この構想が実現することはなかった。二・二六事件は鎮圧された。真崎は幻に終わった政権構想を「過去は夢未来も夢か今も夢」（一九三六年三月五日条）と歌に詠んだ。七月、真崎は収監される。一年三ヵ月に及ぶ「在監日誌」が始まる。二・二六事件の関連史料のなかでも、本日記は特に価値がある。

吉田茂との終戦工作

第四は、終戦工作である。統制派の東条英機首相の下で対米開戦した日本は、「国家社会主義」化が進む。そのように危惧した真崎は、復活を期した。東条体制から疎外された政治勢力が真崎の下に集まってくる。もっとも重要な役割を担って本日記に登場するのが吉田茂である。吉田はすでに開戦直後の段階で、「英米ト和平ノ手ヲ打ツベキ方針」（一九四一年一二月二四日条）を伝えている。吉田が画策したのは、真崎と宇垣一成との連立内閣である。真崎は乗り気だった。「予ハ我意ヲ張ラズ〔宇垣〕大将ヨリ欺カレテモ可ナリ、国家ノ現状ヨリシテ我意ヲ張ルニ忍ビズ」（一九四二年一〇月二〇日条）として、吉田邸で宇垣と会見した。しかし結局のところ、宇垣の消極的な姿勢を前に、構想が実現することはなかった。

真崎と同様の観点から戦争の行く末を憂慮していたのが近衛文麿だった。吉田を介して、近衛と真崎が接近する。ところが近衛は自身が内閣を担うことで、終戦をめざすようになる。真崎は不満を漏らした。「各方面共ニ行キ詰マリ、近衛ノ行動ニ於テモ飽キ足ラザル所アリ」（一九四四年九月六日条）。一九四五年四月、近衛内閣ならまだしも、鈴木貫太郎内閣が成立した。真崎は落胆する。鈴木内閣によって、日本は終戦を決断した。それでも真崎は政権をあきらめなかった。「近衛公ヲ新党ノ総裁ニ、予ヲ副総裁トスル意見モ生ジツ、ア」（一九四五年九月一二日条）りとして、入閣を準備した。

以上のように、本日記は、終戦工作との関連において、戦前と戦後の連続性を考える際の史料上の重要な手がかりとなっている。ただし、真崎はその後、巣鴨プリズンに収監されることになる。

本史料は一次史料に基づく昭和戦前期の実証研究史上、画期を印すものである。この公刊前後から軍部関係の史料公開が相次いだ。それらをもとに、研究が量産されていった。昭和史研究の基本史料の一つとして、今後とも繰り返し参照されるにちがいない。（井上）

奈良武次日記　本庄繁日記

「奈良武次日記」
【史料期間】一八八七年（明治二〇）八月〜一九六二年（昭和三七）一一月
【史料状況】奈良家が所蔵・保管。史料保存のため非公開。一九二〇〜三三年分の日記が波多野澄雄、黒沢文貴ほか編『侍従武官長 奈良武次日記・回顧録』全四巻（柏書房、二〇〇〇年）として公刊。一九一七年分が「奈良武次軍務局長日記」「同（二）」（『東京女子大学紀要論集』五三巻一〜二号、二〇〇二〜〇三年）として公刊

「本庄繁日記」
【史料期間】一九二五年（大正一四）一月〜四五年（昭和二〇）一一月
【史料状況】原史料は本庄家から寄贈を受けた防衛省防衛研究所が保管。保存のため非公開。関東軍司令官時代一九三一〜三二年分の日記と後日に日記を抜粋して作成した「至秘鈔」「嫐日余光」「帝都大不祥事件」が『本庄日記』（原書房、一九六七年）として公刊。一九二五〜三三年分の日記が伊藤隆ほか編『本庄繁日記』全二巻（山川出版社、一九八二〜八三年）として公刊

二人の侍従武官長

侍従武官府とは、戦前期に常時天皇の下で軍事上の連絡を担当した機関である。陸海軍将校数名の侍従武官を構成員とし、陸軍の大・中将から親補された侍従武官長を代表として組織されていた。したがって侍従武官長とは、天皇の側に最も近くに控える軍人ということに

なる。本項で紹介する奈良武次と本庄繁とは、共に侍従武官長を務めた経歴を持つ。だが最初に注目したいのは、両者の運命が満州事変で交錯することにある。満州事変の勃発した一九三一年（昭和六）、奈良は昭和天皇の信任厚い老練な侍従武官長であり、本庄は就任直後の関東軍司令官であった。

奈良は陸軍士官学校時代から日記をつけることを日課とし、死の直前に至るまでほぼ毎日記述を続けていた。その記録はほぼ完全な形で奈良家に現存しており、日記・日誌の類だけでも約一〇〇冊に達する膨大なものである。このうち東宮侍従武官長、侍従武官長時代にあたる一九二〇〜三三年分の日記一七冊が『侍従武官長 奈良武次日記・回顧録』として公刊された。また一九一七年の日記は「奈良武次軍務局長日記」「同（二）」として『東京女子大学紀要論集』五三巻一〜二号に掲載されている。文字はさほど崩れておらず、基本的に筆致

なら・たけじ
1868〜1962　陸軍軍人．最終階級は大将．栃木県生．1889年（明治22）陸軍士官学校卒業後，砲兵将校としての経歴を重ねる．99年陸軍大学校卒，1904年日露戦争で旅順攻略に参加．06年から独駐在．08年砲兵課長，12年陸軍省副官兼砲兵課長．14年（大正３）支那駐屯軍司令官を経て青島守備軍参謀長．16年から陸軍省軍務局長，18年パリ講和会議全権委員随員．20年から東宮武官長，22年から侍従武官長兼東宮武官長として，30年（昭和５）の定年まで昭和天皇の側近として仕える．37〜46年まで枢密顧問官．追放解除後も公職には就かなかった

は簡素で読みやすい。毎日の記述量は比較的多く、接触した人物の発言内容や行動についての記述が充実している。公刊部分は皇太子外遊や満州某重大事件（張作霖爆殺事件）、ロンドン軍縮問題や満州事変といった重大事件が相次いだ時期であり、陸軍や宮中の動向を研究する上で重要な史料となっている。また日記中ではさほど多く見られない奈良の感想や判断は、回顧録によりある程度補完することが可能である。

満州事変の基礎史

一方の本庄の日記は一九二五年から四四年までの各一冊、四五年二冊の計二二冊が現存している。基本的に博文館や三省堂が発行した手帳サイズの市販品に、比較的読みやすい文字でペン書きされている。一九四五年のうち一冊は本庄自決後の数日まで記載があるため、予定記載用と推測されている。日記はほぼ毎日記載されており、時刻、訪問した場所、面会した人物などを時系列順に記録している。ただ日記の筆致はきわめて簡素であり、行動の理由や用件に関して、本庄の感想や判断はほとんど記述されていない。この記述方針は満州事変勃発後も変化しないが、侍従武官長就任後には補遺欄が充実し始める。職務上の経験を残そうとする意識が強くなったものと推測されているが、これは後年にまとめた「至秘鈔《しひしょう》」「赫《かく》日余《じつよ》光《こう》」「帝都大不祥事件」の基礎となった。侍従武官長就任以後の重要事項を記録したこの三冊は、本庄自身が日記を抜粋した上で加筆したものであり、日記の簡素な記述とは一転して、詳細で長い記述を残している。これらはすべて原稿用紙にペンで縦書きされ、清書された文字は非常に読みやすい。

日記の刊行は、まず明治百年史叢書の一つとして『本庄日記』と題され、関東軍司令官時代に相当する一九三一～三二年分が原書房から出版された。同書は付録として「満洲事変関係資料」を付しており、関心の所在がまずは満州事変にあったことを示している。ただし同書には侍従武官長時代の記録である「至秘鈔」「嫐日余光」(ともに一九三三～三六年の日記抜粋)、二・二六事件の記録である「帝都大不祥事件」を所載しており、本庄の残した記録を効率的に紹介することに成功している。その後、一九二五～三三年の日記が『本庄繁日記』全二巻として山川出版社から刊行された。これら本庄の日記は満州事変に関する基礎史料として、現在でも高い価値を有している。

ほんじょう・しげる
1876～1945　陸軍軍人．最終階級は大将．兵庫県生．1897年（明治30）陸軍士官学校卒．1904年日露戦争に出征し負傷．07年陸軍大学校卒業，翌年の北京公使館付武官補佐官から「支那通」としての経歴を重ねる．18年（大正7）参謀本部第2部支那課長，21年から張作霖の軍事顧問．第4旅団長を経て，25年支那公使館付武官．31年（昭和6）第10師団長を経て就任した関東軍司令官時代に満州事変勃発．33年軍事参議官を経て侍従武官長に．2・26事件に親族が関与したため36年退職．その後傷兵保護院総裁，枢密顧問官などを歴任．敗戦後に自決

このように本庄と奈良の日記は一部が刊行されているだけだが、幸いにも満州事変期は両者を対比させることができる。事変の推進側と制止側の双方が意見や判断を挟まず記録した日記は、錯綜した状況と緊迫した雰囲気を強調するかのように伝えてくるのである。

二つの記録の相違点

先述のように奈良と本庄は侍従武官長の経歴を持ち、日記を基にした著作を自ら残している点でも共通する。しかしその傾向には相違点が見られる。本庄の「至秘鈔」「嫐日余光」では、日記でわからない進講内容などが軍関係を中心に確認できる場合があり、本庄の興味関心をうかがうことができる。また本庄よりも天皇の言動が中心であり、別項で扱う宮内官の記録と似た傾向を示している。一方で奈良も回顧録で天皇の言動を記載するが、自らの意見や感想も劣らず多い。戦後身内向けに執筆されたためか、自らの才能と努力を堂々と誇る姿には、日記から受ける印象との違いに驚くかもしれない。だが他人の能力や功績を認める器量はあり、批判の矛先を田中義一首相の有言不実行や、鈴木貫太郎侍従長の職務逸脱に向けるなど、真面目な能吏という個性は貫徹している。

ただこれらの著作は、後世の編纂物であることには注意が必要である。それぞれに執筆の目的があり、また人為的な過失も避けがたい。最後に頼りになるのは、生に近い情報を記録した日記史料なのである。（近藤）

岡田啓介日記　加藤寛治日記

「岡田啓介日記」
【史料期間】一九三〇年（昭和五）一月～三二年五月
【史料状況】原史料は岡田家所蔵。一九三〇年一月二八日～三一年五月二一日分が小林龍夫・島田俊彦編集・解説『現代史資料七　満州事変』（みすず書房、一九六四年）として公刊

「加藤寛治日記」
【史料期間】一九一八年（大正七）一月、二〇～二三年、二九年（昭和四）～三九年二月
【史料状況】原史料は初め坂井景南が保管し、現在は加藤家所蔵。坂井景南『英傑加藤寛治』（ノーベル書房、一九七九年）が一九三二～三六年分の抜粋を翻刻、後に日記の全期間と、加藤宛書簡ならびに書類が伊藤隆ほか編『続・現代史資料五　海軍』（みすず書房、一九九四年）として公刊

条約をめぐる支持と反対

一九三〇年（昭和五）四月二二日、日本、米、英など五ヵ国はロンドン条約を締結した。同条約は、海軍主力艦の割合を米・英・日＝五・五・三に制限したワシントン条約（一九二二年）に続く軍縮条約であり、日本の補助艦総保有量を米国の六九・七五％に制限した。

ロンドン条約に対しては、海軍軍令部〔海軍の作戦計画、用兵を管轄〕を中心に、対米比率七割を求める反対が上がった。条約締結後、軍令部が同意しない軍縮条約は天皇の統帥権を

おかだ・けいすけ
1868〜1952　海軍軍人．最終階級は海軍大将．福井県生．1889年（明治22）海軍兵学校卒業，日清戦争時に浪速分隊長心得．1901年海軍大学校卒業，日露戦争時に八重山副長．第1次世界大戦で青島攻略に参加．20年（大正9）海軍艦政本部長，23年海軍次官，24年軍事参議官，第一艦隊兼連合艦隊司令長官，26年横須賀鎮守府長官．27年（昭和2）田中義一内閣海相，29年軍事参議官．32年斎藤実内閣海相．34年7月首相．36年2・26事件に遭遇，総辞職

干犯する、との批判も噴出した。条約批准後に浜口雄幸首相は右翼に狙撃され、軍部内には政党政治への不満が燻《くす》ぶり、満州事変や五・一五事件の遠因となった。

この条約をめぐって海軍内で対立したのが、軍事参議官の岡田啓介と軍令部長の加藤寛治である。二人はともに越前藩（福井県）出身だが、エリートコースの海軍大学校〔海大〕を卒業した岡田に対して、加藤はロシアに留学（のちに駐在）した。岡田は留学経験こそないものの、海軍省でキャリアを積み、軍政系の要職を歴任した。第一次世界大戦後は、国際的な軍縮への流れの中で、加藤友三郎《ともさぶろう》海相の軍縮路線を支え、海軍主流派として親英米の立場をとった。一方の加藤は、岡田とは対照的に海軍軍令部の重職を務めた。加藤は豊富な海外経験を持ち、イギリス大使館付武官としてロンドンに駐在するなど、実は英国とも浅からぬ縁があった。しかし、英米との協調よりも海軍力の確保を優先し、ワシントン会議では随員として対米七割を主張して全権の加藤友三郎海相と対立した。

経歴や志向の違いゆえか、二人は同郷にもかかわらず（あるいは同郷ゆえに）親密とは言い難く、ロンドン条約に関しても岡田は支持（条約派）、加藤は反対（艦隊派）に分かれた。二人の日記は、同条約研究の必読史料である。

「岡田啓介日記」は、大学ノートに鉛筆で縦書きされ、全一三六頁。ロンドン条約をめぐる交渉が丁寧かつ詳細に記され、欄外には会議の席次図もある。ただし、岡田が表紙に「極東裁判ニ重要役割ヲ為ス、昭和二十年四月十四日戦災ニ不思議ニ戒名控帳ヲ入レ置ク袋ノ中ニ在リタリ奇ト云フベシ」と記すように、他の記録は空襲で焼失してしまったという。岡田は東京裁判での証言にこの日記を利用し、戦後の書込みもある。条約派の記録が残ったことは、後世の史家にはもちろん、岡田にとっても僥倖《ぎょうこう》だったといえよう。

かとう・ひろはる
1870～1939．海軍軍人．最終階級は大将．福井県生．1891年（明治24）海軍兵学校卒業，99年ロシア留学，のちに駐在．日露戦争時に三笠砲術長．1907年イギリス出張，09年イギリス大使館付武官．第１次世界大戦で伊吹艦長として特別南遣枝隊を指揮，豪州軍の欧州護送の任にあたる．19年（大正８）欧米出張．20年海軍大学校長，21年ワシントン会議全権随員，22年軍令部次長，23年第二艦隊司令長官，24年横須賀鎮守府長官，26年第一艦隊兼連合艦隊司令長官．28年（昭和３）軍事参議官，29年軍令部長．30年軍事参議官

「加藤寛治日記」は、大正期は手帳、昭和期は和製日記帳に箇条書きされている。岡田に比べて字は読みにくい。加藤の秘書的役割を務め、日記を託された坂井一位(景南)は、福井空襲(一九四五年七月)の前日、日記を陶器の火鉢に入れて庭に埋め、焼失を免れたという(坂井景南『英傑加藤寛治』)。なお、『加藤寛治大将伝』は海軍少尉候補生時代の遠洋航海日誌を収録している(原史料は『岡田啓介家・加藤寛治家旧蔵史料』、福井市立郷土歴史博物館所蔵)。また加藤宛書簡と書類は、『続・現代史資料五 海軍』に翻刻された(書簡を除く書類は、加藤の長男・寛一から東京大学社会科学研究所へ寄贈)。

記録を残そうとする〝使命感〟

「加藤日記」によれば、ロンドン条約に関して加藤は対米七割を固守し、岡田も浜口雄幸首相に対して、条約が予期する「重大なる結果」を警告している(一九三〇年三月二七日条)。だが、「岡田日記」では、岡田は表向き対米七割を掲げて加藤をなだめつつ、実際は政府の決定を支持している。岡田の役割はいわば、政府と海軍の斡旋《あっせん》役であり、海軍部内のまとめ役だった。加藤は、国防用兵の計画上、条約案には同意し難いとの立場を譲らず、一九三〇年四月二日、昭和天皇に上奏した(「加藤日記」)。そして同年六月、軍令部長を辞した。軍令のトップが政府に異を唱えて辞職することは戦前でも異例である。また、海軍軍令部次長の末次信正は加藤以上の反対派であり、貴族院議員の会合で失言問題を起こしていたことが、岡田と加藤の日記からうかがえる。

なお、「加藤日記」は一九三〇年六～七月分が欠けているが、加藤は死の直前、日記欠落期間を含むロンドン条約問題の経緯を綴った『昭和四年五年倫敦海軍条約秘録』（加藤寛一編）を記した。一九三九年一月五日、かつて加藤とともに条約に反対した平沼騏一郎が組閣したが、平沼は元老西園寺公望の示した英米重視を諒解し、加藤とも疎遠となった。五日夜、加藤は「平沼がこのようでは、私は自分で書き残さなければならん。しかし、私は詳しい日記をつけなかったので、何かと不便である」と坂井に話している（坂井前掲）。

加藤が想起したのは、過去の記録を保存し、生き字引として枢密院をリードした伊東巳代《みよ》治《じ》の存在であった（坂井前掲）。加藤は一月九日「倫敦条約経緯日記」の整理を開始し（「加藤日記」）、二月二日深更に脱稿した。加藤は「之で俺の為すべき仕事は終つた訳だ。最早《もはや》何時《つ》此世《このよ》を去つても心残りは無い」（『加藤寛治大将伝』）と語った。翌三日の朝、加藤は倒れ、九日死去した。意識的に遺されたとはいえ、加藤の足跡を示す史料である。

一九三九年一月一二日、加藤は長男・寛一の日本銀行北京支店への駐在を喜び、「予は英国と海大を犠牲にして却《かえっ》て身の幸となれり。寛一も英仏を捨て支那《ママ》に大成すべし」と日記に書いている。親心とともに、海軍主流への対抗意識、裏返せば傍流意識が垣間見える。晩年の加藤を襲ったのは、岡田に敗れたロンドン条約について自己の正当性を訴える、焦燥にも似た使命感だったのではなかろうか。

（中澤）

外国人が残した「日記」

外国人が日本で記した日記は、本人が当事者として関わった出来事についての史料というだけでなく、その国と日本との関係や日本のおかれた状況について、外部からの視点を通じた情報や解釈を提供してくれる。また過去の日本社会について、当時の日本人が自然すぎて気に留めなかったような側面も、しばしば記されているのである。

開国後から西南戦争に至る幕末維新期の政治外交史を、イギリスの外交官アーネスト・サトウ（Ernest Mason Satow 一八四三〜一九二九）の日記から描き出したのが、萩原延壽の大著『遠い崖』である。期間は通訳生として赴任した一八六二年（文久二）から二〇年間にわたるが、特に幕末、サトウは日英の外交交渉や徳川・薩長の権力抗争を間近で観察しながら、自身も動乱の政治過程に深く関わっている。維新後についても、西南戦争勃発時に鹿児島を訪れた記録などは貴重なものといえる。

「東京全市は、十一日の憲法発布をひかえてその準備のため、言語に絶した騒ぎを演じている。〔中略〕だが、こっけいなことには、誰も憲法の内容をご存じないのだ」（一八八九年二月九日条）の一文で著名な『ベルツの日記』は、ドイツから招聘《しょうへい》されて東京医学校（現東京大学医学部）で教え、近代日本医学の基礎を築いたエルウィン・ベルツ（Erwin von Bälz 一八四九〜一九一三）が、一八七六〜一九〇五年の日本在住中に記した日記だ。伊藤博文や井上馨らと頻繁に接触し、また明治天皇に信頼されて皇族の診療にも携わった彼の日記は、政府・皇室の機微にもしばしば触れる。伊藤が皇太子（大正天皇）について語りながら「操《あやつ》り人形を糸で踊らせるような身振り」をしたという記述（一九〇〇年五月九日条）などは、その最たるものだろう。近年、離日から一九〇八年の再来日を経てドイツで没するまでの日記も刊行された（『ベルツ日本再訪』）。

辛亥革命の指導者の一人で、革命直後に袁世凱《えんせいがい》の命により暗殺された宋教仁《そうきょうじん》（一八八二〜一九一三）は、一九〇四〜一〇年頃、東京で亡命生活を送った。亡命直前から一九〇七年まで彼が記した『宋教仁の日記』（原題『我之歴史』）には、学問や友情、望郷の念などに悩みながら革命の実現へと歩み続ける青年・宋教仁の精神の軌跡が綿々と綴られている。ともに革命運動を推進した孫文、黄興《こうこう》、章炳麟《しょうへいりん》といった面々や、宮崎滔天《とうてん》ら革命を支援した日本側の〝大陸浪人〟も全編に登場する。

植民地支配下の台湾人や朝鮮人を「外国人」と呼ぶのは、厳密にいえば不正確だが、台湾抗日運動の有力指導者・林献堂《りんけんどう》（一八八一〜一九五六）の日記は、台湾議会設置運動をはじめとする植民地期政治史の重要史料だ。近年、台湾で一九二七〜五五年のすべてが『灌園先生日記』として刊行された。日本での刊行もぜひ期待したい。

日本敗戦直後の一九四五年末に来日したアメリカ人（亡命ロシア人）新聞記者のマーク・

ゲイン（Mark Gayn 一九〇九?〜八一）が、翌四六年までの日本勤務中に記した『ニッポン日記』は、日本国憲法制定の内情をはじめとする占領期の政治過程について、最も早い時期に暴露した書物だ。敗戦直後の混沌とした社会情勢を生々しく記述するだけでなく、ゲイン本人が鳩山一郎に対し、「戦争犯罪人」とみなして、晩餐会の場で「政治的審査会」と称するつるし上げを仕掛けたこと（一九四六年四月六日条）なども記されている。

日米安保条約改定の激動からまもない一九六一年、駐日アメリカ大使として赴任したエドウィン・O・ライシャワー（Edwin O. Reischauer 一九一〇〜九〇）が、六六年までの在任中に記した家族宛の「週刊書簡・日記」をもとにしたのが、『ライシャワー大使日録』だ。東京生まれの東アジア史研究者で妻が日本人（ハル・ライシャワー、松方正義の孫）だったライシャワーは、両国の関係を「対等」な「パートナーシップ」とすべく尽力した。日韓国交正常化交渉への関与、米軍統治下の沖縄をめぐる日本政府・高等弁務官との三者関係をはじめ、アメリカとの関係が当時の日本にとってどれほど重きをなしていたかについても改めて知らされる史料である。（塩出）

第4章 昭和天皇の記録——終戦秘史

Ⅰ 皇族と華族

Ⅱ 側近たちと戦争

木戸幸一日記

【史料期間】一九〇〇年（明治三三）一月～七七年（昭和五二）三月
【史料状況】原史料は国立歴史民俗博物館が所蔵。一九三〇年一月～四五年一二月が木戸日記研究会校訂『木戸幸一日記』上下（東京大学出版会、一九六六年）、四五年一二月～四八年一二月が同校訂『木戸幸一日記　東京裁判期』（東京大学出版会、一九八〇年）として公刊

きど・こういち
1889～1977　官僚・政治家．木戸孝允の孫，侯爵木戸孝正の長男．東京生．学習院に学び，1915年（大正４）京都帝国大学法科大学政治学科卒業．農商務省に入省し，1930年（昭和５）に商工省臨時産業合理局第１部長兼第２部長から，内大臣府秘書官長兼宮内省参事官に転じる．第１次近衛文麿内閣・平沼騏一郎内閣で文相，厚相，内相を歴任後，40年より終戦後の45年まで内大臣を務め，太平洋戦争期の昭和天皇を支えた．また17～45年貴族院議員も務めた．48年極東国際軍事裁判で終身禁固の判決を受け，服役．55年に仮釈放

客観的かつ冷静な記録

木戸幸一は、一九四〇年（昭和一五）より終戦時まで内大臣を務め、その日記は太平洋戦争の開戦と降伏までの激動の過程を記録した一級史料である。日記は、若年期より死の直前まで書き続けられている。原史料は一九〇〇年一月から一九七七年三月までの記事よりなり、

国立歴史民俗博物館に所蔵されている。そのうち一九三〇年から四八年の部分が翻刻されている。すなわち、木戸が商工省から内大臣秘書官長に転任し、戦犯容疑者として収監され、終身刑の判決を受けるまでの期間である。

内大臣秘書官長に就任した木戸は、台頭する軍部に直面しながら、第一次近衛文麿内閣・平沼騏一郎内閣での文相・厚相・内相としての重要閣僚の経験を経て内大臣に就任し、昭和天皇の信頼をかちえた輔佐者となった。日記には、戦中期の宮中を中心とした政治指導者間の交渉と、これに対する昭和天皇の発言が詳細に記録されている。しかも、この日記は、極東国際軍事裁判（東京裁判）で重要な証拠物件として認定され、後の戦争責任をめぐる論争の中でまず参照すべき史料となった。また、木戸自身、戦後釈放後に様々な場で弁明を含む回顧を行っている。つまり、木戸と日記の運命が、裁判記録や他の日記、木戸自身の回顧と読み合わせることを求めているのである。東京裁判との関係では、『東京裁判資料　木戸幸一尋問調書』（大月書店、一九八七年）が、また木戸自身が日記を研究用に提供した東大教授の岡義武を中心とした研究会が編纂した『木戸幸一関係文書』（東京大学出版会、一九六六年）が、比較検討のためには、有益な参考書であろう。

日記の記述は公表を意図したものではなく、当用日記帳に筆で日誌風かつ事務的に日課を記録しており、個人としての感想は少なく一見起伏に欠ける。だが、同時期の政治家・軍人らの日記を見ると、とりわけ敗色が濃厚になってから精神状態にかなりの動揺が見られたことがうかがえるのに対して、木戸の日記は、いかなる状態においても、客観的かつ冷静に日々の業務を記録している。驚くべき自己規律と観察力のゆえであり、その点でも、この日記は一読に値する。

漸進的改革者

木戸は、明治の元勲木戸孝允の嗣子、木戸孝正侯爵の長男として、一八八九年に生まれた。学習院、京都帝国大学法科大学政治学科に入学し、農商務省での勤務を経つつ、一九一七年に侯爵を襲爵して貴族院議員となった。さらに、内大臣秘書官長に就任後、農商務省系統の人脈に加えて、華族としての交友関係の延長で、内大臣府を中心に政治に関わった。かくして木戸は、一面では、「宮中グループ」の中心的人物として、宮相・内大臣を歴任した牧野伸顕らと並んで昭和天皇を輔佐し、軍部によって進められた冒険主義的な対外行動を阻むよう尽力していた。

だが、他面で木戸が親しく交わった農商務省時代の同僚は、岸信介、井野碩哉など、戦争遂行のために統制経済を進める「革新官僚」であった。その交友関係を木戸は大いに好んでおり、たとえば戦下の内大臣としてのある日、木戸は彼らとの会合に出席して、「久振りに商工省の時分の気持に還り、愉快に一夕を過す」と記している(一九四二年一一月二七日条)。さらに閣僚としての木戸は、近衛とともに新党運動及び国民組織運動の調査・企画に深く関わった。

つまり、木戸は、保守的でありながら革新的であり、受動的でありながら能動的かつ果断に行動する。「近衛公は理想家であり、木戸侯は現実家」である（有馬頼寧「宣誓供述書草稿」『木戸幸一日記　東京裁判期』）、「聡明なところがあるが、性格的に右傾のところがある」（原田熊雄『西園寺公と政局』第八巻）という木戸への評価は、このような木戸の二面性から生ずるものである。

したがって、日記の中から浮かび上がる木戸は、もっぱら伝統の固守者ではなく、慎重かつ着実な改革者である。華族出身の官僚として出発した木戸ではあるが、その本質は絶えざる改革を志向する現状打破的な変革者であった。しかも、戦時期には、皇室と天皇を支え、これと半ば一体化することによって、政治に関わらない立場をとりつつも、求められれば天皇の意思のもと政治を方向付ける発言を辞さなかった。かくて時代は、木戸に一個の政治家としての役割を与えたのである。

まず、若年期の木戸は、母校の学習院改革を唱道した。すでにロシア革命の報を聞いていた木戸は、同世代の華族で危機意識を共有していた有馬頼寧、岡部長景らとともに、労働者の社会教育活動に参画し、この経験をもとに学習院を改革するため、卒業生団体「桜友会《おうゆうかい》」を設立し、帝国大学への学習院高等科からの進学条件や、学習院大学設立についての提言を大学側に発していた。この意識は、さらに次世代の華族に受け継がれる。新世代の改革の主導者であった内藤頼博は、たびたび木戸を訪問して改革について相談している（一九三二年九月二一日、一〇月四日、一九三七年二月二七日条。内藤頼博「桜友会史の発刊に寄せて」『桜友会史』）。当時東京地裁の裁判官であった内藤こそ、戦中から戦後の司法権独立運動を支えていく人物であった。そしてまた、瀧川事件を契機に、内藤とも親しく司法権独立運動の指導者となる細野長良が木戸を訪問し、主として司法部内の状況説明についての会見を断続的に開いている（一九三三年六月六日、三四年三月一七日、三七年六月二日、七月一〇日、三九年一二月三日、四二年四月二三日、四四年一月七日条）。戦後の司法制度改革に連なる人脈と交友関係を保っていたのは、改革者としての木戸の一面を示すものである。

一九二五年に農商務省が農林省と商工省とに分かれたときに、木戸は商工省に属し、官房会計課長・文書課長として新しい省の中枢ポストを歴任し、その骨格を作り上げた。文書課事務官として木戸の下にいた岸信介は、木戸あるいは自身の海外出張中にたびたび書簡を送り省内外の動静を伝えており、そこには木戸が若手官僚の期待を集めていた存在であったことがうかがえる（『岸信介の回想』）。臨時産業合理局での産業合理化運動を軌道に乗せた後、一九三〇年一〇月、木戸は内大臣秘書官長に就任した。商工省の制度的定着という過程に尽力した点にも、木戸の漸進的改革者としての役割が表れている。

天皇の唯一の相談者 174

五・一五事件後、非政党人の斎藤実に大命が降下し、加藤高明内閣以後、慣例化しつつあった「憲政の常道」による野党総裁への首相の交代がなされなくなった。これはきわめて複雑な政治情勢を加味しなければ首相を選任できなくなったことを意味する。ほどなく唯一の元老西園寺の要請にもとづき、木戸は、内閣更迭の際の決定手続を設計することとなる。その結果、内大臣の下で、枢密院議長と首相経験者で前官礼遇を得た者からなる重臣会議を開き、元老の意向を考慮しながら候補者を決定するという手続が新しくとられた。以後、岡田啓介・広田弘毅への大命降下の際には、西園寺が手続を主導したが、林銑十郎内閣以後西園寺は上京せず、内大臣が興津《おきつ》の西園寺邸を訪問し、意見を確認するという手続がとられた。

木戸が内大臣に就任したのは、このように首相選任の際に内大臣のイニシアティヴが増した後である。そもそも内大臣は天皇を「常侍輔弼《じょうじほひつ》」する任に当たり、宮中を政治から遮断するために設けられた職であった。だが、戦時に議会が無力化し、軍部の要求が組閣作業に直接つきつけられる状況下で、木戸は、天皇のほとんど唯一の相談相手として、また天皇の意思の伝達者として決定的な政治的影響力を行使する存在となる。とりわけ日米開戦前夜にあえて東条英機を首相候補に推挽《すいばん》したときは、皇族内閣案を断固拒否し、近衛との会談の結果、自ら東条を重臣会議で推薦し、了解をとっている。この重臣会議の記録の整理に木戸は数日をかけており（一九四一年一〇月二四～二五日条）、日記の詳細な会議録は、そうした作業に不可欠のメモであった。戦中の小磯国昭、鈴木貫太郎への大命降下の際に、木戸は辞任すべきかを迷う首相に状況を説明しつつ暗に辞任を促し、また開かれた重臣会議を注意深く観察し克明に記録している。さらに、東久邇宮稔彦、幣原喜重郎の両首相を推挽《すいばん》するときにも木戸は、連合国側の意向を踏まえつつ、枢密院議長の平沼と打ち合わせつつ、指名のイニシアティヴをとった。

このように内大臣として木戸が一個の強力な政治的主体となりえたのは、昭和天皇からの深い信頼なしにはありえない。几帳面な観察者であった木戸は、昭和天皇が特に好む人物類型であった。木戸もまた、昭和天皇を「千年に一人の天皇」と語ったように深く敬愛してやまず（三谷太一郎）、両者の信頼関係は戦争の進行とともにより強まっていった。木戸の盟友であった近衛文麿はあるとき「陛下の御言葉は木戸そのままだ。陛下にお目にかかって後で木戸に会うと、よく陛下の言われた通りのことを木戸が言う。又木戸に会った後で陛下にお目にかかると、木戸の言葉そのままを仰せになる」と言ったという（矢部貞治）。両者がきわめて密接に意見を交換し、共有していたことがうかがえる。事実、事務的な記述に終始する木戸の日記で、唯一生彩ある叙述は、昭和天皇の発言である。東条の首相就任の際に、「虎穴に入らずんば虎児を得ずと云ふことだねと仰せあり」（一九四一年一〇月二〇日条）と記しているように、他の登場人物は概ね木戸自身が発言を要約しているのに対して、天皇の発言のみそのまま再録されている。あたかもモノクロの画像の中に、唯一カラーで昭和天皇が登場しているかのようである。『牧野伸顕日記』は、天皇の発言を文語調で要約しており、公刊された一九四四年の近衛文麿の日記は、口述とはいえ地の文も天皇を含めた周囲の人物の発言もすべて口語体である。口語体が話者への距離の近さを表しているとすれば、天皇と他とを厳然と区別する木戸の執筆姿勢は、そのまま天皇のみへの隔意のなさを示していると言える。

晩年の木戸に接した政治史学者の伊藤隆によれば、木戸の話からもっとも印象的であったのは、「天皇にとって一番危険なのは宮さんだ」という発言であったという（「『独白録』を徹底研究する」『文藝春秋』）。特に戦況悪化の著しい一九四四年、東条内閣総辞職以後、組閣をめぐる軍部と重臣の対抗関係に、一部の皇族が加わり、内大臣は受動的ながらそれぞれの要求を捌《さば》く必要に直面した。高松宮は海軍の戦況との関係から、三笠宮は陸軍内部の分裂状況への

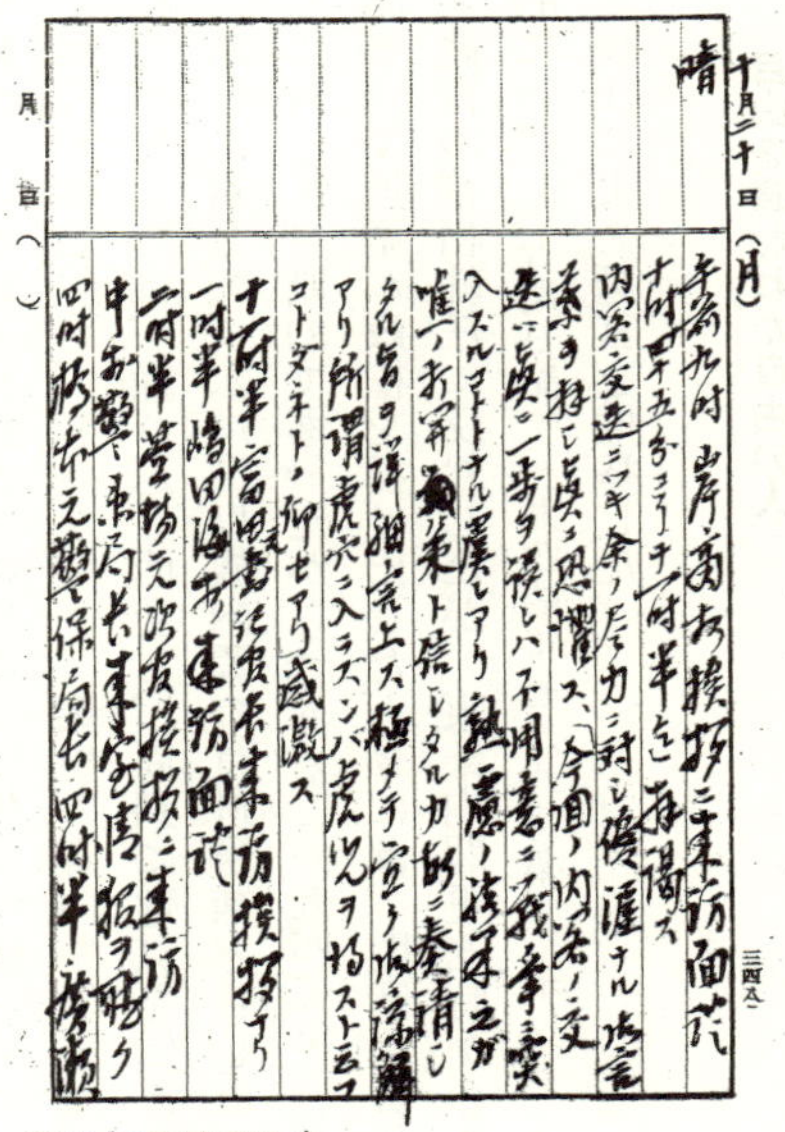

1941年10月20日条

危惧から、それぞれ強力な戦争指導の体制整備を求めた。木戸は、天皇から相談を受けつつ、それぞれと会見し、意見を聞き、天皇の意向を伝えた。特に天皇と感情的に衝突しがちな高松宮に対しては、繰り返し面会し、周到に意見を伝えるよう努めている。

これに対して、木戸が皇族内閣の首班候補と目したのは東久邇宮であった。政治への関わりに対して自制的であったからである（一九四五年三月二七日条）。木戸は、日米交渉が行き詰まって近衛が政権を投げ出したときには、開戦の責任が皇室に及ぶのをさけるために、東久邇宮の首相就任に反対したが、東条内閣更迭時から東久邇宮に首班候補であることを間接的に告げ（『近衛日記』一九四四年七月八日条）、ポツダム宣言受諾の後には、鈴木貫太郎首相の後任に東久邇宮を推挙した。

「自由を奪われた自由の人」

内大臣として日々精力的に会見をこなした木戸ではあったが、自ら「厭人《えんじん》主義的な傾向」と称したように（『木戸幸一関係文書』）、交際好きとはおよそ対極の孤高の人物であった。東京裁判での木戸は、アメリカ帰りの親族で後に経済学者として著名となる都留重人の勧めもあり、軍部の被告人とは袂を分かち、自らの弁護に徹することで天皇を守ろうとし、結果として死刑を免れた。そのような木戸を内面から支えたのは、ときどきの状況を反映したたえざる読書による内省であった。若年時にロシア革命の刺激を受けて木戸が読み進めたのは、ロシア貴族でナロードニキやアナーキズムの理論家となったラッセル・スジロフスキーやクロポトキンであった（後藤致人）。敗色が濃くなる一九四三年以降、木戸が日記に記した書物は、チャーチルの第一次世界大戦についての記録である"The Great War"、トルストイの『戦争と平和』、イギリスの外相グレーの回顧録、ヴィクトリア女王の書簡集であり、いずれも外交・戦争の中で貴族・王室のあり方を叙述する書物であった。

巣鴨の獄中の木戸は、『戦争と平和』を再び繙《ひもと》き、こう語った——「ナポレオンが退却の際モスクワ焼き払ひの責任者として一人の伯爵を捉へて連れ去つた。其の貴族俘虜《ふりょ》の道中姿の叙述があるが、破衣《はい》跣足《せんそく》、其の困難は到底一通りではない。それにも拘らず、其の貴族は今迄の貴族生活から解放され、何物か束縛のなき天地に於て、自由の空気を呼吸する気持ちを無上に喜んだことが記述されて居る。自分が、何か知らん息詰まるが如き日々の生活から、巣鴨のどん底生活に落ちて過去の責任から解放せられ、何もかも失つて裸となり、何だか自由の空気に生活することを得て大に愉快であるので、此のトルストイの小説の場面は特に面白かつた」。これを聞いた重光葵は「彼れは自由を奪はれた自由の人である」と評している（『巣鴨日記』一九四七年七月一八日条。英訳を木戸自身七月一七日条に記している）。華族に生まれながらも労働者救済に関心を払い、組織人でありながら政官界でたえず改革を志向した木戸の政治的生涯を射抜く表現ではなかろうか。

（牧原）

高松宮日記

【史料期間】一九二一年（大正一〇）一月〜一二月、二三年一月〜一一月、二六年一月〜六月、二七年（昭和二）一月〜一〇月、二八年一月〜八月、二九年一月〜一二月、三二年一二月〜三五年一月、三五年一二月〜三六年九月、三七年四月〜九月、四〇年五月〜四六年一一月、四七年一月〜一一月

【史料状況】原史料の所蔵先は宮内庁書陵部、公開。細川護貞ほか編『高松宮日記』一〜八巻（中央公論社、一九九五〜九七年）として公刊。著作権は財団法人高松宮妃癌研究基金が所有

たかまつのみやのぶひとしんのう
1905〜1987　皇族，海軍軍人．1905年（明治38），皇太子嘉仁親王（後の大正天皇）の第三皇子として生まれる．幼名光宮．13年（大正２）高松宮号を賜る．20年海軍兵学校予科に入学，翌21年兵学校入校．24年同校卒業．以後，海軍のキャリアを積む．30年（昭和５），徳川喜久子と結婚，30〜31年に欧米を旅行．35年少佐，軍令部出仕．40年中佐，42年大佐．45年予備役．戦後は済生会総裁，藤楓協会総裁などを務める

「発見」から公刊の経緯

昭和期の海軍をその身をもって経験し、さらに太平洋戦争末期には東条英機内閣の退陣工作や終戦工作に身を投じるなど、皇族である身を最大限生かして時局の収拾へと乗り出した

のが高松宮宣仁親王であった。

この高松宮の日記が「発見」されたのは薨去《こうきょ》から四年経った一九九一年（平成三）、折しも伝記『高松宮宣仁親王』が刊行された年だった。「研究室のお蔵」と呼ばれた倉庫で石塚弘御用掛が、「殿下御手元品」と書かれた漆塗りの大きな箱に二〇冊の日記が入っているのを発見したのである。体裁は様々だがその多くは市販の日記帳に書かれていた。石塚が高松宮喜久子妃に報告したところご存じないということであった。

この日記の扱いを考えるにあたり、高松宮妃は二度通読したという。その上で靖国神社の宮司などにも相談したが、何かあっては取り返しが付かないので焼いてしまったほうがいいとの意見であった。だが、その考えにすっきりしないものを覚えた高松宮妃は高松宮の海軍大学校の親友だった大井篤、豊田隈雄、実松譲に相談する。三氏はその史料的価値に気づき公刊を勧めたという。そこで出版事情に詳しく、海軍経験者である作家阿川弘之に声をかけ、一九九四年から阿川を加えたメンバーで読解を進める。出版社の選定に当たっては『吉田茂書翰』などの経験があり、週刊誌もない中央公論社に声がかかった。

出版までには宮内庁上層部からの反対意見などもあった。皇室のプライバシー、昭和天皇との諍《いさか》い、陸軍への非難などへの危惧がその理由であった。だが、高松宮妃が毅然と後押ししたことが大きな後ろ盾となり、刊行に漕ぎつけた。また編者の中には青年時代の日記に見られる明け透けな人物批評などを多少心配した者もいたようだが、この点も高松宮妃がそのまでの刊行を勧めたという。なお、題字、本の形や表紙、箱の材質や色、帯の色にいたるまで高松宮妃が決めたという。本日記に注がれた高松宮妃の思いを想像することができよう。

皇族の成長の記録

日記は、分量が多い上、用字も不統一である。概して平易なことば遣いだが、海軍関係の用語・略号や皇室関係の用語、また高松宮独自の用語も含んでいる。内容は時期によって精粗の差が大きい。なお、諸所に新聞の切り抜きやメモの挟み込みがある。

内容についてまず注目されるべきは一九四〇年から四四年までの記述であろう。当時の作戦関係の機密電報や海軍部内の状況が記されている。さらに陸軍や国内の状況なども記され、戦中を研究する上で貴重な史料となっている。

また、すでに「細川日記」などで知られていたことだが、終戦工作についての記述も注目すべきものである。海軍内での反東条、それと連動した反嶋田繁太郎の動向のほか、近衛文麿や真崎（甚三郎）グループとのつながりも見て取れる。

一方、叙述の変化という点で興味深いのは一九四〇年以前の記述であろう。喜久子妃との結婚を挟む一六歳から三二歳の青壮年の変化は日記の記述のなかにも現れている。お気に入りの武官への好意を赤裸々に記していた日記は、洋上の訓練の出来不出来に一喜一憂する訓練生のそれへとかわり、さらに皇族や海軍、国家のあり方についての真剣な悩みを綴ったも

20冊の日記帳

のとなっていく。その過程では公平、大局といった観点が随所に見られるようになっていき、海軍のセクショナル・インタレストを超える視野を持つようになる。それは時に海軍軍人のあり方に対する痛烈な批判となって現れる。

> 午后、「鳥海」にて野田大佐の軍縮の話あり。後の方にゐて声よく聞えず。了つて長官所見として、比率は最后のものでなし、パリティー〔同等〕でなくてはならずと稍ゝ講演をマゼツかへす式の言あり。衆人をして比率に満足せしむべからずとする先輩の心なるべし。大局に立ちて一人の顔をたて全海軍を迷はすべからずとの考へなるべし。之果たして大局の大局か、長官の徳器か。専問《ママ》的の講和に対する態度か。
> （一九三三年一月一九日条）

このときに発言した長官は当時第二艦隊司令長官の末次信正であった。ロンドン海軍軍縮会議以来、艦隊派として強硬意見を代表する人物である。その末次に対する高松宮の批判は彼が一海軍軍人の枠を超えた存在となりつつあることを示しており興味深い。

伏見宮博恭王への不安

その一方で、日記には見えてこない問題として伏見宮博恭《ひろやす》王に対する思いが挙げられる。年齢も階級も離れていたとはいえ、海軍内での数少ない皇族であった伏見宮の存在は高松宮に影響を与えなかったとは考えにくい。実際、軍令部総長として艦隊派寄りの政策を進める伏見宮の存在は、戦後の海軍反省会の場でも批判の対象となった。数は少ないが、その伏見宮の存在を不安視する描写も見られる。

今度の寺島練習艦隊司令官の更迭のことは自分〔吉田善吾〕としては云へぬと云ふことだつた。伏見宮のお考へと云ふことであるらしい。そして統せいの一糸乱れぬ、主脳者への信任等についてはまだ、ちつとも具体案がないらしい。心細いことだつた。併し加藤〔寛治〕大将はやはり伏見宮と極めて近い存在であるやうであり、大角〔岑生〕大将も職を辞する言明をしてゐないやうだつたし、青年士官の事態の再認識回顧については少しも企てがない、このまゝヒタオシに押してゆくつもりのやうである。（一九三三年一〇月一九日条）

これが、海軍青年将校が関与した五・一五事件の取調べが進んでいる時期の会話であることに留意が要る。伏見宮が加藤と近く、海軍の混乱要因となっていることに不安を隠していない。

このような不安感は日中戦争直前の一九三七年五月六日の記述により明瞭である。次に挙げるのはトルコ大使から記念冊子用の写真を求められた際、「外務大臣、陸海軍大臣、参謀総長、軍令部総長、両次長等」の写真を求められたことに対して、「茲《ここ》に所感あり」として軍人ばかりであることに不満を述べた後に記したものである。

考へると総長サン二人とも皇族で、次長を出さないと皇族の写真がしかも統帥側ノ代表となり、とても事局《ママ》がら皇族が軍国主義の推進者たる汚名をかぶせられることになるし、又シャムの先頃の様に皇族ハン濫風景の様にも誤解されるので、次長もその意味で必要でもある。

この記述から推測すれば、伏見宮の存在は高松宮から見て決して望ましいものとはいえなかっただろう。もっとも、その高松宮の東条内閣打倒の動きが昭和天皇の目に伏見宮の再来と映ったとしたら皮肉としかいいようがない。（今津）

細川護貞日記

【史料期間】一九四三年（昭和一八）一一月～四六年一〇月
【史料状況】原史料は細川護熙氏所蔵。非公開。『情報天皇に達せず』上下（同光社磯部書房、一九五三年）として公刊。その後『細川日記』（中央公論社、一九七八年）として改版

ほそかわ・もりさだ
1912～2005　侯爵細川護立の長男．細川藤孝（幽斎）を初代とする細川家の17代目．東京生．近衛文麿の女婿（2女と結婚）．のちの首相細川護熙の父．学習院高等科卒業．1936年（昭和11）京都帝国大学法学部卒業．企画院嘱託．40年第2次近衛内閣総理大臣秘書官．43年10月30日から高松宮御用掛．45年東久邇宮内閣近衛無任所大臣秘書官．翌年東洋繊維監査役，49年十条製紙監査役．永青文庫顧問，日本いけばな芸術協会会長，日本工芸会会長など

若さと熱気

「細川護貞日記」（以下「細川日記」）は近衛文麿の女婿《じょせい》であり、近衛の首相秘書官であった細川護貞が、近衛周辺による東条内閣以降の時期の終戦工作を記録した重要史料である。一九四三年（昭和一八）一一月二日から四六年一〇月一七日までの終戦前後の時期に大学ノート四冊に記録されていった。

本書は元々『情報天皇に達せず』と題して一九五三年に出版され、評判となったものである。だがそのタイトルは読者のミスリーディングを導く恐れがある。本書はいわゆる天皇側近の記録ではない。中心となるのは高松宮・近衛文麿・細川護貞の三者であり、天皇は直接の対象ではない。また天皇に情報が届かなかったということではなく、昭和天皇が情報について軍部や政府の判断を信頼していたことがその背景にはあった。ちなみに細川自身はこのノートを「黙語録」と題していた。

細川は極東国際軍事裁判（東京裁判）に協力することに割り切れぬものがあったために、証拠としてこの日記を提出せず、占領期間中は公表を控えていた。参考人として取り調べを受けた際にも、「一切日記の類は持つてゐない」と述べていたという（同光社磯部書房版「自序」）。

細川がこの日記を書き始めたのは三一歳のときである。本書には細川の若さと熱気が満ちている。特に東条英機内閣の倒閣に熱心であった時期の細川の文章は血気盛んで、性急であり、それが本書の緊迫感を生み出している。「細川日記」には年下の義弟である近衛通隆《みちたか》による護貞の人物評として「理性的の人の様に見えるが、実際は極めて感情の強い人」であり、通隆や父の近衛文麿とは逆の性格であると指摘されている（一九四六年三月一八日条）。

高松宮と近衛文麿の間で

「細川日記」は、米英との戦争で日本側にとって戦況が悪化してきた一九四三年に始まる。当時は東条内閣が戦争を行っていた時期である。

高松宮宣仁親王（昭和天皇の二弟）は時局が急迫した中で各方面から情報を集めるために「原田の様に方々馳け廻つて、各方面の意見を聞いて来る者があるとい、」（『情報天皇に達せず』）と近衛文麿に相談した。そこで近衛が推薦したのが細川であった。原田とは西園寺公望の秘書として政界での情報収集に活躍した原田熊雄である。細川に期待されたのは原田と同じような役割であった。

背景には昭和天皇が東条内閣を信任し、天皇を補佐する木戸幸一内大臣が東条を支持している状況があった。そのため、天皇が現政権寄りの意見ばかりを耳にし、東条内閣に反対の立場からの情報を得られていないのではないかと不安が持たれていた。近衛などは東条内閣からは距離を置いており、ここでの細川の行動には、高松宮に報告した情報が高松宮を通じて昭和天皇の判断にも影響を与えることへの期待が持たれていた。

細川は高松宮とは友人関係であり、子どもの頃に一緒にスキーをした仲であった。『高松宮日記』には細川と近衛の二女の結婚披露に高松宮が出席した際の記述もある（一九三七年四月二〇日条）。細川は高松宮に対する敬意を欠かさず、日記では高松宮の発言が最も詳細に記録されている。

細川は近衛の女婿であり、近衛の政治グループに属していた。宮中・重臣の情報も近衛から豊富に得ることができた。そのため『細川日記』に含まれている宮中・重臣・近衛周辺についての記録は貴重であり昭和政治史研究の一級史料となっている。

ただ、情報を共有しつつも近衛と細川の政治的行動や方向性は必ずしも一致してはいない。対等とも言える別個の行動であり、近衛とともに筋書を立てて行動するような政治的参謀であったわけではない。高松宮との関係ではそれはさらに顕著である。細川は自らの主張に沿った情報を高松宮に上げるのだが、高松宮はそれを単純に受け入れることはない。むしろ高松宮の方が細川の性急さや無計画さをたしなめる場面が少なからずある。

細川の主張は簡明な図式であり、なおかつ国を憂い現状を嘆く文章が巧みであり勢いがある。魅力的で引き込まれる。しかしそれはまた細川の政治判断の単純さとも紙一重である。細川は東条内閣とそれを支持する木戸幸一に批判的で、東条内閣の倒閣や木戸内大臣の更迭の必要性を繰り返し書き留めている。細川にとっては国を滅ぼす元凶は即刻排除されねばならないのである。

だが、細川の主張は味方である近衛や高松宮にも受け入れられない。彼らは人事の交代の後の方向性や代替案に苦心し、倒閣や更迭それ自体を目的とする細川の主張を退ける。同様に細川は終戦についても性急であった。「中間内閣」（小磯国昭内閣）の存在意義を理解せず、「和平内閣」を成立させる環境の整備の必要性についても無頓着であり、「皇族内閣」という切り札もすぐに使うべきであると主張する。

それらの敵味方を強く峻別《しゅんべつ》する傾向については、細川自身も改版された際の中公文庫(一九七九年)でのあとがきで弁明を行っている。つまり秘密の情報を取り扱い、会談の相手方が自らの敵か味方かを探りながら情報収集をしなければならなかったという事情がある。戦後に公刊された『木戸幸一日記』からは当時細川が考えていたよりもかなり早くに木戸が終戦の決心をしていたことがわかっている。細川は木戸とも面会をしていたにもかかわらず意思疎通がなされていなかった。この両者の関係が本書の重要なポイントである(細川護貞『細川家十七代目』)。

中大兄皇子になる決心を

本書は、終戦にいたるまでの戦況認識についても興味深い点が多い。軍事関係の細川の情報源は陸軍の酒井鎬次中将と海軍の高木惣吉《そうきち》少将であった。「細川日記」は、冒頭の時代からすでにドイツの敗北と日本の敗勢は予期されたものであった。その後はいかによい和平を、いかによい降伏をするかの模索であった。

伏下海軍大佐からの早期講和論に対する「艦隊を残したからと云うて講和条件は寛大にはなりませんよ」(一九四四年六月一五日条)という批判や、米内光政の「サイパン決戦は、結果の是非を問はず決行せざるべからず、而して後国家百年の計を考ふべきなり。勝負には運あれば、敗るゝも羞《はじ》に非ず、もとく国力以上の仕事を為したれば」（一九四四年七月一〇日条）との主張などは示唆するところが多い。

近衛や細川は陸軍内の強硬派を終始警戒していた。東条などが宮城を近衛兵で囲むようになったら「承久の乱」だな、と話す高松宮に対して、細川は「かゝる気配が見えましたる時は、殿下には恐れ乍《なが》ら中大兄皇子と御成り遊ばさるゝ御決心が肝要と存じます」と進言する（一九四四年七月一五日条）。この場面は「細川日記」の名場面の一つである。陸軍強硬派に対しては近衛はそれを抑える自信を最後まで持っていなかった。近衛はソ連の参戦も陸軍を抑えるための「天佑」（一九四五年八月九日条）と理解するほどであった。

また特筆すべきは「細川日記」の持っている非常に綺麗な構造である。細川に求められた使命は高松宮に必要な情報を報告することであった。

細川は定期的に高松宮に会っているが、面会と面会の間の時期には近衛自身や近衛の人脈を利用して情報を収集し、主張を整理している。定期的な「情報収集」と「高松宮への報告」というサイクルができあがっているのである。これにより読者にとっても細川の中での情報集約と主張の形成過程が見えやすくなっている。それは本書が無為に漫然と書かれた日記ではなく、短期的な目的を持って書かれていたからである。構造や因果関係を把握しやすく、初学者が史料として「日記」を用いた学習を行う際にも本書は適切な素材の一つとなるだろう。

（米山）

梨本宮伊都子日記

【史料期間】一八九九年（明治三二）一月〜一九七六年（昭和五一）六月

【史料状況】原史料は所在不明。一部抜粋して、小田部雄次著『梨本宮伊都子妃の日記』（小学館、一九九一年）として公刊。関係資料のなかに、独身時代の日記もある

なしもとのみやいつこ
1882〜1976　明治〜昭和期の皇族女性．旧佐賀藩主・侯爵鍋島直大の娘としてローマに生まれる．華族女学校に学び，1900年（明治33）久邇宮朝彦親王の子，梨本宮守正王（当時，陸軍中尉．のち陸軍大将，神宮祭主）と結婚．皇族軍人の妻となる．赤十字社の活動に尽力．1909年に渡欧し，イギリスをはじめ各国王室を訪問する．長女・方子は朝鮮皇太子・李垠に，次女・規子は広橋真光伯爵に嫁ぐ．47年（昭和22）臣籍降下．一代で華族，皇族，平民として過ごした．著書に『三代の天皇と私』（講談社，1975年），『歌集　かつら』（非売品，1971）がある

皇族・皇室の私生活

昭和の終わりとともに皇室・宮中にまつわる多くの史料が公にされ、その実態が徐々に明らかにされてきている。しかし、そのほとんどは宮中官僚が見た〝表〟の、公の機関としての皇室・宮中であり、〝奥〟と称される私の部分はいまだ秘されているものが多いのが現状である。

そうした中で、皇族妃であり、大正天皇、昭和天皇、香淳《こうじゅん》皇后から信頼が厚かった梨本宮伊都子が遺した日記は、皇室、皇族の私の部分を知る大きな手がかりとなる。抄録ではあるが公刊もされた。

この日記が世に出たのは、他の皇室・宮中関係史料と同じく、昭和が終わりを迎えた頃である。かねてより宮中関係の史料発掘に尽力し、梨本家に保管されていた史料の重要性に着目していた高橋紘、小田部雄次らが同家の了解のもとに解読を進め、まず新聞報道によって公にされ、ついで他の梨本家所蔵史料とともに小田部の手によって『梨本宮伊都子妃の日記』として刊行された。小田部が同書を校正する際に、当時、宮内庁書陵部に預けられているのを確認したことを最後に、原史料の所在は現在まで判然としない。そのため、私たちは公刊されたものから概要を知ることとなる。

結婚前、鍋島侯爵家の子女であった時代の記述からは、華族の生活と、皇室の藩屛《はんぺい》としての華族と皇族の親密さを見て取ることができる。皇太子時代の大正天皇が日光の鍋島別荘に足しげく通っていたエピソードは、明治期における皇族と上級華族の親密な関係を教えてくれる。

皇族妃としての激動

皇族妃となった明治後期から昭和戦前期には、「何事も　せなにさきだつ　ことなくて

たゞその家を　まもるべきかな」と歌った心そのままに、宮家を守り、国家を守るべく、ひたむきに献身する皇族女性としての姿がある。とりわけ、日本赤十字社をはじめとする銃後活動への積極的な参加は、他の華族女性の範となるものであっただろう。そして長女・方子《まさこ》が李王家に嫁いだことで、梨本宮家の活動範囲は朝鮮半島、中国大陸へと、戦前日本の拡大と軌を一にして広がっていく。

戦中期の記述は緊迫感に満ちている。戦況が悪化するにつれ、配給をめぐる騒動や貴金属の供出が宮家にも及んでくるようになる。伊都子は、模範たるべく供出や奉仕活動に応じている。東京大空襲では罹災を免れた梨本宮邸も、二ヵ月後には灰燼《かいじん》に帰し河口湖の別邸に移ったところで敗戦を迎えた。

夫・守正は参内したが、伊都子はラジオで玉音放送を聞いた。「筆にはつくしがたきくやしさ」を記しながらも、「本土に一ト足もふみこまぬ内は、まづ日本は永久にうしなふ事はない」とドイツのようにならなかったことへの安堵感をにじませている。

これに比して、戦後、夫・守正の戦犯指名、釈放、財産税課税による資産整理、臣籍降下とあわただしく身辺が変化していった後の日記は、引退した傍観者の目線で記されている。降下によって、それまで背負ってきた藩屏としての重責から解かれたのか、それとも縁を失った寂寥《せきりよう》感なのか。戦後の日記抄録は少なく、その本意をうかがい知ることはできない。

数少ない女性の一次史料

「梨本宮伊都子日記」は、学術書では小田部による華族女性の研究やタキエ・スギヤマ・リブラ氏の華族社会学の研究などに用いられ、一般書でも浅見雅男の著書などで取り上げられるなど比較的よく知られた史料となっている。

近年、女性史研究が盛んになってきたこともあり、皇族女性、華族女性の研究も隆盛にあるように思われる。しかし、それらの多くは公刊された各種の回顧録によるものであり、当事者による取捨選択のフィルターを超えることに苦心している。皇族はもちろん、華族に対象を広げても、現在、手に取ることができる一次史料は『穂積歌子日記』（穂積重行編、みすず書房、一九八九年）くらいであろう。この日記は一九〇八年（明治四一）から三二年までが未収録であるが、二〇〇九年から解読作業が再開されている。

そうしたなかで、本史料は、伊都子の日記だけでなく、梨本宮家の公式記録である「永代日記」などの周辺資料とともに遺されていることにより、宮家の〝表〟と〝奥〟を立体的に理解できる材料として、より大きな意義を持っている。本日記の公開に前後して、守正と伊都子の娘・方子、その義妹で方子とともに暮らしていた李徳恵《イドクヘ》、守正の実弟であり戦後すぐ首相を務めた東久邇稔彦が死んだのは、ひとつの時代とその記憶が記録になろうとしていることを示しているように思えてならない。抄録として世に出た本史料が、より広いかたちで公開されることを期待したい。

（清水）

寺崎英成『昭和天皇独白録』

【史料期間】一九二八年（昭和三）～四五年、「大東亜戦争の遠因」から敗戦まで
【史料状況】御用掛だった寺崎英成が昭和天皇から聞き取り記した原史料は遺族が所蔵。雑誌『文藝春秋』（一九九〇年一二月号）に全文掲載、寺崎英成、マリコ・テラサキ・ミラー編著『昭和天皇独白録』（文藝春秋、一九九一年）として公刊

てらさき・ひでなり
1900～51　外交官．神奈川県生．1921年（大正10）東京帝国大学法学部大学院中退．外務省入省．ワシントンに在勤中、グエンドレン・ハロルドと結婚．上海，ハバナなど在外勤務を経て，再度ワシントン，一等書記兼ニューヨーク領事に．太平洋戦争直前は野村吉三郎大使を補佐し，米と交渉．開戦後，交換船で42年（昭和17）8月妻と娘マリコと帰国，政務局第7課長に．敗戦後，終戦連絡中央事務局，46年2月宮内省御用掛に任命され，通訳兼アドバイザーに。天皇とマッカーサーの会談に，数回通訳として同席した

一九四六年、五回の聞き書き

本書は昭和戦前史の第一級の史料、昭和天皇の聞き書き記録である。聞き書きは一九四六年（昭和二一）三月に三回、御文庫において、四月に二回、葉山御用邸において、計五回、松平慶民宮内大臣、松平康昌宗秩寮《そうちつりょう》総裁、木下道雄侍従次長、稲田周一内記部長、寺崎英成御用掛の五人が行った。記録は稲田が作成し、不明瞭な点については後日、木下が確認し

添削を加えている。「第一巻」「第二巻」の二分冊形式で、「寺崎用箋」の記載がある特注の便箋一七〇枚に、ほぼ鉛筆で（一部筆で）記録されている。筆致は、聞き書き記録の持つ臨場感もあって、読みやすい。

本記録は寺崎の文書の一つとして、寺崎の一人娘マリコ・テラサキ・ミラーが保管していた。一九八九年のクリスマス、寺崎に強い関心を抱くようになっていたマリコの息子コールがこの記録を発掘した。日本語を解さない二人は、ゴードン・バーガー南カリフォルニア大学教授に解読を託した。日本の専門家に照会後、バーガー教授は翌年四月に返信する。その内容から「貴重な資料で日本人の共通の〝遺産〟として公開されて然るべきと考え」た二人は、エージェントを介して、『文藝春秋』（一九九〇年一二月号）に全文を発表した。

昭和天皇の肉声を記録した本史料の公開は、大きな反響を呼び、昭和史に対する関心が高まった。主要な争点は、要するに「昭和天皇は『平和主義』の『立憲君主』だったのか」にあった。昭和天皇の率直な語り口は、読み手に多様な解釈を許容した。

もう一つ関心を引いたのは、史料的な価値の評価に関連して、記録の意図とタイミングの問題だった。極東国際軍事裁判（東京裁判）の開廷（一九四六年五月）が近づくなかで作成された記録の意図は何か。この独白録は、天皇の戦犯問題に備えて、戦争責任の追及を免れるための弁明書である、と指摘された。ところがその内容は、昭和天皇が自らの戦争責任を認めるに等しい、具体的で詳細な記述に満ちている。独白録は読む者を戸惑わせた。真相は、聞き手の五人の政治的意図を超えて、聞き書きを始めると、かねてより真情を打ち明けたかった昭和天皇が率直に語ったということだろう。そうであればこそ、事後的な回想ではあっても、独白録は昭和戦前史の第一級史料なのである。

二つの「自画像」

独白録が描く昭和天皇の自画像は二つの特徴を持っている。

第一は対英米協調主義者としての昭和天皇である。たとえば天皇は、宣戦の詔書の裁可に当たって、東条英機首相に「英国と袂《たもと》を別つのは、実に断腸の思があると話した」と語っている。あるいは日本の国際連盟脱退回避を目的とするイギリスの外交努力の一つであるリットン報告書を「そのまゝ鵜《う》呑《の》みにして終《しま》ふ積り」だったという。天皇が日中全面戦争の回避を考えたのも「天津北京で起ると必ず英米の干渉が非道《ひど》くなり彼我《ひが》衝突の虞《おそれ》があると思つたから」だった。

対米開戦回避の努力を強調するのは、弁明のためというよりも、信念からだろう。それほど重要だった対米関係を決定的に悪化させたのは、日独伊三国同盟だった。この点に関して独白録は、新事実を明らかにしている。「之はこの場限りにし度《た》いが、三国同盟に付《つい》て私は秩父宮と喧嘩をして終つた。秩父宮はあの頃〔中略〕同盟の締結を勧めた。終には私はこの問題に付ては、直接宮には答へぬと云つて突放《ママ》ねて仕舞つた」。ここでも対米協調の裏返しとして、対枢軸国接近に反対する昭和天皇の基本的な立場を確認することができる。

第二は主観的な役割認識としての「立憲君主」昭和天皇である。独白録は、昭和天皇が「立憲君主」として考え、行動したことを整合的に説明することに意を用いている。この観点から、張作霖爆殺事件をめぐる田中義一首相の引責辞任を求めたことを「立憲君主」の立場から逸脱する「若気の至り」の言動だったと認めている。

ところが昭和天皇は再度、同様の行動に出る。一九三六年の二・二六事件のときである。「私は田中内閣の苦い経験があるので、事をなすには必ず輔弼《ほひつ》の者の進言に俟《ま》ち又その進言に逆はぬ事にした」にもかかわらず、「当時岡田〔啓介・首相〕の所在が不明」なためもあり、「厳命を下した」。二・二六事件の鎮圧は、「立憲君主」の昭和天皇にとって、例外的な対応をとらなくてはならない危機的な状況におけるやむを得ない判断だった。

危機的な状況における意思決定の機会はもう一度、訪れる。終戦決定である。独白録は、この「二回丈《だ》けは積極的に自分の考を実行させた」と記述している。ただし終戦決定を主導したと解釈されないように、慎重な表現を選択している。なぜポツダム宣言を受諾したのか。「国民の間には講和の空気が濃厚となつて来た」からだった。

以上の三つの決断が可能だったのだから、対米開戦も回避の決断ができたはずだ。独白録は、このような予想される批判にあらかじめ備えている。天皇は反問する。「若《も》し開戦の閣議決定に対し私が『ベトー』〔拒否〕を行つたとしたらば、一体どうなつたであらうか」。クーデターが起き、「国内は必ず大内乱となり〔中略〕日本は亡びる事になつ〔た〕であらう」。そうだとすれば、開戦決定を「私が裁可したのは立憲政治下に於《おけ》る立憲君主として已《や》むを得ぬ事」だった。こうしてすべての意思決定は、「立憲君主」としての役割認識から正当化される。

「専制君主」の姿

ところが独白録には、天皇が「専制君主」として行動したことを示唆する記述がある。それは対米開戦後から敗戦にいたるまでの時期を対象とする、第二巻の特徴となっている。ここでの天皇は、あたかも「大元帥」のようである。天皇は高度な軍事情報をもとに兵力と作戦を分析し、戦争指導に関与している。欧州情勢を的確に判断しながら、アジア太平洋地域における作戦行動を指示する。これは「大元帥」の姿である。

第一、二巻をとおして、独白録は人事問題をめぐる天皇の具体的な指示や詳細な人物批評に満ちている。ここではふたりの人物に対する評価を例示する。

ひとりは松岡洋右である。「一体松岡のやる事は不可解の事が多い〻〔ママ〕が彼の性格を呑み込めば了解がつく。彼は他人の立てた計画には常に反対する、又条約などは破棄しても別段苦にしない、特別な性格を持つてゐる」。酷評と言ってよい。権謀術数を弄する松岡を嫌う天皇にとって、外交は対英米協調路線でなくてはならなかった。

もうひとりは東条英機である。「私は東条に同情してゐる」。なぜか。東条が天皇の意思に忠実だったから、である。天皇は東条を擁護している。

なぜ天皇は主観的には「立憲君主」として行動しようとしながらも、客観的には「専制君主」のように行動したのか。「立憲君主」から「専制君主」への転換過程は、帝国憲法体制の解体過程と関連していた。天皇大権を定めながら、天皇親政を否定する権力分立システムである帝国憲法の下で、天皇が「立憲君主」でいるためには、政党政治がこのシステムを動かさなくてはならなかった。しかし政党政治は自壊した。帝国憲法体制の解体が進むなかで、日本の国家意思の決定は事実上、天皇に委ねられていく。終戦決定が「聖断」によってなされたことは、帝国憲法体制の解体を決定づけたのである。

本史料を読む際の留意点を記す。独白録が第一級の史料であるものの、史料批判は欠かせない。たとえば敗戦時の録音盤奪取事件の件は、明らかな誤解、あるいは思い違いである。なぜそのような誤解、思い違いが生じたのかも含めて、史料批判を行うべきだろう。何しろ天皇は、メモも持たずベッドに横になりながら、聞き書きに応じているのである。また昭和天皇の肉声を伝える史料ではあっても、これまでの昭和史理解を根底から覆すような、まったく新しい事実の提示を期待するべきではない。独白録をもって昭和史の隠された「真相」が初めて明らかになるわけではないからである。それでも独白録は、昭和天皇の思想と行動を直接、知ることができる史料として読み継がれていくだろう。

（井上）

河井弥八『昭和初期の天皇と宮中』『徳川義寛終戦日記』木下道雄『側近日誌』

河井弥八『昭和初期の天皇と宮中』

【史料期間】河井は青年時代から生涯日記をつけていたというが、正確な期間は不明

【史料状況】河井家の史料は掛川市に寄贈されたが、二〇一一年現在目録の作成中で、寄贈史料中に日記が含まれているかは不明。史料整理が完了していないため閲覧も不可能。一九二六〜三二年の日記が、高橋紘ほか編『昭和初期の天皇と宮中　侍従次長河井弥八日記』全六巻（岩波書店、一九九三〜九四年）として公刊

『徳川義寛終戦日記』

【史料期間】本人が確実に日記の存在を言明しているのは、一九四四（昭和一九）〜五二年。以後の日記も存在するらしいが詳細は不明

【史料状況】原史料は遺族が保管していると思われる。一九四四〜四六年の日記を本人が校訂し活字化したものを私家版として少数を発行。これを底本に御厨貴・岩井克己監修『徳川義寛終戦日記』（朝日新聞社、一九九九年）として公刊

木下道雄『側近日誌』

【史料期間】学生時代から日記をつける習慣があったというが、正確な期間は不明

【史料状況】原史料は遺族が保管していると思われる。侍従次長時代の一九四五〜四六年の日記が、『側近日誌』（文藝春秋、一九九〇年）として公刊

側近勢力活性化の描写

侍従長とは、宮中側近として天皇に常侍《じょうじ》奉仕し、首相や大臣などからの上奏書を天皇に奉呈したり、重臣らの伺候《しこう》にも侍立する官職である。侍従次長の補佐を受け、天皇の側近くで所用を務める侍従を統轄した。元老にかわり宮中側近勢力が政治的に台頭し始めると、内大臣や宮内大臣らとともに、その主要構成員として注目を集めることになった。本項で紹介するのは、この物理的に天皇に最も近い存在である、侍従たちの残した史料である。

まず時期的に他史料とずれる、「河井弥八日記」から言及したい。「河井は青年時代から生涯、日記をつけていた」（一巻）というが、今回はその総数を確認できなかった。河井家の史料は掛川市に寄贈されたが、現在目録の作成中であり、寄贈史料中に日記が含まれるかも判然としない。河井家の史料は四万件を超える膨大なものであり、現在は閲覧不可能な状態であるが、利用体制が整備されれば有用な史料となることは間違いない。しかし右の状況から、現在利用可能な日記は『昭和初期の天皇と宮中　侍従次長河井弥八日記』全六巻として、公刊された部分のみである。時期としては内大臣秘書官長、侍従次長時代に相当する一九二六年（大正一五）から三二年分となる。難解な語句には注釈が付き、各巻ごとに解説が付され、付録として掲載された河井家や宮中についての関連資料も充実している。

日記は「内閣《〔マ》書記官長《マ〕》時代までのものは、空白がみられる」（同前）が、宮中入り以降は

かわい・やはち
1877〜1960　宮内官・政治家．静岡県生．1904年（明治37）東京帝国大学法科大学政治学科卒業後，文部省入省．07年貴族院書記官．19年貴族院書記官長．26年（昭和元）一木喜徳郎の推薦で内大臣秘書官長就任．27年侍従次長兼皇后宮大夫．32〜36年帝室会計審査局長官．38年貴族院勅選議員．45年一木喜徳郎の後任として，大日本報徳社社長就任．47年参議院議員当選，緑風会結成に尽力．53年参議院議長．56年参院選落選，政治家を引退

ほぼ毎日つけられ、箇条書き的ではあるが記述量は多い。「『博文館』の当用日記に縦書きで、漢字、片仮名（本文は平仮名に改めた）混じり、欄外までぎっしり書き込まれた日が多く、書体はやや右上がりのクセのある字で、決して読み易くはない」（同前）そうである。

河井の日記は昭和初期の天皇およびその周辺の人物の動きについて、概略と時間についての克明な記録を提供する貴重な史料である。なぜなら若い天皇を得て、元老にかわり側近勢力が活性化し始める時期に該当するからである。

日記の公刊範囲は、河井が帝室会計審査局長官に転任して宮中を去った一九三二年で終わる。ロンドン軍縮問題あたりから顕在化した、宮中側近勢力に対する攻撃を反映しての不本意な人事だった。それは宮中側近勢力の「幸運な時代」の終焉を象徴するような顚末《てんまつ》である。以後は急速に台頭する軍部に圧倒され、一定の影響力を保持し続けるものの、宮中側近勢力の活動にも限界が課せられていく。しかし戦局が絶望的となった太平洋戦争末期、彼らは終戦に向けて決定的に重要な役割を果たす。

唯一の例外――「録音盤奪取事件」

次に紹介する徳川義寛の日記は、終戦前後における宮中側近勢力の動静を確認する上で、中核となりうる史料である。徳川義寛は昭和天皇に五二年間側近として仕えたことで有名だが、当時は在職一〇年に満たない一介の侍従であった。その徳川が日記の存在を明言している時期は、一九四四～五二年の間である。以後も存在するような口調であるが、詳細はわからない。この日記に本人が校訂を施し活字化したものが、「日記――武は文にゆずる」「日記続」という私家版の印刷物である。これを底本として『徳川義寛終戦日記』が公刊された。時期としては、一九四四～四六年が中心となる。

『終戦日記』は原史料ではないため、情報の選別を前提としなければならない。徳川は私家版の作成目的について、『昭和天皇実録』編集のために戦中戦後の天皇の行動の記録を抜粋したと語っている。徳川の日記自体が「侍従日録」をつけるための備忘録的なものであったことから、『終戦日記』における昭和天皇の動静はきわめて簡潔かつ明確に記述されている。天皇の私的な発言などはほとんど確認できないが、公務に属する拝謁や上奏は開始時間だけではなく、終了時間まで記録されている。分単位で天皇の行動を記録する、「侍従日録」の作成を課せられた侍従の日記ならではの特徴である。

とくがわ・よしひろ
1906〜96　昭和期の宮内官．東京生．尾張徳川家の分家筋に当たる．1930年（昭和５）東京帝国大学文学部美学科卒業，同大学院，欧州留学を経て35年に帰国．翌年帝室博物館研究員を経て昭和天皇の侍従に，以後52年間側近として仕える．37年兼式部官．45年兼宮内事務官・大膳寮庶務課長兼主膳課長，侍従職．46年兼式部官．47年男爵襲爵．69年侍従次長．85年侍従長．88年免官，同年侍従職参与

ただし「解説」で注意されているように、本書に「秘話や人物月旦《げったん》などを期待」してはいけない。徳川自身の私的活動の記録を除外すれば、ほとんど個人的感想や印象は記録されておらず、人名と時間の無味乾燥な羅列に過ぎない。しかし毎日几帳面に記述された内容を骨組みとし、他史料により肉付けされれば、敗戦前後における宮中勢力の動静を確認できる重要な記録に早変わりするのである。

例えば一九四五年二月初頭からの重臣奏上は、徳川の記録では「拝謁奏上」などとしか記されていないが、藤田尚徳『侍従長の回想』（講談社、一九六〇年）から内容を補足されている。また八月九日の御前会議についても、徳川の記録から参加者や時間を確認することは可能だが、内容を確認することはできない。だが「聖断」の要旨は、『木戸日記』から脚注として付されている。また徳川はこの御前会議について「議決の記録今は無しとふ《〔ママ〕》」（一九四五年八月九日条）というが、藤田侍従長の回想録の引用文や、迫水久常「終戦の真相」により概要を把握することができる。こうした手間の掛かる作業は監修者によりすでに可能な限り補足されており、読者はその成果をただ享受するだけでよいのである。その意味で本書は良き監修者に恵まれた「幸運」な史料ということができる。

右のように『終戦日記』は、「たえざる変化変動に対して、可能な限り何ごともなかったかのように対応すること」という天皇側近の精神によって、限りなく素っ気ない記述で貫かれている。だがそのほどんど唯一の例外が、八月一四日から一五日にかけて遭遇した、いわゆる「録音盤奪取事件」に関する記述である。その筆致は普段とはまったく異なり、臨場感溢《あふ》れる完全な読み物としての文章が成立している。また末尾には「八・一五の思出にこの古句をしるしておく」として、「武は文に譲る」という、私家版にも採用する言葉を残している。翌日から再び通常の形式に戻るのが徳川らしいのだが、やはり特筆すべき経験だと感じたのだろう。

詳細な天皇との応答

最後に紹介するのが、敗戦後の一九四五年一〇月から翌年五月まで侍従次長に就任した、木下道雄の日記である。木下は大正末期から昭和初期にかけて侍従を務めており、久しぶりの宮中入りとなった。「木下道雄には学生時代から日記をつける習慣があった。その多くは現在も遺族が保存している」（はじめに）というが、具体的な日記の範囲や冊数は不明であ

きのした・みちお
1887〜1974　大正・昭和期の宮内官．東京生．1912年（明治45）東京帝国大学法科大学卒業後，内務省に入省．地方官を経て17年（大正6）内閣書記官．24年東宮侍従に就任，昭和天皇即位後は侍従として仕える．29年（昭和4）宮内大臣官房秘書課長，31年宮内大臣官房総務課長．33年内匠頭．36年帝室会計審査局長官．1945〜46年まで侍従次長兼皇后宮大夫．46年宮内省御用掛．51年皇居外苑保存協会理事長

る。しかしノート二冊に横書きで几帳面に記された侍従次長時代の日記には、木下自身によって特別に「側近日誌」と名付けられている。これに関係資料を収めて公刊されたのが『側近日誌』である。

一日の記述量はかなり多いが、文体は読みやすい部類に入るだろう。特に天皇との応答は双方の発言内容を詳細に記述している。また他人の発言や本人の考えも細かく記録されており、該当期の『終戦日記』も多くは木下の日記から補完されている。時間も細かく記録され、時系列に沿って記述されている。また「一」「二」の下に（a）（b）や（イ）（ロ）がくるといったように、整然とした記述からは日記に慣れている様子がうかがわれる。

本書は脚注が付され読みやすさにも配慮されているが、一番の特色は高橋紘による「解説」だろう。全体の四割弱に及ぶ「解説」は「宮中改革」「皇子たちの教育問題」「日本一の〝財閥〟の解体」などの広範囲に及ぶテーマを、諸史料や諸研究に加えて独自の取材まで行い、『側近日誌』の背景に至るまで詳細に解説している。

これら宮中側近の記録を読んで面白いのは、侍従たちが自分と天皇との距離の近さを競うような一面を見せる所だ。特に回顧録の類ではその傾向が顕著であり、例えば徳川の『侍従長の遺言』に、木下の皇居移転構想を批判する部分がある。だが侍従次長の木下に対し徳川はただの侍従であり、入手情報や責務の違いを考慮する必要があるだろう。また木下は宮中が短いから駄目だというが、以前の侍従の経歴を合算すれば空白期はあるものの、当時の徳川に比べて短いものでもない。一方で木下も『新編宮中見聞録』では、「私の眼に映じた陛下のお姿、耳に響いたお声のうちで、私と一緒に消え失せてはならぬと思う事柄だけは、ここに、書きのこしておきたいと思う」と述べ、天皇との特別な関係を執筆動機としている。

そう考えると『終戦日記』に多く見られる植物の記述も、単なる業務を超えたものに見えてくる。戦局の悪化による防空壕の設置のため、天皇が皇居に造成中だった野草園の植物の移植を、侍従が担当することになった。その徳川は『侍従長の遺言』によると、天皇とは主に植物とか動物のことを話していたらしい。『終戦日記』に細かく記載された植物は、徳川と天皇の特別なつながりでもあったのではないか。「無私」であることが求められた天皇に、「無私」の精神で奉仕した侍従たちが天皇との距離の近さを自慢しあう姿に、微笑ましさと同時に史料批判の難しさを感じるのである。

（近藤）

公文書

Column of Historical Materials

本書が取り上げている日記は、個人が著し所蔵してきた私文書の最たるものだろう。毎日の記録のあいだからは政治家たちの素顔が浮かび上がってくるようで、面白さは尽きない。これに対して、政府機関で作成され保存されてきた公文書には法律用語が並び、無味乾燥に見える。日記が思索の記録だとすれば、公文書は仕事の記録である。個が想いを込めた日記とは違い、仕事に関わった多くの人々の想いが公文書には詰まっている。それだけに、公文書には公文書の面白さがある。

公文書にはいくつかの読み方がある。まず少し離れて読んでみる。歴史的な公文書の多くは国立公文書館に収められている。その中でもとりわけ浩瀚《こうかん》な「公文録《こうぶんろく》」「公文類聚《くもんるいしゅう》」の目次を眺めてみるのがいいだろう。「公文録」「公文類聚」は内閣で扱った書類をまとめたものである。政府の中枢で何が議論されていたのかを俯瞰《ふかん》して見ることができる。

次に、焦点を絞ってある時期の動きを見てみる。国立公文書館が提供する目録データベース（http://www.digital.archives.go.jp/）の詳細検索を用いると、ある時期に作成された各省の資料を並べて見ることができる。例えば内閣制度が導入された一八八五年（明治一八）

一二月から翌年一月を見てみると、行政の頂点で行われた制度改正が順次、各省の改正に及んでいっていることがわかる。その緻密さ、複雑さにも瞠目《どうもく》するだろう。「公文類聚」はすべてがインターネット上で閲覧できるようになっているから、これだけでも当時の状況をかなりの程度理解することができる。

さらに絞り込んで、ある政策が形成される過程を見る。例えば戦前の陪審員裁判を定めた「陪審法」を目録データベースで検索すると、一九二三年に法律を制定した際の「公文類聚」が出てくる。文書は時系列を遡《さかのぼ》って保存されており、内閣から枢密院、枢密院から内閣、内閣から衆議院、衆議院から貴族院という制定にいたる審議過程を知ることができる。

司法省の文書からは原案の作成過程や作成時の資料、枢密院の資料からは議事や参考とされた資料を知ることができる。法令であれば関係事項の統計や、法令の説明解釈が納められていることもしばしばである。こうした各種資料は、私たちが当時の問題意識や議論内容を理解する大きな助けとなると同時に、仮説を立てる出発点にもなる。

絞った焦点を少し時代の軸で延ばしてみることも面白い。上述した「陪審法」の調査範囲を戦前すべてに広げてみよう。すると、施行の期日が延期されたこと、資格をめぐる議論があったこと、樺太で施行されたこと、同法に関する請願が多くなされたこと、一九四三年には廃止になったこと、それらの詳細な内容を理解することができる。より全体的に見ることで、研究は深みを持つだろう。

こうして見てくると、公文書から広がる世界があることがわかるだろう。「公文書は研究の役には立たない」「公文書館には大した史料はない」という人もあるが、それは過去のことである。ここ数年、公文書の状況は大きく変化してきた。二〇〇二年から徐々にではあるが歴史研究を専門とする人材採用がはじめられて以降、国立公文書館は情報公開法の施行とリンクする形で、各省に事実上死蔵されていた歴史的文書の移管を受けてきた。加えて、早くから目録データベースを整備し、インターネットでの利用に積極的に取り組んできている。

まずは関心のあるワードで同館のデジタルアーカイブを検索してみることである。その史料の膨大さと情報の豊かさに再び目を瞠《みは》ることは間違いない。そして現地に足を運んで、公文書から広がる政治史、経済史、政策史研究の世界を体感してほしい。

近年、戦後の史料も大量に所蔵されるようになってきた。次官会議資料などはすでに多くの研究者が利用をはじめている。公文書管理法の制定、施行にともない、文書の移管はよりシステム化して進むこととなっている。

公文書などを保存し閲覧に供している機関は国立公文書館だけではない。他にも外交文書を有する外務省外交史料館、旧陸海軍関係の史資料を整理保存する防衛省防衛研究所資料閲覧室、宮内庁書陵部図書課宮内公文書館のほか、自治体で公文書館を運営しているところもある。米国国立公文書館（NARA）をはじめ、国外の機関も充実し、外交史、国際関係史の分野では、複数国の公文書を用いるマルチアーカイバルアプローチが盛んである。もっとも、公文書だけで何かがわかるわけではない。しかし、それは私文書でも同じである。固い公文書を柔らかい私文書で解きほぐしながら読む愉しみは格別のものがある。（清水）

Column of Historical Materials

憲政資料室

千代田区永田町にある国会議事堂のすぐ側。国立国会図書館の四階に憲政資料室はある。ここには日本近現代史にまつわる様々な文書が保管・公開されている。いや、この部屋の史料を抜きにして日本の近現代史は語れないといっても過言ではないだろう。研究者の間では「憲政」の愛称で親しまれるこの資料室はどのような場所なのだろうか。

憲政の発足のきっかけは一九四八年（昭和二三）の「日本国会史編纂所設置ニ関スル請願」にさかのぼる。衆議院で進められていた憲政史編纂会と貴族院で進められていた貴族院五十年史編纂掛の仕事を受け継いで日本国会史を編纂することが建議されたのである。これに基づいて翌四九年に国会議事堂内に国会分館図書課として後の憲政資料室が開室される。もっとも、当初は期間限定の臨時資料収集機関として位置付けられていたようであった。しかし、一九四九年九月一日の国会分館事務分掌内規の改正によって資料の調査研究・受入・保管などが規定され、現在の憲政の原型ができあがった。

余談ながら、憲政資料室の名称は当初は正式のものではなく、資料収集の作業グループが自称したのを、周囲もそのように呼称したことに始まる。また、名称の発案者の大久保利謙は「憲政史料室」としたかったようだが、当時の内田明国会図書館国会分館長が、文書以外の資料もあるだろうからということで「憲政資料室」となったということだ。

憲政は発足時、大久保利謙、伊藤明子の嘱託二名だけであった。だが、その果たした役割は非常に大きい。個人所有の私文書が反古《ほご》として処分される恐れのあった時代に、岩倉具視や伊東巳代治、伊藤博文といった政治家の文書を受け入れ、その散逸を防いだからである。一九五〇～五二年の三年度にかけて憲政が購入した文書は首相クラスの人物の関係文書だけでも、伊藤博文、岩倉具視、山県有朋、三条実美、桂太郎、西園寺公望、山本権兵衛などそうそうたる人物が挙げられる。購入文書は三年間で合計三〇家四万七〇〇〇点にのぼり、その他にもマイクロフィルム複写で収集した資料も数多くあった。憲政の収蔵資料の骨組みがこの段階でできあがったといってもよいだろう。

この作業が円滑にいった背景には国会図書館の公的性格に加え、憲政史編纂会以来の史料編纂経験者であり、元勲大久保利通の孫かつ、自身も侯爵位を有した大久保利謙氏の存在があったことは言うまでもない。

憲政に集められた資料は同時に日本近現代史を研究する上で重要なコレクションとなった。なぜなら、政権中枢の人物たちの手もとに残された文書には、公文書もしくはそれに準ずる、為政者の政治的決定を跡づける文書が数多く含まれていたからである。戦後日本の公文書公開制度は立ち後れ、国立公文書館の設立も戦後四半世紀経った一九七一年であった。そうした中で憲政は政策決定に関与した政治家からの文書を積極的に収集・保存・公開してきた。

この憲政の果たした役割を強調してもしすぎることはないだろう。そして、この私文書先行というあり方は長らく日本の文書公開の特徴であった。

憲政は、一九八六年の現代政治史資料室との合併を機に、旧幣原平和文庫およびGHQ／SCAP文書の収集事業を引き継ぐ。また、二〇〇二年には特別資料室の閉室にともない、日系移民関係資料が移管され、同資料の保存・公開も行っている。また、伊藤隆（東京大学名誉教授）が近代日本史料研究会のプロジェクトで収集した現代政治家の史料を引き受け、その文書の公開も進めている。憲政の対象とするフィールドは現代日本、国外へと広がってきているようだ。図書館内の史料機関という憲政の両義性がそこに見え隠れしているのが筆者の気のせいにしても。

その憲政も二〇〇九年に開室六〇周年を迎えた。人でいえば還暦である。今後の憲政が新しく歩んでいく道の先には何が待っているであろうか。その前途は限りなく広がっている。

（今津）

第5章

戦後政治と天皇——覆される歴史

Ⅰ　象徴天皇の思い

Ⅱ　首相たちの理想と現実

徳富蘇峰　終戦後日記

【史料期間】一九四五年（昭和二〇）八月～四七年七月
【史料状況】原史料は孫の徳富敬太郎氏が所有。日記の全期間が『徳富蘇峰　終戦後日記―「頑蘇夢物語」』全四巻（講談社、二〇〇六、〇七年）として公刊

とくとみ・そほう
1863～1957　明治中期から昭和前期の言論人・評論家・歴史家．本名は猪一郎，蘇峰は号．熊本県生．1886年（明治19）『将来之日本』を発表，全国デビュー．平民主義を唱える．当初『国民新聞』などで藩閥政治を批判．だが日清戦争以後，松方正義・桂太郎らとの繫がりを深め，「変節」を批判される．大正期以降は政界を離れ，言論活動と修史事業に尽力．1929年（昭和４）国民新聞社を退社，大阪毎日新聞社・東京日日新聞社の社賓に．満州事変以後は戦時下の世論を主導，戦後Ａ級戦犯容疑者に指名され自宅拘禁，47年解除

一〇〇年以上の保存に堪えるよう

徳富蘇峰は、明治中期から昭和前期にかけての言論界の巨人である。七一年に及ぶ活動期間の長さ、三〇〇冊を超える著作数と読者の多さ、操觚《そうこ》界（メディア）・政界から文壇に至るまでの活動の幅広さなど、どれをとっても他の追随を許さない。

しかしその評価は概して芳しいものではない。とくに一九三一年（昭和六）の満州事変以

後は一貫して戦意昂揚《こうよう》を旨とした著作・講演を繰り返し発表したことにより、進歩的知識人たちからは、時流に便乗した「曲学阿世の徒」（清沢洌）と、厳しく指弾されることとなった。また「大東亜戦争のイデオローグ」として、その戦争責任を厳しく問うGHQからA級戦犯容疑者の指名を受け、収監は免れたものの蟄居《ちっきょ》生活を余儀なくされた。この日記には、そうした沈黙を強いられた巨人ジャーナリストの静かなる声が綴られている。

敗戦の三日後から始まる本日記は、通常の意味での日記（日々の言行記録）とは異なり、彼自身の言によれば、「ただ予が現在の心境に徂来《そらい》する事を、そのまま書き綴」（一九四五年八月一八日条）ったもので、日本の敗戦の原因究明、占領下の日本社会の現況への批評、急変する戦後の国際情勢に対する評論、さらには自らの生涯の回想などを含んでいる。蘇峰は、これらを、秘書の中島司に口述筆記させ、和書に墨書清書せしめて、一〇〇年以上の保存に堪《た》えうるよう配慮を行ったという（徳富敬太郎の「刊行にあたって」『徳富蘇峰　終戦後日記』）。

四〇五回の口述

一九四五年八月一八日から四七年七月二日まで約二年間にわたって続けられた口述は四〇五回に及び、一四冊に分冊されている。このうち第六〇回（一九四五年一〇月三一日条）までは富士山麓山中湖畔の双宜荘《そうぎそう》で、以後は熱海の自宅・晩青草堂《ばんせいそうどう》で行われている。熱海移住

（同年一一月五日）後の数ヵ月間は、三叉神経痛《さんさ》の悪化、戦犯容疑者の指名と自宅拘禁、貴族院議員及び勲章位記の返上など、蘇峰にとって精神的・肉体的に最も苦境の時代であった。この間、一日に二回行っていた口述が一回となり、たびたび中断を余儀なくされているが、これは、彼が東京裁判への出廷を覚悟して、「蘇翁自述」「法廷に立つ気持」「国史より観たる皇室」の口授《こうじゅ》を併行して行っていたためで、著作活動に懸ける意欲が削《そ》がれていたわけではない。第一〇五回（一九四六年四月五日午前条）以後は、病気による中断を除いて途切れなく毎日（ほぼ）午前中に行われ、一回当たりの分量も概ね一五〇〇～三〇〇〇字程度に定量化していく。

あらゆる戦争指導者への批判

この日記の原題「頑蘇《がんそ》夢物語《ゆめものがたり》」は、敗戦後に蘇峰が自ら定めた戒名「百敗院泡沫頑蘇居士」に由来している。そこには百敗して夢敗れながらも、戦争の大義と自身の行為への揺るぎない自負心が表れている。

彼は、今回の戦争が欧米列強の圧力にさらされてやむなく行った自衛戦争であると主張し、戦争原因を日本の軍閥・財閥の陰謀にのみ帰し、連合国のデモクラシーの軍国主義に対する勝利と謳歌する東京裁判や国内世論を厳しく批判した。しかし同時に、彼は敗戦の原因となった陸海軍の腐敗と堕落、近衛文麿・木戸幸一などの政治家・官僚・宮中、さらには昭和天皇の戦争指導のあり方を批判し、日本という国家、日本人を買い被りすぎていた自身の不明を幾度も悔悟している。

この思いは、天皇主権を否定して戦争抛棄《ほうき》を定めた新憲法の制定や、占領軍による民主化改革を安易に受容する日本人の気質に対する幻滅へと繋がる。だが、極端な民主化はストライキや社会運動の頻発を招き、蘇峰はその背後に共産党とソ連の存在を見て危機感を強め、一九四六年後半からは「米国と結んで、米国の力を利用して、日本の恢復《かいふく》を計る」（一九四六年九月一一日午前条）日米同盟を提起するに至る。敗戦論を語る叙述はどこか言い訳じみているが、将来の米ソ対立を見据えたそのリアリズムに徹した国際感覚には感嘆を覚えずにはいられない。

この口述終了（一九四七年七月二日午前条）から二ヵ月後の九月に戦犯容疑を解除され、蘇峰は精力的な言論活動に復帰し、中断していた『近世日本国民史』の執筆も再開された。「頑蘇夢物語」のモチーフは、東京裁判史観の向こうを張った敗戦論『敗戦学校　国史の鍵』（宝雲舎、一九四八年）、アメリカの極東政策の誤りと将来の日米同盟を説いた『勝利者の悲哀』（大日本雄弁会講談社、一九五二年）として刊行された。蘇峰に対する悪評が固まっていた当時にあって、これらの著作はほとんど黙殺の扱いを受けたが、約六〇年後に刊行された本日記は、敗戦と戦後日本の意味を、改めて我々に問いかけている。

（松本）

入江相政日記

【史料期間】一九三五年（昭和一〇）一月～八五年九月二八日
【史料状況】原史料の所在は不明。日記の一部が、朝日新聞社編『入江相政日記』全六巻（朝日新聞社、一九九〇～九一年）として公刊

いりえ・すけまさ
1905～85　昭和期の宮内官．東京生．東宮侍従長を務めた入江為守の3男．1929年（昭和4），東京帝国大学文学部卒業．同年学習院講師．32年同教授．34年侍従に就任．以後，ほぼ半世紀にわたって側近として昭和天皇に仕える．57年初のエッセイ集である『侍従とパイプ』（毎日新聞社）を出版した頃から，精力的に執筆活動を展開．68年侍従次長，69年侍従長に．85年9月29日侍従長退任を5日後に控えて急逝

五分の一程度の活字化

昭和天皇に侍従長として長らく仕えたことで知られる入江相政は、一九三四年（昭和九）に侍従に就任し、翌三五年元旦から亡くなる前日の八五年九月二八日まで一日も欠かさず日記をつけていた。この日記の存在を、一九七八年六月に朝日新聞社の宮内庁担当記者であった岸田英夫が知り、このことが契機となって世に知られるようになったという。

現在、日記の原史料を閲覧することはできない。したがって、その内容を知るには、朝日新聞社から刊行された『入江相政日記』（以下、『入江日記』）を利用するほかないが、その際には注意が必要である。まず、単行本化するにあたって、著作権者の監修を経たうえで朝日新聞社によって記述の大幅な取捨選択が行われた。そのため、入江が残した記述の五分の一程度しか活字化されていない。また、少なくとも日記の出版が決定した一九七八年九月以降の記述は、公開されることを前提に書かれた可能性が高い。読み進める際には、最低限これらの点に注意を払っておきたい。

『入江日記』をいかに読み解くべきであろうか。はじめに断っておかなければならないが、この日記から政治史的な文脈で意味のある情報を得ることはほとんど期待できない。戦前の入江は、昭和天皇に近侍《きんじ》していたと言っても、一介の侍従でしかなく、重要な政治情報に触れることができる立場にはなかった。さらに、戦後は、宮中・皇室自体が政局の外に置かれることになる。そして、何よりも入江自身が政治に対して積極的な関心を持っていなかったため、政治的に重要な情報が日記に書かれることはほとんどなかったのである。

官僚との対立

しかしこの日記の醍醐味は、実に半世紀にもわたって、天皇の公務・宮中行事の変遷や天皇家の人間模様などが綴られ、これらの記述を通じて宮中・皇室の雰囲気を感じ取れる点にこそある。対象とする時代の雰囲気を捉えることは、歴史研究にとって必要不可欠な作業ではあるが、決して簡単なことではない。なかでも宮中・皇室の雰囲気を摑《つか》み取ることは困難であるが、この点で入江の残した日記が資するところは大きいと言えよう。

このような観点から『入江日記』を読んで興味深いのは、戦後、他省庁から宮内庁に転任してきた官僚たちとの感覚のズレである。法秩序を重視する彼らに対して、戦前の宮中・皇室の空気を吸い、自らも平安朝の貴族の血を引いている入江は、不快感を隠そうとしない。日記には「法匪《ほうひ》といふものはくだらぬもの」「俗吏《ぞくり》の心は到底分らない」と、彼らに対する侮蔑《ぶべつ》の言葉が書き綴られている。

特に、戦後、芦田均首相に送り込まれた田島道治《みちじ》宮内庁長官に対して手厳しい。田島は、侍従職・東宮職などの〝奥〟の力が強かった宮中・皇室を改革し、宮内庁長官を中心とする〝表〟に権限を集中させる体制を築こうとし、入江ら侍従職の反発を招く。この〝表〟と〝奥〟の対立は、両者の権限が交錯する宮中行事の場で表面化する。

一九五一年六月一五日、皇太后の葬儀が行われた。その際、入江らは、昭和天皇が関係者を料理や酒で労《ねぎら》うように準備を整えたが、田島はそれを「偏頗《へんぱ》」だとしてやめさせる。そして、長官からという形で宮内庁各部局を労おうとした。田島の措置は、前述したような、長官をトップとする責任体制を明確化する一環だったのは言うまでもない。しかし、田島の意図自体を認めない入江には、「実に訳が分らない」措置でしかなかった。入江は「長官からもらって誰が難有《ありがた》いと思ふものがあるか」と日記で切り捨てる。

「魔女」問題

入江が批判的なのは、戦後に宮中入りした官僚たちにとどまらない。宮中・皇室の慣習を頑なに守ろうとする人々に対しても否定的である。一九六〇年代末頃から、昭和天皇の体力の衰えが目に見えて現れるようになったため、入江らは、天皇の負担軽減のため、宮中行事の簡略化を進めようとする。しかし、その試みは強い反発にあう。その中心となったのが、入江が「魔女」と呼んで憚《はばか》らない今城誼子《いまきよしこ》である。今城は、戦前から皇太后に仕え、皇太后の死去後も宮中に残った古参の女官であるが、宮中祭祀は厳格に実行されるべきだとする考えの持ち主であった。その今城の感化を受けて、香淳《こうじゅん》皇后が宮中行事の簡略化に反対したことから、事態は深刻化することになる。

「入江相政日記」

一九七〇年五月三〇日、皇后は入江を呼び、昭和天皇の儀式への「御親拝」が減っていることに懸念を示した。入江は天皇の健康に配慮して宮中行事を簡略化する必要性を訴えたが、皇后はあくまで祭祀を重視する姿勢を崩さず、最後には「それでは私がやらうか」との発言まで飛び出す。この言葉に入江は強い衝撃を受け、その年の大晦日にも「無茶苦茶とはこの事。かうまで魔女にやられていらつしやるとは」と、日記の「補遺」欄に憤懣《ふんまん》を書き付けている。その後も、「魔女」問題は天皇・皇后の外遊問題と複雑に絡みあいながら紛糾し、翌一九七一年七月に今城が退職に追い込まれるまで、入江の頭痛の種となり続けるのである。

こうした『入江日記』の豊富な内容を活かして、戦後の皇室の様相を生き生きと描いたのが升味準之輔である。升味は、「魔女問題」や、日本国憲法下にあっても昭和天皇への内奏が頻繁に行われ、天皇自身もそれを強く望んでいたことなどを日記の記述を膨大に引用しながら明らかにした。また、佐道明広は、自民党政権が政治に巻き込まれるのを恐れた宮内庁側の抵抗を押し切って、天皇の訪欧・訪米を推し進めたことを論じている。さらに、近年、田島道治や卜部亮吾、富田朝彦らの日記の存在が知られるようになり、それらと入江の日記とを突き合わせることによって、さらなる研究の進展が期待されるところである。

入江の「書く」ということ

さて、入江はエッセイを通じて昭和天皇の日常を公にしたことでも知られるが、日記にも皇室と文学との関係を考えるうえで示唆に富む記述に溢れている。

入江家は藤原俊成・定家の流れを汲む家柄であり、入江自身も東京帝国大学文学部国文科を卒業した後、学習院の講師・教授として国語の教鞭を執っている。また、『岩波講座日本文学』の刊行にも参加し、平安末期の王朝物語である『狭衣物語《さごろも》』について作品論を展開している。

このように文学の香りに満ちた環境の中で育った入江は、宮中入りした後も文学との関わりを持ち続けた。一九四六年四月、入江は図書《ずしょ》寮歌詠課長を兼任するが、選者を民間から登用し、「御題」を平易なものとするなど、歌会始への国民参加の拡大に尽力している様子が日記からうかがえる。

日記の後半では、エッセイの執筆に関する記述が多くなっていく。皇室を題材とするエッセイは元々生活苦のために書き始められたものであったが、子息の入江為年によれば「恐れ多い、勿体《もったい》ない、だけでは国民の方々の天皇陛下への理解は得られない」という思いも込められていたという。

戦後、宮中・皇室にとって国民の中にどのように浸透・定着していくのかが大きな課題となり、様々な努力が積み重ねられたのであるが、入江の文学との関わりもその延長線上にあったと言えよう。この点を念頭に置きながら、入江の日記を読み進めてみるのも面白いかもしれない。

（若月）

富田メモ

【史料期間】一九七五年（昭和五〇）一月〜九七年（平成九）一二月
【史料状況】原史料は遺族が所蔵。閲覧不可。一九七九年二月〜八六年一二月の日記の一部、八七年一月〜八九年二月までの手帳の一部が『日本経済新聞』（二〇〇七年五月一日、二日）で翻刻・掲載

とみた・ともひこ
1920〜2003　宮内庁長官．北海道生．1943年（昭和18）東京帝国大学法学部政治学科卒．同年内務省入省．まもなく出征．戦後，内務省解体後は警察庁に．58年大分県警本部長，59年九州管区警察局公安部長，61年内閣調査官，62年警視庁警察学校長などを経て，71年警備局長．72年警視副総監，73年内閣調査室長，74年宮内庁次長を経て，78年宮内庁長官に就任．88年6月に退任するまで，在位60周年式典や87年秋には高木顕侍医長らと協議し開腹手術を決断するなど，晩年の昭和天皇に仕える．退任後，宮内庁参与．89年（平成元）4月〜94年10月の任期満了まで国家公安委員

「それが私の心だ」

二〇〇六年（平成一八）七月二〇日、『日本経済新聞』第一面に「A級戦犯靖国合祀　昭和天皇が不快感」「参拝中止『それが私の心だ』」の大見出しが躍った。通称「富田メモ」（富田朝彦の日記と手帳）を世に伝える第一報だった。

時は小泉純一郎政権下、二〇〇一年四月に首相に就任して以降、その劇場型政治は〇五年

九月の郵政選挙勝利で頂点に達し、国民からの強い支持は揺らぐことがなかった。だが一方で、頑なまでの小泉の靖国神社参拝は、A級戦犯合祀に反対する中国・韓国からの厳しい批判を受け、国内も支持派と反対派に大きく分かれていた。記事は首相の靖国参拝が八月一五日に行われるという憶測が飛び交うなかでのスクープだった。そのため参拝支持の右派からは「富田メモ」の信用性を疑う議論が巻き起こる。

筆者はスクープ直後に日本経済新聞社に呼ばれ、「富田メモ」についての対談を行うことになった。そこで実物を目の当たりにしたが、その量は膨大であり、精緻《せいち》であり、第一印象から信用がおけるものと思った。九月からは、「富田メモ」を丹念に読み解き検証することを目的とした「富田メモ研究委員会」が組織され、その一員として半年余り精読する機会を得たが、史料として揺るぎないものと確信した。

昭和天皇は一九七五年一一月を最後に、靖国参拝を行っていない。この理由について、昭和天皇の言葉を「富田メモ」は次のように伝えている。

私は　或《あ》る時に、A級〔戦犯〕が合祀され、その上、松岡〔洋右《ようすけ》〕、白取〔鳥〕〔敏夫〕までもが。

筑波〔藤麿《ふじまろ》・靖国神社宮司〕は慎重に対処してくれたと聞いたが　松平〔松平慶民《よしたみ》・終戦直後の宮内大臣〕の子の今の宮司〔松平永芳《ながよし》〕がどう考えたのか　易々《やすやす》と　松平は平和

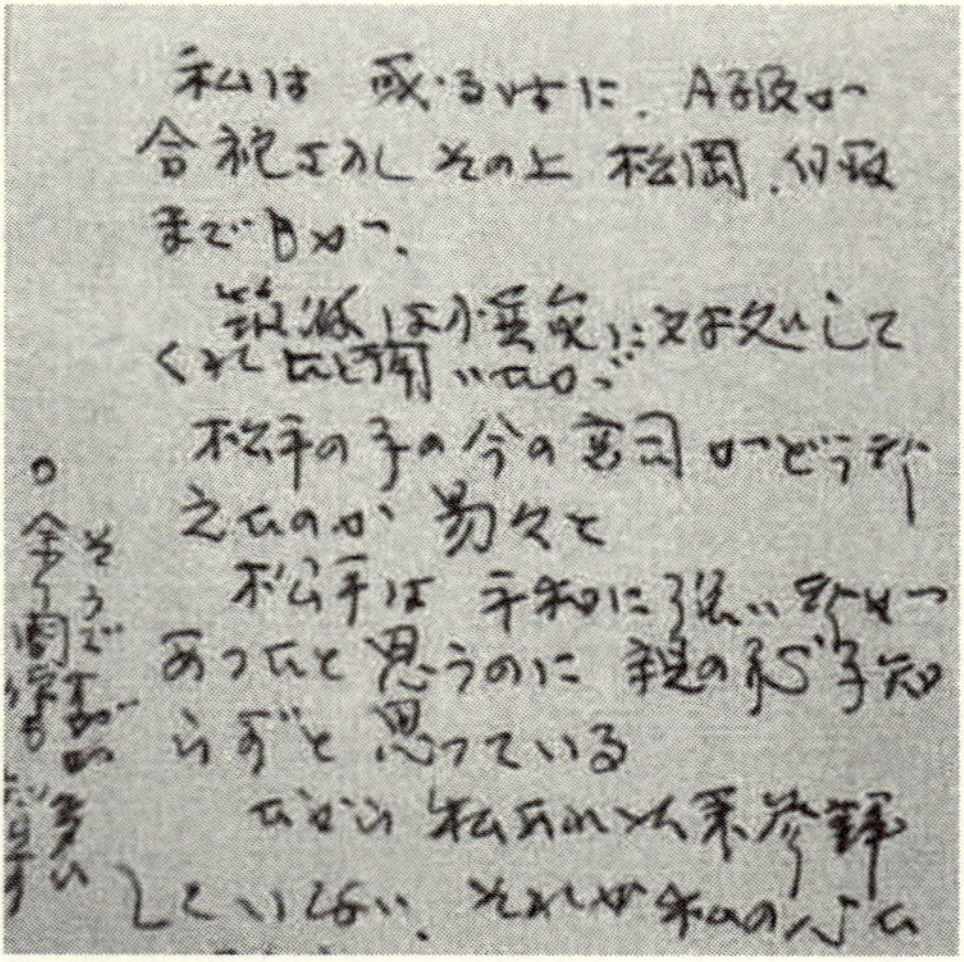
私は 或る時に、A級が
合祀され その上 松岡、白取
までもが、
筑波は慎重に対処して
くれたと聞いたが
松平の子の今の宮司がどう考
えたのか 易々と
松平は 平和に強い考が
あったと思うのに 親の心子知
らずと思っている
だから 私あれ以来参拝
していない、それが私の心だ

1988年４月28日条

に強い考〔え〕があったと思うのに
親の心子知らずと思っている
だから私〔は〕あれ以来参拝してい
ない。それが私の心だ

（一九八八年四月二八日条）

この記述に明らかなように昭和天皇が靖国参拝をやめた理由は、一九七八年のA級戦犯の合祀であることはまず間違いない。昭和天皇の侍従長だった徳川義寛《よしひろ》や侍従だった卜部《うらべ》亮吾《りょうご》の「日記」からも傍証できる。「富田メモ」は、昭和天皇の思いをよりストレートに伝えた史料であった。だが、「富田メモ」の魅力はこれだけにとどまらない。

宮内庁長官としての自問自答

富田朝彦は内務省出身の警察官僚であった。一九七二年に警視副総監に登り詰め、内閣調査室長を経て、七四年から宮内庁次長に転任、七八年に戦後三代目の宮内庁長官に就任した。前任の宇佐美毅《うさみたけし》は昭和天皇と数歳しか違わず、次長三年、長官二五年にわたり仕えた実績を有する。生涯長官とも言うべき人の後を継いだわけである。五〇代半ばでの宮内庁という新しい職場は、富田にとってはつらかったはずだ。しかも青年期、神とも崇《あが》めた昭和天皇に仕えるという意味では重圧だったに違いない。

「富田メモ」に一貫して流れているのは、宮内庁長官として何をすべきかの自問自答である。そこにはつねに自信のなさが感じられる。宮内庁長官の職務に厳密な定義はない。日々「決断」を迫られるなか、自ら模索しながら役回りを構築していかなければならないからだ。

同時に昭和天皇の真意を汲《く》み取るため、天皇の発言・やりとりを仔細《しさい》に記録した「学習の記録」でもある。つきまとう職務への不安のなか、天皇の言葉を、意思を、漏らさぬよう記録しようとしている。それは富田の性格のせいでもあった。知子夫人は「几帳面があの人の取りえです」（『日経新聞』二〇〇六年一〇月一五日）と語り、富田と親しかった丸谷才一は「篤実《とくじつ》優秀な能吏《のうり》でした。会話でも文章でも、話を面白くするとか、誇張するとか、そんなことは絶対できないたちの人」（同前、二〇〇六年七月二〇日）と述べている。

では、「富田メモ」とは具体的にはどういったものか。

それは日経新聞の社会部記者井上亮が、二〇〇六年五月に富田の遺族から借り受けた日記と手帳である。日記は、宮内庁次長就任直後の一九七五年一月から八六年末まででＡ５判ノート一冊。毎日の記述ではなく、内容は公私にわたる。万年筆で書かれ、新聞・雑誌の貼り込みも見られる。手帳は、能率手帳、小型ルーズリーフ、革製手帳と三種類ある。能率手帳は一九八七年から九七年まで一一冊。主にスケジュールだが、人物評や感想などもある。小型ルーズリーフは私製と市販がそれぞれ二冊があり、前者は一九八七年、後者は八八年の公務の記録で、細かく誰に会い、どういった会話をしたかが記されている。革製の手帳は、一九八八年に昭和天皇に言上した記録である。いくつかメモ用紙が貼られてもいる。靖国参拝中止の言葉はここに描かれていた。いずれも旧来の史料に比べると格段に読みやすい。ちなみに日記は小学生時代からつけていたと聞く。

現代史解明の最高の史料

「富田メモ」は、現代史を解明する上で最高の史料であると言って過言ではない。

宮内庁には行政官庁としての〝表〟と、侍従など側近の〝奥〟の世界がある。昭和天皇関連の戦後の史料は、「入江相政《いりえすけまさ》日記」をはじめ、先に挙げた「卜部日記」などあるが、侍従職の記録である。〝表〟の記録は田島道治《みちじ》の断片的に出された「日記」を除けば、宇佐見毅関連の史料が発見されていないため価値が高い。「富田メモ」によって初めて、宮内庁長官がどのように職務を遂行し、天皇を支えようとしてきたかがわかるのである。

さらに富田はこの〝表〟のトップとして、各皇族や関係する政治家の行動や発言、そして晩年の昭和天皇の言葉を事細かく記述している。

皇太子明仁・同妃美智子の気さくな人柄や人事の相談、寛仁《ともひと》親王のアルコールの問題、宜仁《よしひと》親王の宮家創立での迷い、常陸宮華子のきめ細かい心遣い、また、浮かんでは消えさらに浮かぶ浩宮の結婚相手などが触れられている。

一方で、官房長官とはさまざまな件で相談し、内閣と情報を密にしようと試みている。特に警察庁時代の上官であった後藤田正晴とは頻繁に連絡を取り、後藤田が職を離れてからも相談を続けた。後藤田はかつて筆者に「富田は二流だ。判断力が危うかった」と語ったことがあるが、心優しい富田が難問に直面するたびに後藤田に判断を仰いだからだろう。

この点で興味深いのは、宮内庁長官に政治家を就けようと、中曽根康弘と後藤田らが考えていたことである。富田の後任問題を話し合うなか、後藤田の言葉として次の記述がある。

「その后何時《ごいつ》か君の後は役人でないのがよい等と云っていたが、なかなか難しい折、長官もしっかり陛下を補佐してと。N〔中曽根〕より時折話には出た」（一九八八年三月七日条）。

代替わりは新体制でという中曽根、後藤田、竹下登ら有力政治家の思惑が交錯するなかで、結局、〝表〟の富田長官、〝奥〟の徳川義寛侍従長は、ともに交代することになる。

昭和天皇の感情的な襞

昭和天皇は、時折自らのことを語ったが、一九八七年九月に手術を受けて以降、富田にまとまって話す機会が多くなった。そのなかには、人物についての論評も多かった。たとえば、しばしば不和を囁《ささや》かれた高松宮についてである。

高松さんわね、弟だが私にはよくないと思う側面と又逆にいゝと思も〔う〕面もある。（前者）は何か人事などが昔から好きで、取り巻く政治家めいた者達と軽く話したり、政治的発言していたことを知っている。それが自分ではよい楽しいと思っていたらしい。いゝ処《ところ》は、自分にない軽妙に外国人と付き合い戦后一時期はこの国にも役に立った面があり評価している。しかし振幅が大きく浜口〔雄幸《おさち》〕内閣の振《ママ》には戦争をしかけてでもと主張し、戦争末期には平和だその為には邪マ者を排すべきだと工作し、地味確実にその方向に進んでくれたらと残念に思っている。（一九八八年五月九日条）

また政治家についての論評も多く、吉田茂はもとより、六〇年安保を乗り切った岸信介、巷間言われているように中曽根への評価は高い。だが宮沢喜一については、外相時の信任状奉呈式の急なキャンセルの記憶が強く、副総理時の靖国参拝などの報に接し、厳しいコメントを伝えている。生前の宮沢が、昭和天皇についてほとんど言及しなかった（岩見隆夫『陛下の御質問』）こととと対照の妙がある。

「富田メモ」は、このように昭和天皇の感情的な襞《ひだ》、思いが記述されている。これは「入江日記」「卜部日記」だけでなく、「木戸幸一日記」「牧野伸顕日記」といった近臣の記録以上のものであり価値は高い。

だが、昭和天皇は最後まで自らの過去については語りにくかったようだ。

私は若槻〔礼次郎〕元首相のことをよく思い出す。〔中略〕人の批判や非難は極力避けていた。昭和初年の外相時代の厳しかったこと〔を〕聞きたく尋ねたことが折々あったが、今いった気持か、話したがらず、専《もっぱ》ら若い頃、日露戦争時ロンドンでの外債募集の折のことを話していた。〔中略〕

今になって私もやっと若槻の気持が分る。私にも戦争への気持、戦争責任云々の質問が多いが、現存の人もありなかなか云えぬ。だから、楽しかった欧〔英中心〕の旅のことを云うのだと思うよ。

（一九八八年五月九日条）

現在、「富田メモ」は遺族のもとにあり公開されていない。いままで述べてきたように「富田メモ」は現代史解明の大きな手がかりになるものである。また数冊ではない大量の史料である。散逸する前に専門の機関に委ねるなどし、最終的に公開への道筋をつけてもらいたいものだ。

（御厨）

卜部亮吾日記

【史料期間】一九六九年（昭和四四）一二月〜二〇〇二年（平成一四）二月
【史料状況】原史料は遺族が管理。御厨貴・岩井克己監修『昭和天皇最後の側近　卜部亮吾侍従日記』全五巻（朝日新聞社、二〇〇七年）として公刊。ただし、一九八五〜九〇年が全日収録、一九六九〜八四、九一〜二〇〇二年は抄録

うらべ・りょうご
1924〜2002　宮内庁侍従職員．北海道生．1949年（昭和24）京都大学農学部農林経済学科卒．同年，人事院に入る．管理局人事課長補佐などを経て，69年宮内庁侍従に．81年側近事務を統括する侍従職事務主管．88年侍従職侍従．３代の侍従長のもとで側近事務の中心を担った．91年（平成３）侍従退任後，侍従職御用掛，皇太后宮職御用掛として香淳皇后に仕える．93年に侍従職御用掛を退職．財団法人菊葉文化協会常務理事に．2000年香淳皇后葬儀では関連儀式を司る儀祭官長を務めた

中間管理職の「実務日記」

卜部亮吾は四五歳で人事院から侍従の職に就いた。人事院総裁だった佐藤達夫の推薦だったようだが、当初卜部は気が進まなかった。しかし最終的には引き受け、以後、亡くなるまでの三二年間、宮中・皇室に身を捧げた。

卜部は自らを宮中・皇室の中間管理職として位置づけ、〝表〟の宮内庁長官・次長の系列

と、〝奥〟の侍従長・次長の系列とをつなぐナンバー3として、転轍手《てんてつしゅ》の役割に徹した。旧華族出身でなく、警察・自治といった旧内務省出身でもない卜部は、一般の官僚組織で勤めるのと同様の役割を担うべく試みた。侍従職とはいえサラリーマンであり、気負わず、てらわず、平常心を失わず、勤務した。

卜部は侍従に就任後、A5判の黒表紙の当用日記帳（一部はB5判の同様の日記帳）に亡くなるまで毎日欠かさず日記を綴った。記述は初期の一、二年を除けばつねに一定だった。欠如もまとめ書きもなく、ほぼ決まった分量で書かれた日記は他に例がない。それは代替わりを迎える異常な状況の一九八七（昭和六二）、八八、八九年でも変わらない。

もちろん当初は、宮中・皇室のありようすべてが珍しく、春夏秋冬、毎年行われる宮中行事に出会うたびに、丁寧にその様子を記した。皇族・旧皇族・外国人賓客《ひんきゃく》についても同様だった。また、昭和天皇からの質問もそのたびごとに抜き書きし、答えとともに正確に記した。だがこうしたものも数年を経て組織に慣れると、一定の記述のなかに溶け込んでいった。

平均的な日記の一日を挙げてみよう。まずは起床時刻、次いで天気の状況、さらには登庁経路である。バス、電車などその混み具合、急行に乗れたか否か。食事についても朝昼晩、間食を含め記される。天皇や長官、侍従長の指示や相談については、なるべく一～二行にまとめ、体言止めなど簡潔かつ短い文の連続である。

またこよなく酒を愛し、まっすぐ帰宅しても必ず「ビール」。宮内庁の中堅として自覚が出てきてからは、内外の人たちとの潤滑油のためかほぼ毎日夕方から酒席である。卜部はビール党らしく日記にはミュンヘン、ライオン、ニュートーキョーといったビアホールの名が、丸の内、銀座、新橋、渋谷の地名とともに連日のように表れる。さらには家族への気遣いについての記載もある。

卜部が残した記録は、昭和天皇の最晩年の時代、宮内庁の中間管理職としての仕事を記す徹底した「実務日記」であると同時に、宮内庁という少し変わった役所に勤める社会風俗史的価値を持った「サラリーマン日記」とも言えよう。

クロスチェックとしての機能

中間管理職であった卜部の日記からは、昭和天皇をはじめとする大物たちの新たな発言を見つけることはできない。だが「入江相政日記」「富田メモ」とクロスチェックすることによって、彼らの動向が確定的になることがある。その代表例が、一九八八年四月二八日条と「富田メモ」(同日条)における昭和天皇の靖国参拝を辞めた理由である。

「卜部日記」でも同日、「お召しがあったので吹上《ふきあげ》へ〔富田朝彦〕長官拝謁のあと出たら靖国の戦犯合祀と中国の批判・奥野〔誠亮国土庁長官〕発言のこと」との記述がある。ここでは話の内容にまでは触れていないものの、わざわざラインが引かれていることが印象的だ。少なくとも、富田の拝謁と昭和天皇が靖国の戦犯合祀について語ったことは裏付けられる。

左から富田朝彦，卜部，昭和天皇，入江相政

また、侍従職御用掛として昭和天皇の遺品を整理するなかで、「入江日記」などで記される「聖談拝聴録」の存在もチェックできる。入江らが昭和天皇の考えを聞き取りまとめたこの記録は、「卜部日記」によると一九八八年五月二三日に発見されたが、八九年八月四日以降不明となり、二〇〇一年二月七日に再度、侍従長だった徳川義寛の遺品のなかから見つけ出したとされる。なお、宮内庁は「聖談拝聴録」は存在しないとしている。

最後に興味深い記述を一つ。

他の史料では確認できないが、昭和天皇自らの日記の発見がある。「大正末期の先帝さんの日記」（一九九三年九月一〇日条）が見つかったのだ。だが、卜部が抄録をつくった上で、原史料は徳川義寛らと相談し処分することになる。最終的にそれは、二〇〇〇年六月に香淳《こうじゅん》皇后が亡くなった折、彼女とともに武蔵野東陵に埋葬されたようだ。

（御厨）

芦田均日記

【史料期間】一九〇五年(明治三八)一月~五九年(昭和三四)五月
【史料状況】一九四四年九月~五九年五月までが国立国会図書館の憲政資料室に寄託・公開。この時期のものが進藤榮一・下河辺元春編纂『芦田均日記』全七巻(岩波書店、一九八六年)として公刊

あしだ・ひとし
1887～1959年 外交官，政治家. 京都府生. 1912年(明治45)東京帝国大学法科大学卒業後，外務省に入省. サンクトペテルブルグ，イスタンブール，ブリュッセルなどに赴任. 32年(昭和7)外務省を退官，政友会から衆院選に出馬，初当選. 終戦後，日本自由党結党に参画する一方，幣原内閣の厚相に就任. 46年衆議院帝国憲法改正委員会委員長. 47年民主党総裁，片山内閣外相. 48年3月首相に就任. 10月昭和電工事件のため内閣総辞職. 55年自由民主党結成に参加. 59年衆院議員現職のまま死去

占領期の政治状況の描写

芦田均は、外交官出身で終戦直後の政党政治の復興期に活躍した政治家である。芦田の日記については、公刊された『芦田均日記』の進藤榮一による「解題」(第一巻)が詳しい。芦田は第一高等学校の学生の頃に日記をつけ始めた。その後、東京帝国大学の学生時代、外務省勤務時代、政治家時代と亡くなる直前まで生涯にわたって日記を綴った。多忙をきわめ

たはずの首相時代も記述を続けている。日記は全部で七三冊にものぼる。寄託されている日記をみる限り、ペンで行書体で書かれている。

芦田は一日の出来事を詳しく記し、会談時には具体的な内容も書くことが多かった。また、芦田が戦前の一時期と、終戦近くから終戦直後の一時期、二種類の日記をつけていたことも注目される。この時期、芦田は手帳に簡潔に日々の出来事をメモ的に記す一方、これをもとにより長い日記を記している。また、新聞の切り抜きも随所に貼付しており、芦田の几帳面な性格が垣間見られる。

この日記は、終戦前後から自由民主党が結党されるまでの政治状況を伝えており、貴重である。中でも占領期の政治過程を当事者が記録した史料としての価値が高い。芦田と同時代に活躍した鳩山一郎や石橋湛山、重光葵も日記を遺したが、彼らの日記から占領期の政治状況をうかがうことは難しい。鳩山や石橋は公職追放、重光は東京裁判で拘禁されていたため、直接政治に携わることができなかったからである。初当選以来、反軍主義を貫いてきた芦田は公職追放されず、結果的に貴重な史料を残すことになった。

芦田日記は占領期の政治過程について二つのことを教えてくれる。

第一に、占領下ではGHQとの調整が政策を立案する上での日常であったことである。例えば、片山内閣時に法制局長官らがGHQに呼び出され、警察制度を改革する法案の策定作業を急ぐよう叱責されたことを芦田は記している。こうした介入に芦田は不快感を隠さず、

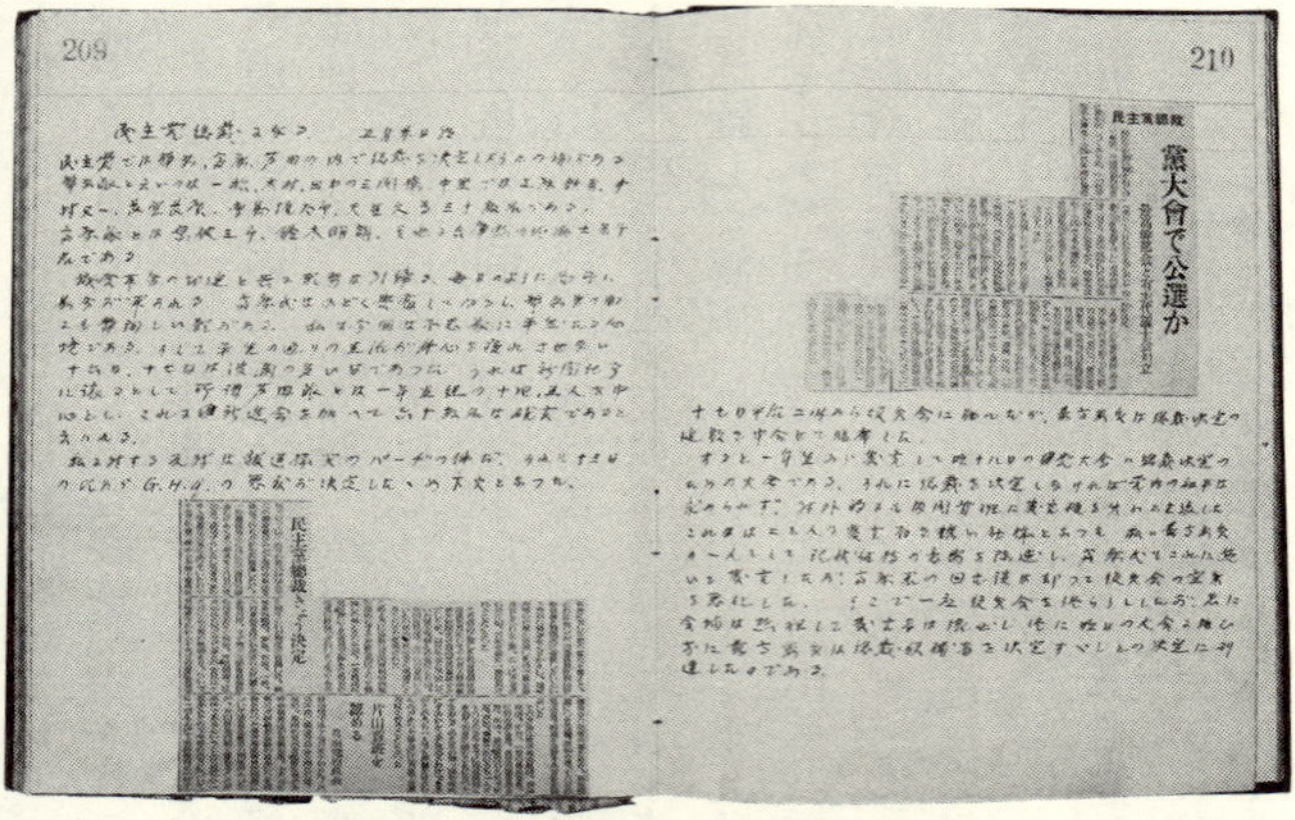

1947年５月20日条．冒頭に「民主党総裁となる」と記すように，毎回標題があり，時に関連の新聞を貼りつけた

こう記す。「現在の如く行政、司法、立法の一々に干渉されるのでは誰が政府に立つても一定のレールの上を走る丈《だ》けの芸でしかない。政治家は占領軍に駆使されてゐるのである」（一九四七年一〇月一〇日条）。もっとも芦田自身が首相になると、政治的に難しい問題でGHQから力を借りている。例えば、一九四八年度予算案の修正内容をめぐって社会党と民主党が対立すると、芦田は妥協案への社会党の同意を取り付けるためにGHQの協力を要請している。

第二に、日記は戦後初期の諸政党の内部状況や政党の離合集散を伝えている。特に、自由党に対抗する第二保守党であった民主党が国民民主党、改進党と姿を変えていく過程、その後、日本民主党が結成される状況がわかる。ここで浮かび上がるのは、第二保守党が有力な党首を欠き、苦しむ様子である。これについては、この日記を活用した御厨貴の「昭和二〇年代における第二保守党の軌跡」が詳しい。

ここで強調したいのは昭和電工事件が第二保守党に及ぼした影響である。事件では、収賄容疑で芦田内閣の閣僚も逮捕され、このため芦田は内閣総辞職を余儀なくされる。その後、芦田自身も捜査を通じて発覚した別の収賄容疑で逮捕され、芦田は民主党総裁も辞任する。芦田は常に第二保守党の党首候補であった。日記からは、国民民主党や改進党内で芦田の総裁就任を期待する声が強かったことがわかる。しかし、芦田は総裁に就くことはできなかった。昭和電工事件の被告であるためである。裁判は一九四九年（昭和二四）五月から五八年二月まで続き、結局、芦田は無罪であった。昭和電工事件は芦田自身や第二保守党の発展にとって不幸な出来事であったといえよう。

芦田不遇の遠因

ただ、日記を読むだけでは十分理解できないこともある。それは、幣原喜重郎内閣への入閣が芦田の政治キャリアに決定的とも言える影響を及ぼしたことである。

芦田の政治的な岐路は一九四七年三月の自由党離党であった。日記を読むと新党の党首に就任して首相になることへの期待や吉田茂への不満が離党の背景にあったことがうかがえる。ただ、それ以上に鳩山派に対する不満が大きな要因であったことが読み取れる。しかし、芦田は自由党を設立するために鳩山を担ぎだした一人であった。なぜ鳩山派と不和になってしまったのか。この理由は鳩山や河野一郎の回顧録を併せて読むことで明らかとなる。鳩山派との不和には幣原内閣への入閣が大きく関係していたのである。

一九四五年一〇月に幣原から入閣を要請されたとき、芦田は自由党の設立に鳩山らと一緒に奔走中であった。鳩山は党結成の暁には芦田を党幹事長にするつもりであった。日記によれば、芦田は要請を受けて鳩山、安藤正純《まさずみ》、松野鶴平《つるへい》に「相談した」。芦田は「三人共僕に入閣をすゝめて、しつかりやれと激励された」と理解している（一九四五年一〇月九日条）。

しかし、鳩山によれば、鳩山が伝えた言葉はむしろ毒を含んでいる。鳩山はこう振り返る。芦田から「相談」を受けたとき、「『芦田さんは自動車の中にモーニングを持つて来ていらつしやいます』と私に耳打ちしたものがあつたので『君はモーニングを持つて来ているそうだから入閣し給え。こつちの方は何《ど》うにか党が出来そうだから作ることにするよ』といった〔後略〕」（『鳩山一郎回顧録』）

この入閣は後々まで響く。一九四六年五月四日、鳩山が首相就任を目前に公職から追放されたとき、自由党内には芦田の後継総裁を支持する政治家もいた。芦田自身も「新聞は私を助けてゐる。朝日も日本経済も、共に私が自由党首となることを支持してゐる」（一九四六年五月六日条）と記し、期待感を露《あらわ》にしている。しかし、鳩山にとっては論外であった。「そりやあわが党を去つて幣原内閣に入閣した人間を総裁にする訳にはゆかないじやないか」（『鳩山一郎回顧録』）と芦田の後継総裁を一蹴する。

幹事長の河野一郎も芦田の後継総裁には反対した。すでに、芦田と河野の関係は微妙となっていた。芦田の入閣後に鳩山はかわりに河野を幹事長に据える。しかし芦田はこれに反対したのであった。

芦田は首相就任を果たしたもののその後は不遇であった。これには昭和電工事件も関係していたが、その原因を突き詰めると幣原内閣への入閣に辿り着く。入閣は鳩山派との確執を生み、自由党離党に繋がる。その後、芦田は第二保守党の有力政治家として吉田茂内閣と対峙する。さらに日本民主党の結党に参画した。このため吉田派との間でも確執が生まれる。こうして自由民主党結党後は、自由党系と民主党系の多くの政治家と関係が微妙になってしまった。

大臣の椅子は魅力的なものであったろう。しかし、芦田が入閣せず、自由党創設準備に専念したとしよう。鳩山らがこれを多としたことは間違いなく、芦田は幹事長就任を果たしたはずである。離党はなく、第二保守党で苦労することもなかったかもしれない。

それどころか、鳩山追放後の芦田総裁、そして首相もあり得た。戦前から政党政治家として歩み、反軍主義を貫いた芦田の経歴は、政党政治の復興期に活躍するには申し分ないものであった。政界では同志的結合が何よりも大事であり、政治家のキャリアは長年に及ぶのが普通である。この意味で幣原内閣への入閣は惜しまれる政治的判断であった。

（竹中）

石橋湛山日記

【史料期間】一九四五年（昭和二〇）一月〜五七年一月

【史料状況】原史料は遺族が所蔵。石橋湛一・伊藤隆編『石橋湛山日記』上下（みすず書房、二〇〇一年）として公刊

いしばし・たんざん
1884〜1973　ジャーナリスト，政治家，首相．東京芝に生まれる．日蓮宗の僧侶として得度し，早稲田大学文学部哲学科で学んだのち，東洋経済新報社に入り，経済評論に活躍する．大正期・昭和初期には，植民地を放棄する「小日本主義」の提唱者として，日本帝国の政策をきびしく批判した．戦後は政界に入り，公職追放の辛酸をなめたのちに復帰，鳩山一郎内閣の成立に尽力し，やがて首相となる．立正大学の学長も務めた

簡潔な本人の心おぼえ

鳩山一郎に続く、第五五代の内閣総理大臣（一九五六年一二月〜五七年二月）を務め、病気のためわずか六五日にしてその職を辞した、石橋湛山の日記である。大正期から、雑誌『東洋経済新報』を拠点に、ジャーナリストとして活躍した人物であるが、戦争期までの日記は、一九四五年（昭和二〇）三月、空襲によって東京芝の自宅が焼けたため、失われたという。

したがって、公刊されているのは、その年から、首相となり病に倒れた、一九五七年一月に至る、一二年間の記録である。石橋家に遺された、市販の日記帳から「プライバシーに関わる記述二、三か所」を削り（巻頭の「凡例」による）、ほぼ忠実に翻刻して、解説と人名索引を付している。

近代日本の政治家のなかで、石橋の経歴はやや異例に属するかもしれない。日蓮宗僧侶の息子として東京の麻布区芝に生まれ、旧制中学の卒業と同じ月に満一七歳で得度したのちに、早稲田大学文学部に入学している。しかも所属は哲学科であり、評論家としても活躍した金子筑水（馬治）や、のちに京都帝国大学の宗教学講座を担うことになる波多野精一から教えを受けた。そして、プラグマティズムの日本への紹介者として知られる田中王堂（喜一）の指導によって、経済学へ目を開く。日露戦争の直後には、それまでのナショナリズムの空気から醒《さ》めて、ひたすら自己の生存の意味を探求しようとする哲学青年の登場が、一種の社会現象として注目されたが、その世代のはしりと言えるだろう。大学卒業ののち、一九一一年に東洋経済新報社に入社し、自由主義に立つ気骨のジャーナリストとして活躍しながら終戦を迎えるが、その主張の特色もそうした前歴と無関係ではない。

石橋は、東洋経済新報社社長としての仕事のかたわら、一九四六年四月、戦後初めての衆議院選挙に日本自由党から立候補して落選するが、その直後に成立した第一次吉田茂内閣で、大蔵大臣に就任する。その後、四年間の公職追放を経て、一九五一年、政界に復帰し、自由党内の鳩山派の大幹部となって、吉田勢力との抗争を展開した。そして、鳩山政権の成立をなしとげて通産大臣となり、自由民主党の後継総裁選挙で、岸信介を破って首相に就任することになる。この日記は、そうした政治家としての活動期のほぼ全体を、内側から語る記録となっている。

記述は、あくまでも本人の心おぼえとして、簡潔にしたためられたもので、自分の没後、世に知られることをねらって、感慨や他人への批判を、長々と書きつけるようなことはしていない。しかしその分、自民党総裁選に立候補したさい、「金銭まで散布するに至っては心外至極なり」(一九五六年一〇月二七日条)と記すなど、ふつうは記録に残さないような、金の授受についてまで、生々しく語っている。その二ヵ月前(八月三〇日条)の記述で、訪れてきた代議士の名前のあとに「20」と書いているのは、二〇万円を活動費として渡したという意味ではないか。

垣間見られる日常生活

はじめ石橋が大蔵大臣に用いられたのは、戦前以来の政治党派のしがらみを離れた、エコノミストとしての見識を期待されたからであった。鳩山の公職追放ののち、河野一郎が吉田茂を自由党総裁にすえたことを指した記述と思われるが、「流石に政治家として斯かる問題については明敏なることを知る」(一九四六年六月一三日条)と記している。一貫して自由主義の理想を貫いた言論人にとって、政界に足を踏みいれ、政治家たちの行動を身近に目にすることは、驚きの連続だった。その人物が、やがては派閥抗争を主導する、強力な政治家に変わってゆくまでの実録として、この日記を読むこともできるだろう。

淡々とした叙述のあいまに、時には敵に対する激しい憤りを記すこともある。前半では、自分を警戒し公職追放にした占領軍総司令部が、後半では、首相の座にいすわろうとする吉田茂が、その対象になっている。そもそも占領の初めから、石橋は言論統制について「GHQの日本軍部化、言論不自由」（一九四六年七月一五日条）と、きびしい批判を公言してはばからなかった。吉田に対する反感も、その根は、みずから任命した大蔵大臣の追放指令を容認するだけでなく、それを弁護するような態度をとったこと（一九四七年五月一七日条）が、深い原因になったと察せられる。

しかし、こうした政治抗争の記録だけではなく、石橋湛山その人の日常生活について、記すところもおもしろい。一九五〇年に猥褻文書として発禁となった、D・H・ロレンスの『チャタレイ夫人の恋人』を、行きつけの銀座の料亭、江口から借りて読み、「どこにこの小説に文学的価値があるのか、またこれを発禁しなければならぬほどの必要がどこにあるのか、私にはわからない」（一〇月二一日条）と記している。巷で問題になっている小説に興味を惹かれ、こっそり入手し読んでみたものの、その内容にがっかりする湛山の表情が、浮かんでくるようである。

（苅部）

鳩山一郎日記

【史料期間】一九三一年（昭和六）～三五、三八年二月～四二年一二月、四五年六月～五一年六月
【史料状況】原史料は鳩山家が所蔵。伊藤隆・季武嘉也編『鳩山一郎・薫日記』上下巻（中央公論新社、一九九九、二〇〇五年）として公刊。上巻「鳩山一郎篇」が一九三八～五一年、下巻「鳩山薫篇」が五二～五九年を記述。一九三一年～三五年は非公開

はとやま・いちろう
1883～1959 政治家. 東京生. 衆院議長を務めた鳩山和夫長男. 1908年（明治41）に結婚した薫は従姉の娘. 15年（大正4）衆院議員当選. 政友会で頭角を現し，書記官長，文部大臣を歴任. その後，親軍的な時代に抵抗し42年（昭和17）の翼賛選挙は非推薦で当選. 終戦後，45年自由党を結成するが，翌年首相就任直前に公職追放，51年解除後，病軀をおし吉田茂と権力闘争を繰り広げ、54年薫の献身的な内助を受け首相就任. 55年保守合同で初代自民党総裁. 日ソ国交回復・国連加盟を果たし，56年総辞職

客観事実の記録

鳩山一郎は、一生を通じた評価やイメージを摑《つか》みにくい政治家である。評伝も意外なほど少ない。戦後の一般的なイメージは、物言えぬ戦時下の隠遁《いんとん》、理不尽な占領下の追放、解除直前の脳溢血など、度重なる不遇に見舞われた「悲劇」政治家である。判官贔屓《ほうがんびいき》の国民から熱烈なブームが起き首相に就任した後も、ひ弱で涙もろい「お坊ちゃん」イメージが付きま

とい、反吉田勢力に担がれた「御輿《みこし》」とされた。

だが、戦前の鳩山は政友会で隠然の力を誇示し、時に腕力も辞さない強面《こわもて》の政治家であった。戦時下も、自由主義・政党政治の姿勢を貫き親軍的な時代に抵抗した。決してヤワではない。そもそも、激しい権力闘争のなかで「御輿」であり続けることは容易でない。「悲劇」イメージを巧みに権力資源としていた節もある。鳩山日記を繙いてみれば、繰り返される精神的な葛藤、それを必死に克服していく泥臭さと権力への執念、ついに首相の座を手にした万感の想いが、随所から生々しく滲み出てくる。

鳩山日記は日記帳やノートに鉛筆・ペンで記されている。公刊された『鳩山一郎・薫日記』は、上・下巻あわせ一四〇〇頁に及ぶ。下巻の巻末には、編者による小伝と言うべき長大な解説が付されている。その存在は、『鳩山一郎回顧録』で一部が引用されるなど早くから知られていたが、編者が原史料を所蔵する鳩山家から許諾を得て刊行にいたった。

外国刊行物による世界情勢判断や和洋を問わない読書感想を除けば、面会氏名や会合日時といった客観事実が記録のように延々と綴られていく。印象的な所感や認識も示されるが、頻繁でない。憲兵やGHQの監視、恬淡《てんたん》な性格が影響してか、重要事件の記述がなかったりする。したがって、記述自体は読みやすいが、解説などを参考に時代背景を押さえる必要がある。また、鳩山の脳溢血の後、主に薫が記した下巻の位置づけも難しい。時代によって、看病・私的日記、代筆的な秘書日記など、その性格を変えていくからである。

とはいえ鳩山日記が、一線級の史料であることに変わりはない。戦時下・占領下の鳩山派の政治活動、鳩山政権の意思決定プロセス、保守合同に至る政策・組織・勢力の変遷、日ソ国交の交渉過程など、既存の史料と突き合わせることでより立体的な解明が可能となった。さらに、公職追放に該当するほど全体主義礼賛でなかったこと、追放後しばらくは吉田茂と緊密な関係にあったこと、「御輿」にしては実に豊富な情報源を持っていたことなど、従来の単純イメージを覆す記述が多く含まれている。

戦時下の潜伏と追放生活の苦痛

公刊された『鳩山日記』の始まる一九三八年(昭和一三)は、親軍的な時代にあった。「官僚の政権奉還〔中略〕日本の政治原理は国民の懿徳《いとく》良能が国事の負担を分つて陛下の大政を奨順し、国家の進運を扶持するにある」(一九三九年一一月二〇日条)との親軍的な官僚への批判は、戦後の吉田派・官僚政治への批判に通じ興味深い。

だが、頻繁であった「総務会」「代議士会」など政友会の正式機関の記述は次第に減り、鳩山の政治活動は狭まっていく様子がうかがえる。政友会は、分裂した挙句に解散して便乗的に大政翼賛会に合流した。そのなかで鳩山は、一九四一年一一月に同士三七名と衆院会派・同交会を結成し、時局に抵抗する。激しい干渉が行われた翼賛選挙で同交会員のほとんどが落選しても、今度は鳩山ら非推薦当選者を中心に思斎会を結成している。

印象的なのは、面会氏名や会合日時が綴られる記述の傾向が、この頃に強まることである。憲兵に監視される戦時下の潜伏のなかで、時局便乗者の裏切りと同士との紐帯《ちゅうたい》を日記で確認していたのである。たとえば「例の会」とは、当事者間で暗黙に了解される会合であり、戦後にも頻繁に登場する重要な記述である。さらに印象的なのは、議会の形骸化に失望するにつれ軽井沢山荘での隠遁が長期化することである。やがてここでの晴耕雨読は精神的な拠り所となり、戦後に鳩山の執念を結実させていくことになる。

終戦を迎えると、鳩山は軽井沢から下山して政治活動を再開し、一九四五年一一月に旧同交会員を中心に日本自由党を結成する。「来客昨日も今日も多数にて書き留む能はず」（一九四五年一一月九日条）と記す筆致は、戦時下から一転、活き活きとしている。

ところが、戦後初の総選挙で自由党は第一党に躍り出たものの、占領政策への抵抗姿勢や反共声明はGHQを刺激していた。一九四六年五月、鳩山は首相就任直前に公職追放された。やむなく吉田茂に自由党と政権を委ね、再び政治活動から身を引いたのである。

鳩山日記から滲み出る五年の追放生活は、精神的・肉体的に苦痛の連続であった。GHQの監視と圧迫は執拗である。献金疑惑への取調べや衆院不当財産委への証人召喚、一九四八年一〇月には、追放令違反を理由にした家宅捜索と取調べで日記などを押収されている。綴ってきた面会氏名も、「此度《このたび》の事件に懲《こ》り書くのを止める」（一九四八年一〇月二二日条）として記述が急減する。心労からか、後の脳溢血の予兆となる高血圧にも悩まされる。

鳩山は闘争心を失ってしまう。吉田政権が歴史的な勝利を収める総選挙最中では、「百姓の方がよい」（一九四九年一月一日条）と政界への関心が薄れている。一九五一年に入り対日講和が現実味を帯び、特使ダレスとの面会など政治活動を再開するものの、いまやワンマンとなった吉田が追放解除を遅らせていると憤激し、六月に脳溢血で倒れてしまう。

万感の首相の座

だが、鳩山は驚くべき早さで回復して政界に復帰した。一九五二年四月の講和独立後は、吉田による二度の解散総選挙に応じ、病軀《びょうく》をおして権力闘争を繰り広げた。闘争心を失いかけるたび、固い紐帯で結ばれた三木武吉や河野一郎らに叱咤激励され、泥臭く反吉田勢力の「御輿」であり続けた。

体力と闘争心を回復させた源は、戦時下の隠遁と占領下の追放を乗り越えた軽井沢などでの晴耕雨読であった。しかしそれは、決して悠々自適なものではなかった。『回顧録』で「闘病生活は一つの精神闘争」とした鳩山は、「精神上の敵を一掃」するとして畠仕事・読書・テニス・ゴルフに没頭したのである。三たび英首相に復帰したグラッドストーンの自伝を我が身にあて、カレルギーの思想を「友愛」と訳し、飢えと辛苦を克服した畠仕事の恵みを噛み締めた。精神的な葛藤を、必死の晴耕雨読で克服したのである。

もう一つの源は、「残酷の鉄鎖」（一九五〇年一月一日条）たる追放生活を共にし、献身的な看病を続けた薫の執念である。五二年からの薫日記は、「毎日板前さんが苦労して喰べさせてくれる料理をこれからかいておく事にしよう」（一九五二年二月三日条）と、女性らしい筆致の看病・私的日記として始まる。一方で、鳩山への見舞客名や土産物を逐一記すことも忘れない。そして、この年後半から欠落する日記が五四年に再開すると、代筆的な秘書日記に性格を変えていく。鳩山派の事務局長日記と言ってもよい。

一九五四年一〇月、いよいよ吉田政権が行き詰まると、鳩山は満を持し軽井沢から下山した。この最も緊迫した場面の筆致は淡々としながら鬼気迫る。一一月、欧米外遊から「吉田首相帰朝」（一七日条）、すぐさま民主党の「結成大会」（二四日条）。そして一二月、「目黒公邸に閣議と長老会議朝来開かれ激論の末、一時二十分総辞職と決定。」（七日条）。ついに首相就任の日が訪れた。「官邸へ。モーニングに久しぶりシルクハットを出す」（一〇日条）。不遇の時代を経た万感の想いが、この記述に込められている。

結局、鳩山政権は、事前の予想に反し一九五六年一二月までの二年にわたった。時に迷走し、意思決定はたびたび混乱した。首相の激務は病軀に容赦なく、夏には軽井沢に一ヵ月以上も滞在する有様であった。しかし結果として、その間に自民党が結成されて保守合同が完成し、命がけの訪ソで日ソ国交回復と国連加盟が実現した。上出来の「御輿」政権だったのである。薫日記は、首相引退あたりから女性らしい筆致の看病・私的日記へと戻っていき、鳩山を看取った一九五九年三月で刊行が終わっている。

（村井哲）

佐藤榮作日記

【史料期間】一九五二年（昭和二七）一月から倒れる前日である七五年五月一八日まで。ただし一九五五年、一九五七～六〇年の五年分が行方不明

【史料状況】原史料は遺族所蔵と考えられる。非公開。伊藤隆監修『佐藤榮作日記』第一～六巻（朝日新聞社、一九九七～九九年）として公刊

さとう・えいさく
1901～75　政治家・首相．山口県生．1924年（大正13）東京帝国大学法学部卒業後，鉄道省入省．敗戦後の47年（昭和22）吉田茂内閣で運輸次官．野党時代の民主自由党に入党し，以後政党政治家として吉田の薫陶を受ける．第2次吉田内閣で官房長官に大抜擢され，造船疑獄で起訴されると反吉田勢力主導の自由民主党結成には当初不参加．入党後は実兄岸信介を助け，第五高等学校以来の友人池田勇人と競い，64年11月～72年7月まで長期政権を維持。その間沖縄返還を実現，非核三原則を打ち立て，74年にはノーベル平和賞を受賞

没後二三年目の公表

一九八〇年（昭和五五）一二月一八日、元首相岸信介はインタビューを申し入れる若き国際政治学者原彬久を前に次のように述べた。「政治家はメモや日記などの記録を残すべきだね。私も残しておけばよかった。弟は日記を書いていたんだ。新聞社からいまこれを出すべきかどうか問題になっているが、出版するのは早すぎる。あまりに生々しすぎるよ。原敬日

記だって死後二十年以上経って公表されたんだからね」。実弟佐藤栄作が亡くなったのはその五年前の一九七五年、日記が刊行されたのは没後二二年を経た九七年であった。

佐藤日記の書誌情報は各巻冒頭にある簡潔な史料紹介（伊藤隆）ならびに第六巻の「解説」（同）に詳しい。本日記は日付の印刷されていない市販の『自由日記』に書かれており、四〇冊に及ぶ。うち四冊は「日々是好日　佐藤榮作」と金箔押しされた特装品である。第六巻の口絵に四〇冊分の日記を写した白黒写真が掲載されており、第四巻には「公邸で最後の演説原稿に目を通す」と書かれた一九七〇年二月一四日の見開き写真がある。また、佐藤日記は議会開設百年記念議会政治展示会に出品されており、そのときの記念冊子には、「本土なみ核抜きが実現」と書かれた一九六九年一一月一九日部分のカラー写真が掲載されている。これらを見る限り青の万年筆もしくはペン書きで、比較的にゆったりと大きめの字で書かれている。楷書ではないが難読字との印象はなく、一見写経のような整った筆致である。

佐藤内閣退陣直後の一九七二年八月、朝日新聞政治部デスク堀越作治は佐藤に日記の有無を問うてみた。すると「メモをつけている」と意外にあっさりと認め、出版の求めには、「僕は百二十歳まで生きるんだから、まだまだ」とかわされたという。その後出版にいたる経緯について、監修者である伊藤隆は「かつて一度は朝日新聞社との間で出版の話がまとまりながら、何等かの理由で中断してしまった」との噂を耳にしており、また先の展示会でも実見していた。そこで一九九四年に朝日新聞社の戦後五〇年企画の相談を受けた際に、「これは朝日新聞社の義務だ」とまで述べて日記の出版を勧め、同年末に講演会の場で偶然同席した竹下登元首相にも助力を願ったという。これを受けた尽力の結果、朝日新聞社は一九九五年秋には遺族からのおおよその了解を得ることができた。

淡々とした記録の集成

佐藤日記は、独立回復を間近に控えた一九五二年一月に始まり、佐藤が倒れる七五年五月まで綴られている。しかし、その間の五年分が後に失われている。「かなり以前に佐藤家から誰かが借り出してそのまま行方不明になっている」(「解説」)ためである。

先の筆致に象徴されるようにというべきか、内容もまた簡潔で整った印象を与える。日記はそれぞれの個性を反映して千差万別であるが、佐藤の場合には淡々とした記録の集成という点に特徴がある。細々とした事情の説明や延々たる感情の記載はなく、鉄道人としての面目躍如でもあるが、したがって漫然と読んでいると重要な記述を見逃してしまいかねない。

その点編集における詳しい脚注はありがたい。またこのような簡潔な日記を読み解く上で首席秘書官の日記である『楠田實日記』や、秘書官たちと編者との座談記事は有用である。楠田は「夜、部屋をお訪ねすると本を読んでいるか、ベッドの上に胡座《あぐら》をかいて日記をつけられていた」と、酒を飲まない佐藤にとって日記の記載が就寝前のお決まりの作業であったことを回想している。

佐藤日記は二三年という長期間に及ぶため、時期による主題の違いがある。第一期は首相になるまでの政治家としての修養期、第二期は七年八ヵ月にわたる首相在任期、そして第三期は、退任後の、首相経験者としてのOB期である。

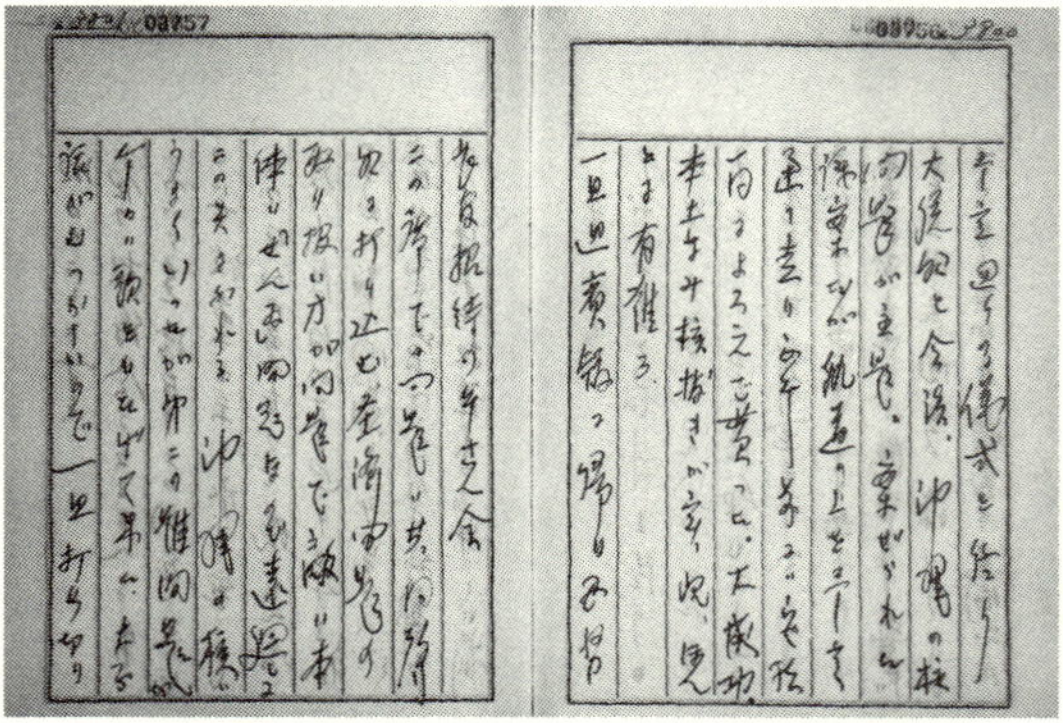
1969年11月19日条．沖縄の核抜き・本土並み返還合意に，「大成功」と記している

佐藤は大阪鉄道局長として敗戦を迎えた。四四歳であった。その後の占領下にあって、政党政治をどうつくるかは日米双方にとって重要なテーマであった。政治は政策、権力、制度（ルール）の三者をめぐる恒常的な競合として展開される。制度では、戦前の大日本帝国憲法とは異なり、日本国憲法は政党政治を戦後体制の中核に位置づけた。岸は、「数を超越していた」天皇の「聖断」が政治的機能を持っていた戦前とは異なり、「戦後は数が重要だ」とその違いを明確に意識し、数の結集に努めた。他方、佐藤の生涯にわたる師吉田茂は、「役人上りハ孤影《こえい》粛然《しゅくぜん》」（一九四五年八月二七日付来栖三郎宛吉田書簡）との予測とは裏腹に占領政治の担い手になると、新日本を支える人材として官僚出身者を多く政

界に導き入れ、さらに新人を教育するにあたって、官僚出身者は党務に、党出身者は閣務にと相互に通暁《つうぎょう》するよう心がけたという。

佐藤は吉田によって育てられた官僚出身政治家の一人である。戦後、佐藤は運輸省鉄道総局長官として労働攻勢と向き合う中で見出され、事務次官を経て依願免官、吉田率いる野党時代の民主自由党に入党した。選挙準備にいそしむ佐藤を驚きが襲う。議席をもたないまま官房長官に抜擢されたのである。それから程なくして佐藤は初当選し、今度は政務調査会長、幹事長と党務を歴任した。

元旦と大晦日の面白さ

日記が始まるのは占領終結の年、一九五二年の元旦からである。占領軍が作り、幣原喜重郎が受け容れ、吉田が議会を通した日本国憲法はすでに施行五年目を迎えようとしており、前年には吉田の手によって対日平和条約とともに日米安全保障条約が締結され、四月の発効を待つばかりであった。当時佐藤は郵政相兼電気通信相であったが、記載は二月で終わり肝心の四月までも到達していない。残されている日記で初めて一年間を通して記載されるのは五六年であるが、その後六一年から六三年のものも再び中断を挟んでおり、記述が安定するのは首相となる六四年以降である。中断に次ぐ中断、これが修養期の日記第一の特徴である。

佐藤の日記は元旦と大晦日の記述がおもしろい。一九五三年の元旦には「渾身《こんしん》の力を挙げて邦の為党の為大いに頑張らう」と年頭の決意を記した。当時自由党は四六六議席中二四〇議席を擁しながら追放解除組との間で不安定な状況にあり、佐藤は「国基を強固にするは政局の安定以外に途《みち》なし」と書いて、「内政策に精を出し、外善隣の基本方針の上に国民の強力な支持協力を求めよう」と結んでいる。「民主国」日本の「公党」はいかにあるべきか。その後も造船疑獄事件での指揮権発動、政治資金規正法違反での起訴、吉田内閣の退陣、自由民主党の結成と不参加、国連加盟での恩赦、兄である岸を支えた六〇年安保、そして同じく吉田門下の友人でありライバルでもある池田政権の誕生と、彼の政治的前半生はめまぐるしく展開する。佐藤が吉田のもと直面したのは民主主義と日米安保の固定化の問題であった。

その中で彼の成長を促したのが吉田の後援を受けた二度の外遊であった。外遊時に日記の記述が再開される。これが修養期の日記のもう一つの特徴である。一九五四年秋には東南アジアから欧米を廻った。欧米では吉田首相に同行し、イギリスでは吉田とチャーチルの親交を横目に、イーデンについて「蓋《けだ》し老首相も後継者を作るに熱意を示せる結果かと思ふ」との感想を抱き、「イーデンは十回当選　卅《さんじゆう》　年余の政治生活なりと云ふ」と記した。また、アメリカでは記者会見で吉田が、「後継者は衆望が集まって初めてきまるので、それが民主々義と思ふ」と答えたことが記されている。他に西ドイツでは社会党の安全保障政策が合理的でかつ「常に西独は民主々義国米国と共にあり」と主張することに感銘を受け、イギリスでも野党領袖が尊重されていることを印象的に記述している。そして一九六二年秋の外遊では、吉田の紹介で、後に首相となるイギリス労働党党首ウィルソンやフランスのドゴール大統領、西ドイツのアデナウアー首相、そしてキューバ危機の渦中にあったアメリカのケネディ大統領等と相次いで会談し、政権担当に向けた野党の在り方や政党の若返り術を学び、「自由の確保」の重要性と「自由諸国の共栄」を目指すべきことを理解した。佐藤にとって外遊は、国内での国会対策や選挙対策とともに、民主主義の学校であったと言えるだろう。

首相就任と一九七〇年への意識

佐藤は一九六四年七月の自民党総裁選挙で池田勇人首相に敗れたが、その病気退陣をうけて一一月、首相に指名された。第二期の首相在任期にはほとんど欠けることなく日記がつけられている。国内政治は高度経済成長によって大きな変化の時期にあたっていた。一九五五年に始まった自民党と社会党による二大政党対立型の政党制は一対二分の一の割合のまま双方ともに得票率を漸次《ぜんじ》低下させ、民社党や公明党の伸張で次第に多党化していった。その中で自民党でも党の若返りが喫緊《きっきん》の課題と考えられるようになった。佐藤は当選回数主義に立脚した安定的な派閥政治を政権基盤としていながら、心情的には私党的な派閥に批判的であり続け、党近代化や保守党の若返りは主要な関心対象であった。また、当初社会党の穏健化に期待をかけた佐藤であったが次第に民社党、公明党との協力を重視していく。日記で注目されるのは選挙や閣議の記録とともに国会運営に関する記述の多さである。そこには「一旦混乱におとし入れ、然る後強行採決の国会法の規定通り本会議の強行採決をして幕」（一九六九年八月三日条）とも書くように、技術としての国会運営が貫かれている。そして佐藤は国会外でも学生運動、革新自治体の叢生《そうせい》など民主主義の遠心的表出に悩まされた。

こうしたせめぎ合いへの芸術的で憎々しいまでの佐藤の取り組みは、彼の負っていた課題の大きさをうかがわせる。佐藤が強く意識していたのは一九七〇年という年であった。この年、師吉田が締結し兄岸が改定した日米新安保条約は固定期限を迎える。一九六〇年の安保騒動は再現するのか。佐藤は日米関係こそが日本の安全と繁栄における最も重要な要素であると考えていた。そのためには国民の支持を糾《きゅう》合《ごう》し、国内政治に打ち克《か》つ必要があった。結果的に政権の中心課題となった沖縄返還もその一環として理解でき、人間尊重を唱え経済成長の歪《ひず》みを問題視した「社会開発」論も同様である。首相期の外遊は日米安保の固定化に向けて高度に体系的な容貌を呈している。北東アジアで同陣営にある日韓交渉妥結、対米交渉のテコとなるべき東南アジア歴訪、沖縄返還過程で生まれた非核三原則、そして日米関係を優先しつつ進められたベトナム戦争への対処と中国問題といった重大事件の連続は首相期の日記の読みどころである。外遊の最中の一九六七年一〇月に吉田は死去し、その直後に沖縄返還の目処《めど》が立つといまは亡き吉田とダレス二名の名をあげて「天国で何を語りおるか。今日の地上の共同コムミニケを何と見るか。誠に感無量」（一九六七年一一月一五日条）と記した。佐藤政権は予想された一九七〇年の危機を乗り切り、日米安保条約は六月に自動延長された。

ところがこの年を境に佐藤政権は急速に安定感を失っていく。一〇月に四選された佐藤は「反戦、反安保の連中」（一九七二年一月一日条）に敵意を向けつつ、沖縄返還協定の批准と関連法案の成立に全力を尽くしたが、日米関係では繊維交渉が泥沼化し、二つのニクソン・ショックが佐藤政権を直撃した。加えて中国問題が党内情勢に地滑り的変化を促し、佐藤が期待した後継者福田赳夫は佐藤派の田中角栄に敗れた。

「これでやっと一人前かな」

そしてOB期の第三期である。内閣退陣後、佐藤は「青年・佐藤栄作のつもり」（「今だから話そう」）で髪を伸ばした。この時期の外遊は政権のサポートを意識するものであった。ノーベル平和賞授賞式後に立ち寄ったソ連では平和条約への地均《じなら》しを意識し、蔣介石の葬儀に訪れた台湾では日台関係が日中関係と齟齬《そご》を来さないよう内閣以上に繊細な対応を心がけた。それは佐藤政権期に主として岸が担っていた役割である。さらに内政では田中や福田、三木武夫すらも督励し、また自らも官僚政治家と批判されたが、「やはり官僚をけなしても行政を無視しては仕事にならない」（一九七四年一一月二五日条）と陳情を彼なりのフィルターにかけた上で官僚との橋渡しを務めた。

佐藤は一九七三年一二月一日に二五年の衆議院議員永年在職表彰を受けた。日記では淡々と事実が記され、「寛子も初めて国会見学。議長室で表彰状をうける。後一同乾杯、三時半帰宅」と続くが、次男の信二が回顧するところでは、佐藤はこのとき「これでやっと一人前かな」とポツリとつぶやき、数々の栄誉の中でもこの表彰を「最も喜んだ」という。また同日の日記では、夕刻小坂徳三郎が訪れ、佐藤は「兎に角、角福争ふ事のない様にと、それのみ願ふ。国の為、党の為、望ましい姿だ」との感想を記している。その直前の一一月二五日、オイルショックの衝撃の中、愛知揆一蔵相の急死を受けて福田を蔵相に据える内閣改造が行われていた。「国の為、党の為、望ましい姿」と、自ら育てた二人の首相候補の協働を願ったのである。

佐藤はノーベル平和賞受賞の翌年、一九七五年五月に会合の席で倒れ、意識が戻らないまま亡くなった。岸は弟佐藤の死に深く落胆した。佐藤は尊敬する師吉田茂や兄岸信介と異なり日記を残した。そのこと自体が政党政治家としての大きな功績である。一九五四年の年頭には、「自由党の幹事長としても、少しは後の想出になる様な日記にして見度いものだ。党史の一頁と迄はゆかなくとも、総理を中心にして後々批判をうけ〔る〕様な、或は又国家の為の歴史の一こまでもありたい」と記しているが、首相として長期政権を担い、首相経験者として後継者たちに寄り添った彼の日記は、私たちの生きる日本の、そして二〇世紀の民主政治の歩みを伝える不可欠の資料の一つである。失われている五年分の日記についても、その再発見と刊行への切なる期待をここであらためて監修者と共有したい。

（村井良）

楠田實日記

【史料期間】一九六七年（昭和四二）五月〜七二年七月
【史料状況】原史料は楠田家が所蔵。原則非公開。和田純・五百旗頭真編『楠田實日記』（中央公論新社、二〇〇一年）として公刊

くすだ・みのる
1924〜2003　ジャーナリスト，政治評論家．早稲田大学商学部卒業後，1952年（昭和27）に産経新聞社に入社．政治部で三木武吉・河野一郎の派閥担当を経て佐藤栄作の派閥担当に．64年自民党総裁選を前に佐藤政権構想チームとして「Ｓオペレーション」を組織．佐藤内閣発足後も政策構想づくりに参画．67年産経新聞を退社し，総理大臣秘書官に就任，政権を支える．72年佐藤内閣総辞職により辞任．国際交流基金監事，同日米センター所長などを歴任後，楠田事務所を主宰

時に雷を落とす佐藤

楠田実は、産経新聞記者出身の佐藤栄作首相の秘書官であり、『楠田實日記』は、首相の補佐集団の活動を、記者の目で躍動的に伝える記録である。佐藤栄作自身、首相時代の日々を日誌風の日記に記録していた。首相・首相秘書官双方の日記が存在するのは、現状では佐藤内閣だけである。しかも、佐藤内閣は戦後の最長政権であり、そのもとで自民党一党優位

政党制が確立した。量も佐藤日記は全六巻、楠田日記は大学ノート四〇冊分で、本にして七〇〇頁を超える大部である。これらの日記を読み合わせることで、自民党政権下の「内閣」とりわけ官邸の流儀・作法と、それが形作る政治力学を読み取ることができるのである。

佐藤番の記者であった楠田は、一九六四年（昭和三九）七月の自民党総裁選挙の前に、佐藤のために政治記者を中心に「Sオペレーション（略称Sオペ）」というチームを結成し、経済成長の社会的成果に目を向けるべきとする「社会開発」という政策目標を案出した。池田の病気引退後の一一月に首相に就任した佐藤に対して、この「Sオペ」は、官僚集団を徐々に巻き込みながら、政策方針、政府声明、談話、演説などの草稿を陰で準備していく。そして、一九六六年一二月の総裁選と翌月の総選挙で佐藤が勝利すると、佐藤は楠田を秘書官に起用した。日記の記述はここから始まるのである。

そもそも内閣は各省の長である大臣の集団であり、官邸は首相のスタッフとして内閣と首相の活動を下支えする。楠田自身は、佐藤の首相退任後すぐに発表した回顧録『首席秘書官』で、官邸入りの際に次の四点に気を遣ったという。それはマスコミとの関係、各省との関係、首相のスケジュール管理、有識者の動員である。いずれも相手方への微妙な配慮を要する。安倍晋三内閣以後見失われた感がある政治の作法の一端が、日記から読み取れるのである。

最大の問題は、時に雷を落とす佐藤首相であった。「政府与党連絡会を官邸に設営したことについて、総理から叱られる」（一九六七年七月七日条）。佐藤の「公私混淆《こんこう》」を批判した新聞記事に立腹した佐藤に呼ばれ、マスコミ対策が甘いと叱責された末に「そんなことでは俺の秘書官は勤まらんぞ」とまで言われ、「本当に辞めたくなった」（一九六八年一月一二日条）。こうした記述は、特に最初の一年間に散見される。楠田の日記は、これを乗り越えて佐藤と官邸の仕事ぶりを身につけていく過程の叙述なのである。

また興味深いのは、佐藤の政治家評である。福田赳夫贔屓《びいき》の楠田に対して、福田幹事長の国会対策を批判し、田中角栄の「勘」をほめる（一九六八年二月二九日条）。のちに首相になる鈴木善幸や中曽根康弘について、閣僚を経験して力をつけるべきことをふともらす（一九六八年六月五日条）。派閥内外の有力政治家の力量を見定める政治指導者の姿が記されている。

メディアへの苦心と限界

楠田は内閣のスケジュール管理として、沖縄返還を最重要課題とし、そのための布石をどう打っていくかを考えたとのちに回顧している。その際に重要なのは、外交日程のみならず世論対策であった。各省との関係、有識者の動員、そしてマスコミとの関係とを連動させつつ処理しなければならなくなる。楠田は、Sオペを中心に、いくつかの有識者の会合を開き、また沖縄問題等懇談会などの諮問機関を立ち上げ、これという官僚と有識者を周到に選んで巻き込んでいく。国際政治学者の高坂正堯は環境問題の重要性を早くに説き（楠田「見識と嗅覚」『アスティオン』第四二号）、劇作家・文芸評論家の山崎正和は、政治学者の京極純一・

衛藤瀋吉とともに議論した結果、学園紛争に対して、財界人・官僚に「ショックを与えなければ、大学だけでいくらやっても収まらない」として東大入試の中止を提言する（御厨貴他、『舞台をまわす、舞台がまわる』。また一九六九年八月二五日条）。のちに山崎が語るように、「演出家の時代」の到来を楠田は体現していたのである（『おんりい・いえすたでい60's』）。

何よりもマスコミ出身の楠田に期待されたのは、メディアにどう佐藤を映し出すかであった。秘書官就任の前年九月、佐藤は「内遊」と称して、小学校や老人ホームを視察するが、記者の側から「こんなものでPR記事を書かせようというのは、新聞人がバカにされている証拠だ」という反発を買っていた（小和田次郎『デスク日記3』、みすず書房、一九六七年）。この反省の上に立って起用された楠田にとり、新聞対策は最も意を払う仕事であった。また、すでに東京オリンピックを経て、テレビが普及しつつあるなか、楠田は、『総理と語る』などのテレビ番組における佐藤の「演出」をも手がけていく。だが、日記の記事はいかにも新聞調で、発言は精細に引用されるが、表情や風景などの視覚的要素はほとんどない。とすると、佐藤と口論となった記者が退場する場面を映し出した佐藤の辞任テレビ会見は、新聞人楠田にとり起こるべくして起きた失敗であった。「どうしてこういうことになったのか。空白な頭の中で、そのことばかり考え続けた」（一九七二年六月一七日条）と楠田は自問自答している。佐藤政権はあまりに長かった。その間の社会の変化は、首相とこれを「演出」する楠田らを追い越していたのである。

（牧原）

Column of Historical Materials

首相たちの回顧録

若槻礼次郎、岡田啓介、鈴木貫太郎――戦前の首相の中で、晩年あるいは死後に大手マスコミ系の出版社から自筆の回顧録が出版された首相たちである。三人の特徴は、長寿と見識により首相退任後も尊敬され続けたことである。政治変動の激しかった戦前には、首相経験者にとり、暗殺もされず、戦犯でもなく、退任後公人として生きながらえることが、首相が広く世に出る回顧録を残す条件であった。つまり、公的に敬意を払われつつ「老」と向き合う首相経験者のみが、回顧録の執筆者たり得たのである。

これに対して、戦後の歴代首相は、テロとも戦争とも無縁であった。だが、それに替わって、彼らを見舞ったのは、激しい党内派閥政治と疑獄事件であった。これを勝ち抜いて、長寿と尊敬を勝ち得たのは、吉田茂、岸信介、福田赳夫、中曽根康弘、宮沢喜一である。ロッキード事件の被告人となりつつも多数派の派閥に君臨した「闇将軍」田中角栄にも、政権とともに燃えつきた三木武夫にも、首相退任後政界の表から姿を消した鈴木善幸にも回顧録はない。福田赳夫の『回顧九十年』を繙《ひもと》いてみると、福田が首相退任後提唱したいわゆる「OBサミット」が、「国際元老会議」と命名されていることに気づく。いわば戦後の「元老」

たちが、回顧録を残したのである。

「元老」たちの回顧録は複数あるのが通例である。中曽根は、二〇〇四年の著書の中でこう語っている――「私はこれまでにも数多くの本を著してきました。本書は、その総決算たる内容を目指し筆をとったものです。膨大な記録である『内閣史』と精細に語った『天地有情』、それぞれの特徴をコンパクトに兼ね備えた結果、『中曽根版・戦後昭和史』『指導者論』になった感があります」（『自省録』）。このように、中曽根は、日記の抜粋を含めた『中曽根内閣史』を編纂したが、研究者の求めに応じてその足跡を振り返った聞き書き、いいかえればオーラル・ヒストリー記録をも残した。さかのぼれば、戦後最初の「元老」吉田茂の『回想十年』も聞き書きの成果である。吉田には、他にもいくつかエッセイ風の回顧録があるが、すべてその談話を編集したものであり、いわば聞き書きを多数残した首相と見ることができるであろう。岸信介は、『岸信介の回想』、『岸信介証言録』という、二つの本格的な聞き書きを残している。吉田の場合は占領と講和、岸の場合は安保改定という外交政策が、内閣の主要な政治課題であった。いずれの談話も公開される外交史料を埋める価値をもった記録である。

他方で、一九八〇年代以降首相を務めた中曽根、宮沢の場合は、その政治人生が戦後そのものである。たとえば、「私は政治に出ましてから五〇年ですが、総理の間を含めて一八年ぐらい閣僚をやっています」という宮沢の言葉は、数字を正確にあげつつ静かに戦後を形作ったという自負心をのぞかせている。だが、その戦後史は、苦渋に満ちた回顧の連続であり、首相時代についても十分に語られていない（『聞き書 宮澤喜一回顧録』）。おそらくは整理がつかないのであろう。これに対して、過剰なまでに雄弁なのが中曽根の『天地有情』である。特に政権に就任するときの政策メモを読みあげ、「水の流れるように」「政治というのはテンポとリズム」「政治にタブーはない」「権力の魔性を自戒せよ」などと政権を先取りするかのような身振りを示す箇所が印象的である。

サッチャーなど近年のイギリスの首相たちの回顧録では、アドバイザーたちによる執筆チームが記録作成を支えている。日本の首相たちがそのような記録を作成するようになるのは、まだ先のことであろう。少なくとも当分の間、オーラル・ヒストリー記録が、それに替わる役割を果たしていくのではなかろうか。

（牧原）

参考文献

【註】本文内（史料状況も含む）で言及した原史料、刊行された日記は入れていない。各項目内、筆者名五〇音順、ただし複数の史料の項目はこの限りではない。書名・論文名は原則としてメインタイトルのみとした

†第1章†

大久保利通日記

勝田政治『〈政事家〉大久保利通』（講談社選書メチエ、二〇〇三年）

清沢洌『外政家としての大久保利通』（中央公論社、一九四二年　中公文庫、一九九三年）

佐々木克監修『大久保利通』（講談社学術文庫、二〇〇四年）

佐藤誠三郎「大久保利通」（神島二郎編『権力の思想』筑摩書房、一九六五年）

木戸孝允日記

西川誠「陰と陽、対照的なふたりの元勲　木戸孝允日記・大久保利通日記」（『月刊 Asahi』Vol.5 No.1、一九九三年）

松尾正人『木戸孝允』（吉川弘文館、二〇〇七年）

松尾正人「木戸孝允とその史料」（岩波書店編集部編『日本近代思想大系　別巻　近代史料解説・総目次・索引』岩波書店、一九九二年）

保古飛呂比　佐佐木高行日記

笠原英彦『天皇親政』（中公新書、一九九五年）

勝田政治「佐佐木高行『保古飛呂比』」（『日本近代思想体系　別巻　近代史料解説・総目次・索引』岩波書店、一九九二年）

渡辺幾治郎『明治史研究』（楽浪書院、一九三四年）

植木枝盛日記

家永三郎『植木枝盛研究』（岩波書店、一九六〇年）

稲田雅洋『自由民権の文化史』（筑摩書房、二〇〇〇年）

外崎光広『植木枝盛と女たち』（ドメス出版、一九七六年）

米原謙『植木枝盛』（中公新書、一九九二年）

近衛篤麿日記

小林和幸『明治立憲政治と貴族院』（吉川弘文館、二〇〇二年）

坂井雄吉「近衛篤麿と明治三十年代の対外硬派」（『国家学会雑誌』第八三巻第三・四号、一九七〇年八月）

酒田正敏『近代日本における対外硬運動の研究』(東京大学出版会、一九七八年)
翟新『東亜同文会と中国』(慶應義塾大学出版会、二〇〇一年)
山本茂樹『近衛篤麿』(ミネルヴァ書房、二〇〇一年)
李廷江編『近衛篤麿と清末要人』(原書房、二〇〇四年)

宇都宮太郎日記

吉良芳恵「刊行にあたって」(『日本陸軍とアジア政策』第一巻、岩波書店、二〇〇七年)
吉良芳恵・宮本正明「大正時代中期の宇都宮太郎」(『日本陸軍とアジア政策』第三巻、岩波書店、二〇〇七年)
斎藤聖二「明治期の宇都宮太郎」(『日本陸軍とアジア政策』第一巻、岩波書店、二〇〇七年)
櫻井良樹「大正時代初期の宇都宮太郎」(『日本陸軍とアジア政策』第二巻、岩波書店、二〇〇七年)

伊東巳代治日記

佐々木隆『伊藤博文の情報戦略』(中公新書、一九九九年)
ジョージ・アキタ「伊東巳代治論 不成功に終った政治家の生涯」(A・M・クレイグ、D・H・シャイヴリ編『日本の歴史と個性』下、ミネルヴァ書房、一九七四年)
升味準之輔『日本政党史論』第二巻(東京大学出版会、一九六六年)

†第2章†

原敬日記

『石橋湛山全集』第三巻(東洋経済新報社、一九七一年)
鵜崎鷺城『朝野の五大閥』(東亜堂書房、一九一二年)
岡義武「『平民宰相』原敬」(『近代日本の政治家』文藝春秋新社、一九六〇年)
Jonathan Haslam, "E. H. Carr's Search for Meaning, 1892-1982", in Michael Cox, ed., *E. H. Carr : A Critical Appraisal*, Palgrave, 2000
服部之総『服部之総全集』第一八巻(福村出版、一九七四年)
馬場恒吾『現代人物評論』(中央公論社、一九三〇年)
馬場恒吾『政界人物風景』(中央公論社、一九三一年)
原敬『原敬全集』上下(原敬全集刊行会、一九二九年)
原奎一郎「原敬日記抄 序言」(『中央公論』五〇周年記念号、一九三五年)
原奎一郎『ふだん着の原敬』(毎日新聞社、一九七一年)
原敬文書研究会編『原敬関係文書』第五巻(日本放送出版協会、一九八六年)

坂野潤治『明治国家の終焉』（ちくま学芸文庫、二〇一〇年）
升味準之輔『日本政党史論』第四巻（東京大学出版会、一九六八年）
三谷太一郎『増補　日本政党政治の形成』（東京大学出版会、一九九五年）
三宅雪嶺『人物論』（千倉書房、一九三九年）

倉富勇三郎日記

浅見雅男『皇族誕生』（角川書店、二〇〇八年）
伊藤之雄『日本の歴史第二二巻、政党政治と天皇』（講談社、二〇〇二年）
伊藤之雄『昭和天皇と立憲君主制の崩壊』（名古屋大学出版会、二〇〇五年）
梶田明宏・内藤一成「『倉富勇三郎日記』「皇族ノ降下ニ関スル試行準則」関係抄録（大正八年）」（『書陵部紀要』五二号、二〇〇〇年）
桑原伸介「倉富勇三郎文書」（『国立国会図書館月報』一五七号、一九七四年）
佐野眞一『枢密院議長の日記』（講談社現代新書、二〇〇七年）
清水唯一朗『政党と官僚の近代』（藤原書店、二〇〇七年）
高久嶺之介「大正期皇室法令をめぐる紛争」上下（『社会科学』三二、三四号、一九八三、四年）
高橋勝浩「外交再建策としての対米特使派遣構想」（『國學院大學日本文化研究所紀要』九一、二〇〇三年）
永井和『青年君主昭和天皇と元老西園寺』（京都大学学術出版会、二〇〇三年）
永井和『倉富勇三郎日記研究』（文部科学省科学研究費補助金研究成果報告書、二〇〇八年）
永井和「日比谷焼打事件と倉富勇三郎」（『立命館文学』六〇五号、二〇〇八年）
奈良岡聰智『加藤高明と政党政治』（山川出版社、二〇〇六年）
西川誠「大正後期皇室制度整備と宮内省」（『年報近代日本研究』二〇、山川出版社、一九九八年）
増田知子『天皇制と国家』（青木書店、一九九九年）
村井良太『政党内閣制の成立』（有斐閣、二〇〇五年）

後藤新平日記

北岡伸一『後藤新平』（中公新書、一九八八年）
千葉功『旧外交の形成』（勁草書房、二〇〇八年）
御厨貴編『時代の先覚者・後藤新平』（藤原書店、二〇〇四年）

小川平吉日記

伊藤隆『昭和初期政治史研究』（東京大学出版会、一九六九年）
酒田正敏『近代日本における対外硬運動の研究』（東京

大学出版会、一九七八年）
清水唯一朗「近代日本官僚制における郷党の形成と展開」（長野県近代史研究会編『長野県近代民衆史の諸問題』龍鳳書房、二〇〇八年）
永井和『青年君主昭和天皇と元老西園寺』（京都大学学術出版会、二〇〇三年）
劉傑『日中戦争下の外交』（吉川弘文館、一九九五年）

松本剛吉政治日誌

土川信男「政党内閣と元老西園寺――『松本剛吉政治日誌』を中心に」（『年報・近代日本研究』二〇、山川出版社、一九九八年）
村井良太『政党内閣制の成立　一九一八～二七年』（有斐閣、二〇〇五年）

濱口雄幸日記

伊藤隆・広瀬順晧編『牧野伸顕日記』（中央公論社、一九九〇年）
今津敏晃「浜口雄幸」（御厨貴編『宰相たちのデッサン』ゆまに書房、二〇〇七年）
川田稔『浜口雄幸』（ミネルヴァ書房、二〇〇七年）
川田稔『浜口雄幸と永田鉄山』（講談社選書メチエ、二〇〇九年）
川田稔編『浜口雄幸集』論述・講演篇、議会演説篇（未來社、二〇〇〇、二〇〇四年）
清水唯一朗『政党と官僚の近代』（藤原書店、二〇〇七年）
城山三郎『男子の本懐』（新潮社、二〇〇二年）
奈良岡聰智『加藤高明と政党政治』（山川出版社、二〇〇六年）
波多野勝『浜口雄幸』（中公新書、一九九三年）
服部龍二『幣原喜重郎と二十世紀の日本』（有斐閣、二〇〇六年）
村井良太「政党内閣制とアジア太平洋戦争」（杉田米行編『アジア太平洋戦争の意義』三和書籍、二〇〇五年）

大蔵公望日記

大蔵公望『大蔵公望之一生』（大蔵公望先生喜寿祝賀委員会、一九五九年）
拓殖大学創立百年史編纂室編『学統に関わる書誌』1（拓殖大学、二〇〇四年）
山浦貫一『近衛時代の人物』（高山書院、一九四〇年）

†第3章†

牧野伸顕日記

伊香俊哉「昭和天皇・宮中グループの田中内閣倒閣運動」（『歴史評論』四九六号、一九九一年）
伊藤之雄『昭和天皇と立憲君主制の崩壊』（名古屋大学出版会、二〇〇五年）

苅部直「オーラルヒストリーの時間」（日本政治学会編『年報政治学二〇〇四』岩波書店、二〇〇五年）
小宮一夫「山本権兵衛（準）元老擁立運動と薩派」（『年報・近代日本研究』二〇、山川出版社、一九九八年）
坂本一登「新しい皇室像をめぐって」（『年報・近代日本研究』二〇、山川出版社、一九九八年）
茶谷誠一『昭和戦前期の宮中勢力と政治』（吉川弘文館、二〇〇九年）
永井和『青年君主昭和天皇と元老西園寺』（京都大学学術出版会、二〇〇三年）
中園裕「政党内閣期に於ける昭和天皇及び側近の政治的行動と役割」（『日本史研究』三八二号、一九九四年）
西川誠「大正後期皇室制度整備と宮内省」（『年報・近代日本研究』二〇、山川出版社、一九九八年）
古川隆久「昭和天皇首相叱責事件の再検討」（『日本大学文理学部人文学研究所研究紀要』七六号、二〇〇八年）
升味準之輔『昭和天皇とその時代』（山川出版社、一九九八年）
松田好史「内大臣の側近化と牧野伸顕」（『日本歴史』七四三号、二〇一〇年）
村井良太『政党内閣制の成立』（有斐閣、二〇〇五年）
村井良太「昭和天皇と政党内閣制」（日本政治学会編『年報政治学二〇〇四』岩波書店、二〇〇五年）
安田浩『天皇の政治史』（青木書店、一九九八年）

原田熊雄文書――『西園寺公望と政局』

有竹修二編『荒木貞夫風雲三十年』（芙蓉書房、一九七五年）
伊藤隆・広瀬順晧編『牧野伸顕日記』（中央公論社、一九九〇年）
内山慶之進編『西園寺公追憶』（中央大学、一九四二年）
小川平吉文書研究会編『小川平吉関係文書』一巻（みすず書房、一九七三年）
勝田龍夫『重臣たちの昭和史』上下（文春文庫、一九八四年）
木戸幸一『木戸幸一日記』上下（東京大学出版会、一九六六年）
佐々木隆「日記」（中村隆英・伊藤隆編『近代日本研究入門』東京大学出版会、一九七七年）
里見弴「原田文書に関する記録」（『彼岸花』角川書店、一九五八年）
里見弴・吉野源三郎「原田日記が世に出るまで」（『世界』一九五五年九月号）
多田井喜生「原田熊雄」（伊藤隆・季武嘉也編『近現代日本人物史料情報辞典』吉川弘文館、二〇〇四年）
原田熊雄編『陶庵公清話』（岩波書店、一九四三年）
細川護貞『細川日記』上下（中公文庫、二〇〇二年）
村井良太『政党内閣制の成立』（有斐閣、二〇〇五年）

村井良太「昭和天皇と政党内閣制」（日本政治学会編『年報政治学二〇〇四』岩波書店、二〇〇五年）
村井良太「元老西園寺公望と日本政党政治」（『リーダーシップの比較政治学』早稲田大学出版部、二〇〇八年）
村井良太「昭和天皇」（佐道明広・小宮一夫・服部龍二編『人物で読む現代日本外交史』吉川弘文館、二〇〇八年）
矢部貞治『近衛文麿』（読売新聞社、一九七六年）
吉田茂記念事業財団編『吉田茂書翰』（中央公論社、一九九四年）
吉野源三郎「原田文書をめぐって」（『職業としての編集者』岩波新書、一九八九年）
立命館大学西園寺公望伝編纂委員会編『西園寺公望伝』全六巻（岩波書店、一九九〇～九七年）

有馬頼寧日記

有馬頼寧『七十年の回想』（創元社、一九五三年）
伊藤隆『近衛新体制』（中公新書、一九八三年）
伊藤隆「昭和初期の有馬頼寧と新政治組織計画」（衆議院憲政記念館編・発行『憲政記念館の二十年』、一九九二年）
後藤致人『昭和天皇と近現代日本』（吉川弘文館、二〇〇三年）
白石正明「有馬頼寧と日本教育者協会」（『佐賀大学文化教育学部研究論文集』一〇－一、二〇〇五年九月）
野島義敬「『革新華族』の政治進出」（『日本歴史』七四九、二〇一〇年一〇月）
藤野豊「有馬頼寧と水平運動」（『部落問題研究』一〇九、一九九一年一月）
山本一生『恋と伯爵と大正デモクラシー　有馬頼寧日記1919』（日本経済新聞出版社、二〇〇七年）

矢部貞治日記＋岡義武日記

伊藤隆『昭和十年代史断章』（東京大学出版会、一九八一年）
篠原一・三谷太一郎編『岡義武著作集』第八巻付録（岩波書店、一九九三年）
源川真希『近衛新体制の思想と政治』（有志舎、二〇〇九年）

重光葵関係文書

明石康『国際連合』（岩波新書、二〇〇六年）
加瀬俊一『加瀬俊一回想録』上下（山手書房、一九八六年）
小池聖一「外務省記録と『重光葵関係文書』について」（『外交史料館報』第七号、一九九四年）
酒井哲哉「書評　伊藤隆・渡辺行男編『重光葵手記』」（『年報・近代日本研究』九、山川出版社、一九八七年）

武田知己『重光葵と戦後政治』（吉川弘文館、二〇〇二年）
豊田国男・西香山編『重光向陽小伝』（二豊の文化社、一九五七年）
御厨貴「昭和二〇年代における第二保守党の軌跡」（『年報・近代日本研究』九、山川出版社、一九八七年）
渡邊行男『重光葵』（中公新書、一九九六年）
渡邊行男解題「隻脚公使（一）～（四）」（『中国研究月報』第四九四、四九六、四九八、四九九号、一九八九年）

石射猪太郎日記＋天羽英二日記

石射猪太郎『外交官の一生』（読売新聞社、一九五〇年　中公文庫改版、二〇〇七年）
伊藤隆「石射猪太郎と『外交官の一生』」（『昭和期の政治　続』山川出版社、一九九三年）
井上寿一「天羽声明と中国政策」（『一橋論叢』九七巻五号、一九八七年）

財部彪日記

鵜崎鷺城『薩の海軍、長の陸軍』（政教社、一九一一年）
季武嘉也『大正期の政治構造』（吉川弘文館、一九九八年）
坂野潤治『大正政変』（ミネルヴァ書房、一九八二年）
増田知子「政党内閣と枢密院」（『年報・近代日本研究』六、山川出版社、一九九四年）

宇垣一成日記

井上清『宇垣一成』（朝日新聞社、一九七五年）
宇垣一成口述・鎌田沢一郎著『松籟清談』（文藝春秋新社、一九五一年）
高杉洋平『宇垣一成と戦間期の日本政治』（吉田書店、二〇一五年）
額田坦『秘録宇垣一成』（芙蓉書房出版、一九七三年）
堀真清編著『宇垣一成とその時代』（新評論、一九九九年）
棟田博『宇垣一成』（光人社、一九七九年）
渡辺茂雄『宇垣一成の歩んだ道』（新太陽社、一九四八年）
渡邊行男『宇垣一成』（中公新書、一九九三年）

真崎甚三郎日記

北岡伸一『日本の近代5　政党から軍部へ』（中央公論新社、一九九九年）
北岡伸一「陸軍派閥対立（一九三一～三五）の再検討」（『年報・近代日本研究』一、山川出版社、一九七九年）
高橋正衛『昭和の軍閥』（講談社学術文庫、二〇〇三年）

奈良武次日記＋本庄繁日記
ディビッド・タイタス『日本の天皇政治』（サイマル出版会、一九七九年）
照沼康孝「解題」（『本庄繁日記』第一巻、山川出版社、一九八二年）
波多野澄雄「解説」（『侍従武官長奈良武次日記・回顧録』四巻、柏書房、二〇〇〇年）
濱田英毅「侍従武官府人事の研究」（『学習院大学人文科学論集』XⅦ、二〇〇八年）
山室建徳「解題」（『本庄繁日記』第二巻、山川出版社、一九八三年）

岡田啓介日記＋加藤寛治日記
池田清「ロンドン海軍条約に関する軍令部側の資料　三篇」（『法学雑誌』第一五巻第四号、一九六九年）
池田清「加藤寛一編『倫敦海軍条約秘録』（故海軍大将加藤寛治遺稿）昭和三十一年」（『法学雑誌』第一六巻第一号、一九六九年）
伊藤隆『昭和初期政治史研究』（東京大学出版会、一九六九年）
岡田貞寛編『岡田啓介回顧録』（毎日新聞社、一九五〇年、中公文庫、一九八七年）
岡田大将記録編纂会編刊『岡田啓介』（一九五六年〈復刻ゆまに書房、二〇〇六年〉）
加藤寛一編『昭和四年五年倫敦海軍条約秘録』（一九五六年）
加藤寛治「『ワシントン会議』ノ追憶」（広瀬順晧監修『近代未刊史料叢書五　近代外交回顧録三』ゆまに書房、二〇〇〇年）
加藤寛治大将伝記編纂会編述『加藤寛治大将伝』（加藤寛治大将伝記編纂会、一九四一年）
小林龍夫「海軍軍縮条約」（日本国際政治学会太平洋戦争原因研究部編『太平洋戦争への道』一、朝日新聞社、一九六三年）

†第4章†

木戸幸一日記
伊藤隆・児島襄・秦郁彦・半藤一利「『独白録』を徹底研究する」（『文藝春秋』一九九一年一月号）
桜友会史編纂委員会編『桜友会史』（学習院同窓会桜友会、一九九〇年）
岸信介・矢次一夫・伊藤隆『岸信介の回想』（文藝春秋、一九八一年）
共同通信社「近衛日記」編集委員会編『近衛日記』（共同通信社開発局、一九六八年）
後藤致人『昭和天皇と近現代日本』（吉川弘文館、二〇〇三年）
重光葵『巣鴨日記』（文藝春秋新社、一九五三年）
寺崎英成、マリコ・テラサキ・ミラー編著『昭和天皇独白録』（文藝春秋、一九九一年）

三谷太一郎『近代日本の戦争と政治』（岩波書店、一九九七年）
矢部貞治『近衛文麿』（読売新聞社、一九七六年）

高松宮日記

阿川弘之『高松宮と海軍』（中公文庫、一九九九年）
後藤致人『昭和天皇と近現代日本』（吉川弘文館、二〇〇三年）
「高松宮宣仁親王」伝記刊行委員会編『高松宮宣仁親王』（朝日新聞社、一九九一年）
戸高一成編『「証言録」海軍反省会』（PHP研究所、二〇〇九年）
平野久美子『高松宮同妃両殿下のグランド・ハネムーン』（中央公論新社、二〇〇四年）

細川護貞日記

高松宮宣仁親王著、細川護貞他編『高松宮日記』全八巻（中央公論社、一九九五〜九七年）
細川護貞『情報天皇に達せず』上下巻（同光社磯部書房、一九五三年）
細川護貞『細川家十七代目』（日本経済新聞社、一九九一年）
細川護貞『想出の人々』（文藝春秋、一九八八年）
細川護貞『細川護貞座談』（中公文庫、一九九〇年）

梨本宮伊都子日記

浅見雅男『闘う皇族』（角川選書、二〇〇五年）
浅見雅男『皇族誕生』（角川書店、二〇〇八年）
小田部雄次『華族家の女性たち』（小学館、二〇〇七年）
小田部雄次『皇族に嫁いだ女性たち』（角川学芸出版、二〇〇九年）
タキエ・スギヤマ・リブラ『近代日本の上流階級』（世界思想社、二〇〇〇年）
梨本伊都子『歌集　かつら』（非売品、一九七一年）
梨本伊都子『三代の天皇と私』（講談社、一九七五年）
森岡清美『華族社会の「家」戦略』（吉川弘文館、二〇〇二年）

昭和天皇独白録

藤原彰ほか著『徹底検証　昭和天皇「独白録」』（大月書店、一九九一年）
御厨貴『天皇と政治』（藤原書店、二〇〇六年）

河井弥八＋徳川義寛＋木下道雄日記

半藤一利・御厨貴・原武史『卜部日記・富田メモで読む人間・昭和天皇』（朝日新聞社、二〇〇八年）
御厨貴「解説」（『徳川義寛終戦日記』朝日新聞社、一九九九年）
徳川義寛、聞き手・岩井克己『侍従長の遺言』（朝日新

聞社、一九九七年）
高橋紘「解説」（『側近日誌』文藝春秋、一九九〇年）
木下道雄『新編 宮中見聞録』（日本教文社、一九九八年）
高橋紘「解説 神格化のきざし 昭和の大礼」（『昭和初期の天皇と宮中』一巻、岩波書店、一九九三年）
粟屋憲太郎「解説 改元前後の政局と天皇・宮中」（『昭和初期の天皇と宮中』一巻、岩波書店、一九九三年）
高橋紘「解説 昭和天皇の女官改革」（『昭和初期の天皇と宮中』二巻、岩波書店、一九九三年）
粟屋憲太郎「解説 田中内閣と天皇・宮中」（『昭和初期の天皇と宮中』二巻、岩波書店、一九九三年）
粟屋憲太郎「解説 田中内閣倒壊前後の政局と天皇・宮中」（『昭和初期の天皇と宮中』三巻、岩波書店、一九九三年）
高橋紘「解説 幻の御用邸と皇子教育」（『昭和初期の天皇と宮中』四巻、岩波書店、一九九四年）
小田部雄次「解説「軍縮の時代」と天皇・宮中」（『昭和初期の天皇と宮中』四巻、岩波書店、一九九四年）
小田部雄次「解説 満州事変と天皇・宮中」（『昭和初期の天皇と宮中』五巻、岩波書店、一九九四年）
小田部雄次「解説 五・一五事件前後の天皇・宮中」（『昭和初期の天皇と宮中』五巻、岩波書店、一九九四年）
高橋紘「解説 創られた宮中祭祀」（『昭和初期の天皇と宮中』六巻、岩波書店、一九九四年）

†第5章†

徳富蘇峰 終戦後日記

杉原志啓『蘇峰と「近世日本国民史」』（都市出版、一九九五年）
早川喜代次『徳富蘇峰』（大空社、一九九一年、徳富蘇峰伝記編纂会・一九六八年刊の復刻）
藤谷みさを『蘇峰先生の人間像』（明玄書房、一九五八年）
米原謙『徳富蘇峰』（中公新書、二〇〇三年）

入江相政日記

入江相政『侍従とパイプ』（毎日新聞社、一九五七年）
内野光子『短歌と天皇制』（風媒社、一九八八年）
内野光子『現代短歌と天皇制』（風媒社、二〇〇一年）
佐道明広「『皇室外交』に見る皇室と政治」（『年報・近代日本研究』二〇、一九九八年）
升味準之輔『昭和天皇とその時代』（山川出版社、一九九八年）

富田メモ

朝日新聞社編『入江相政日記』全六巻（朝日新聞社、一九九〇〜九一年）
岩見隆夫『陛下の御質問』（毎日新聞社、一九九二年）

徳川義寛、聞き手・岩井克己『侍従長の遺言』（朝日新聞社、一九九七年）
御厨貴・岩井克己監修『昭和天皇最後の側近　卜部亮吾侍従日記』全五巻（朝日新聞社、二〇〇七年）

卜部亮吾日記

朝日新聞社編『入江相政日記』全六巻（朝日新聞社、一九九〇〜九一年）
『日本経済新聞』（二〇〇七年五月一日、二日）

芦田均日記

五百旗頭真『占領期』（読売新聞社、一九九七年）
河野一郎著、伝記刊行委員会編『河野一郎自伝』（徳間書店、一九六五年）
信夫清三郎『戦後日本政治史　１９４５－１９５２』（勁草書房、一九六五年）
進藤榮一「解題－日記と人と生涯」（『芦田均日記』第一巻、岩波書店、一九八六年）
富田信男『芦田政権・二二三日』（行研出版局、一九九二年）
鳩山一郎『鳩山一郎回顧録』（文藝春秋新社、一九五七年）
御厨貴「昭和二〇年代における第二保守党の軌跡－『芦田日記』『重光日記』にみる芦田・重光・三木」（『年報・近代日本研究』九、山川出版社、一九八七年）
渡邉昭夫編『戦後日本の宰相たち』（中公文庫、二〇〇一年）
渡邉恒雄『派閥』（弘文堂、一九五八年）

石橋湛山日記

石橋湛山『湛山回想』（岩波文庫、一九八五年）
石橋湛山『湛山座談』（岩波書店・同時代ライブラリー、一九九四年）
筒井清忠『石橋湛山　一自由主義政治家の軌跡』（中公叢書、一九八六年）
増田弘『石橋湛山　リベラリストの真髄』（中公新書、一九九五年）

鳩山一郎日記

伊藤隆「自由主義者・鳩山一郎」（『昭和期の政治〈続〉』山川出版社、一九九三年）
楠精一郎『大政翼賛会に抗した四〇人』（朝日新聞社、二〇〇六年）
小宮京「鳩山一郎と政党政治」（『本郷法政紀要』第一一号、二〇〇二年）
鳩山一郎『鳩山一郎回顧録』（文藝春秋新社、一九五七年）
御厨貴編『歴代首相物語』（新書館、二〇〇三年）
宮崎吉政『日本宰相列伝19　鳩山一郎』（時事通信社、一九八五年）

佐藤榮作日記

五百旗頭真『占領期』(講談社学術文庫、二〇〇七年)
伊藤隆・楠田実「『人事』と『早耳』で畏れられた宰相の秘話」(『諸君!』一九九七年一〇月号)
伊藤隆・田中敬・本野盛幸・西垣昭「『佐藤栄作日記』にも書かれなかったこと」(『論座』一九九八年七月号)
衛藤瀋吉『佐藤栄作』(東方書店、二〇〇三年)
北岡伸一『自民党』(中公文庫、二〇〇八年)
高坂正堯「佐藤栄作」(渡邉昭夫編『戦後日本の宰相たち』中公文庫、二〇〇一年)
国立国会図書館編『議会開設百年記念議会政治展示会 日本の議会一〇〇年』(一九九〇年)
小宮京「吉田茂の政治指導と党組織」(日本政治研究学会編『日本政治研究』二巻一号、木鐸社、二〇〇五年)
佐藤栄作「今だから話そう」(文藝春秋編『「文藝春秋」にみる昭和史』三巻、文藝春秋、一九八八年)
田村元・佐藤信二「対談 自由を守り、平和に徹した『政界の団十郎』」(『月刊自由民主』六三一号、二〇〇五年)
中島琢磨「佐藤栄作―沖縄返還問題への取り組み」(佐道明広・小宮一夫・服部龍二編『人物で読む現代日本外交史』吉川弘文館、二〇〇八年)
原彬久編『岸信介証言録』(毎日新聞社、二〇〇三年)
保利茂「決断と実行の人」(『朝日ジャーナル』一九七五年六月一三日号)
堀越作治『戦後政治裏面史』(岩波書店、一九九八年)
堀越作治「長期政権の主が明かす戦後政治史の宝庫」(『論座』一九九七年八月号)
村井哲也『戦後政治体制の起源』(藤原書店、二〇〇八年)
村井良太「佐藤栄作と『社会開発』論」(『創文』五〇九号、二〇〇八年)
山田栄三『正伝佐藤栄作』上下巻(新潮社、一九八八年)
吉田茂『回想十年』一巻(中公文庫、一九九八年)
吉田茂記念事業財団編『吉田茂書翰』(中央公論社、一九九四年)
和田純・五百旗頭真編『楠田實日記』(中央公論新社、二〇〇一年)

楠田實日記

楠田實『首席秘書官』(文藝春秋、一九七五年)
御厨貴『本野盛幸オーラル・ヒストリー』(政策研究大学院大学、二〇〇五年)
御厨貴他編『舞台をまわす、舞台がまわる――山崎正和オーラル・ヒストリー』(中央公論新社、二〇一七年)
山崎正和『おんりい・いえすたでい60's』(文藝春秋、一

九七七年）

†コラム†

明治天皇紀

岩壁義光「明治天皇紀編纂と史料公開・保存」（『広島大学史紀要』六、二〇〇四年三月）

堀口修編『臨時帝室編修局史料「明治天皇紀」談話記録集成』（ゆまに書房、二〇〇三年）

堀口修「『明治天皇紀』編修と金子堅太郎」（『日本歴史』六四六、二〇〇三年六月）

堀口修「『明治天皇紀』編修と近現代の歴史学」（『明治聖徳記念学会紀要』復刊四三、二〇〇六年一一月）

書簡

伊藤博文関係文書研究会編『伊藤博文関係文書』全九巻（塙書房、一九七三～八一年）

尚友倶楽部山縣有朋関係文書編纂委員会編『山縣有朋関係文書』全三巻（山川出版社、二〇〇五～〇八年）

松方峰雄ほか編『松方正義関係文書』全二〇巻（大東文化大学東洋研究所、一九七九～二〇〇一年）

千葉功編『桂太郎関係文書』（東京大学出版会、二〇一〇年）

千葉功編『桂太郎発書翰集』（東京大学出版会、二〇一一年）

立命館大学西園寺公望伝編纂委員会編『西園寺公望伝』別巻一（岩波書店、一九九六年）

大正天皇実録

季武嘉也「歴史資料の公開の現状と問題点――宮内庁書陵部における『大正天皇実録』の公開からの視点」（『創価大学人文論集』第一七号、二〇〇五年）

「『大正天皇実録』第二次公開」（『日本経済新聞』二〇〇三年四月六日）

「闘病の日々、淡々と記述『大正天皇実録』第三回公開」（『朝日新聞』二〇〇八年六月五日）

外国人が残した「日記」

エドウィン・O・ライシャワー、ハル・ライシャワー著、入江昭監修『ライシャワー大使日録』（講談社、一九九五年）

宋教仁著、松本英紀訳注『宋教仁の日記』（原題『我之歴史』〈一九二〇年刊〉、同朋舎出版、一九八九年）

トク・ベルツ編、菅沼竜太郎訳『ベルツの日記』上下（岩波文庫、改訳版一九七九年）

萩原延壽『遠い崖――アーネスト・サトウ日記抄』全一四巻（朝日新聞社、一九八〇～二〇〇一年　朝日文庫、二〇〇七～〇八年）

マーク・ゲイン著、井本威夫訳『ニッポン日記』（原著一九四八年、筑摩書房、一九五一年　ちくま学芸文庫、一九九八年）

林献堂『灌園先生日記』一～二七（台湾・中央研究院台湾史研究所、近代史研究所、二〇〇〇～一三年）
若林操子監修・池上弘子訳『ベルツ日本再訪』（東海大学出版会、二〇〇〇年）

公文書

岩倉規夫・大久保利謙編『近代文書学への展開』（柏書房、一九八二年）
宇賀克也『逐条解説　公文書等の管理に関する法律』（第一法規、二〇〇九年）
宇賀克也『新・情報公開法の逐条解説〔第5版〕』（有斐閣、二〇一〇年）
宇賀克也『情報公開と公文書管理』（有斐閣、二〇一〇年）
小川千代子・小出いずみ編『アーカイブへのアクセス』（日外アソシエーツ、二〇〇八年）
外務省外交史料館編刊『外交史料館報』一～二二（一九八八年～刊行継続中）
国立公文書館編刊『アーカイブス』一～三五（一九九九年～刊行継続中）
国立公文書館編刊『北の丸』一～四一（一九七三年～刊行継続中）
仲本和彦『研究者のためのアメリカ国立公文書館徹底ガイド』（凱風社、二〇〇八年）

憲政資料室

大久保利謙『日本近代史学事始め』（岩波新書、一九九六年）
憲政資料室パンフレット
近代日本史料研究会HP
「特集　憲政資料室の三五年」（『みすず』二七六号、一九八三年）
二宮三郎「憲政資料室前史」（『参考書誌研究』四三～四五、一九九三～九五年）

首相たちの回顧録

岸信介・矢次一夫・伊藤隆『岸信介の回想』（文藝春秋、一九八一年）
世界平和研究所編『中曽根内閣史』全六巻（世界平和研究所、一九九五～九七年）
中曽根康弘『天地有情』（文藝春秋、一九九六年）
中曽根康弘『自省録』（新潮社、二〇〇四年）
原彬久編『岸信介証言録』（毎日新聞社、二〇〇三年）
福田赳夫『回顧九十年』（岩波書店、一九九五年）
御厨貴・中村隆英編『聞き書 宮澤喜一回顧録』（岩波書店、二〇〇五年）
吉田茂『回想十年』全四巻（新潮社、一九五七～五八年）
若槻礼次郎『古風庵回顧録』（読売新聞社、一九五〇年）

主要図版所蔵・出典一覧（順不同）

国立国会図書館ＨＰ　10, 16, 30, 38, 50, 68, 82
国立国会図書館憲政資料室　65, 85, 113, 153, 242
共同通信社　206, 222, 236, 239, 259
国立歴史民俗博物館　15, 177
読売新聞社　170, 228
宮内庁書陵部　21
後藤新平記念館　73
文藝春秋　208
津田茂麿『明治聖上と臣高行』（原書房，1970年）　22
家永三郎ほか編『植木枝盛集』第１巻（岩波書店，1990年）　26
宇都宮太郎関係資料研究会編『日本陸軍とアジア政策　陸軍大将宇都宮太郎日記』第２巻（岩波書店，2007年）　34
岩壁義光・広瀬順晧編『影印原敬日記』第13巻（北泉社，1998年）　59
佐野眞一『枢密院議長の日記』（講談社現代新書，2007年）　62
小川平吉文書研究会編『小川平吉関係文書』第１巻（みすず書房，1973年）　74
岡義武・林茂校訂『大正デモクラシー期の政治　松本剛吉政治日誌』（岩波書店，1959年）　78
大蔵公望『大蔵公望之一生』（大蔵公望先生喜寿祝賀委員会，1959年）　88
尚友倶楽部・伊藤隆編『有馬頼寧日記』第１巻（山川出版社，1997年）　116
篠原一・三谷太一郎編『岡義武ロンドン日記　1936－1937』（岩波書店，1997年）　123
波多野澄雄，黒沢文貴ほか編『侍従部官長 奈良武次日記・回顧録』第１巻（柏書房，2000年）　157
本庄繁『本庄日記 普及版』（原書房，2005年）　159
加藤寛治大将伝記編纂会編述『加藤寛治大将伝』（加藤寛治大将伝記編纂会，1941年）　163
小田部雄次『梨本宮伊都子妃の日記』（小学館，1991年）　192
寺崎英成，マリコ・テラサキ・ミラー編著『昭和天皇独白録』（文藝春秋，1991年）　196
高橋紘ほか編『昭和初期の天皇と宮中　侍従次長河井弥八日記』第１巻（岩波書店，1993年）　204
朝日新聞社編『入江相政日記』第１巻（朝日新聞社，1990年）　225
『日本経済新聞』（2007年５月１日付朝刊）　230

中央公論新社写真部　他

あとがき

日記や書簡は、一人きりで黙々と読むのもいいが、仲間とワイワイ言いながら史料をつつきあって読むのもまた一興である。

『芦田均日記』は、東京都立大学御厨研究室・大学院演習（一九八五～八六年）にて、昭和天皇関連の史料群――『小林一三日記』『入江相政日記』などは、東京都立大学御厨研究室を拡大した形の「昭和を読む会」（一九九一～九八年）にて、『佐藤榮作日記』は政策研究大学院大学の「第一期・御厨塾」（一九九九～二〇〇三年）にて、各々全部を読み破った。そしていまは時折ポーズを入れながら、『原敬日記』の全巻読み破りに、東京大学先端科学技術研究センターの「第二期・御厨塾」（二〇〇四年～）にて挑戦中である。時に日暮れて道遠しの感を抱くこともあるが、皆で読み破る快感はやはり捨て難いものである。

本書を担当してくれた仲間たちは、ほとんどがこのいずれかのワイガヤに参加した経験を有する。その場で醸し出された〝読み〟の雰囲気の残り香がどの史料の叙述にもうかがうことができる。本書の特色はその点に尽きる。

時に日記は、〝読む〟ためにこそ、自ら〝つける〟経験があってもいい。何を隠そう、この私は〝アラカン〟の年齢に達した二〇〇九年から、小学校低学年以来つけたことのない「日記」をつけ始めた。還暦を過ぎるまでの四年限定のつもりであるが。

現実につけた経験から言うと、多くの日記史料への〝読み〟が異なってくるから不思議だ。いまになってかの政治家のあの頁《ページ》の矛盾する記述について、そうだったのかとハタと手を打つ場合があるのだ。

実のところ自らの日記に一日の要件を時間軸に沿って記す場合ですら、後のコトを前に書いたり、肝心なコトをつけ忘れたり、あまりにあたりまえのコトは省略したり、願望が事実になっていたり、まあ大変な有様である。人物月旦、これまた即物的記載で、一週間もして読み返すと、違う違うと自ら一人ごつ始末。日記をつける人間の性《さが》とはこういうものか、日々それがわかるたびに、現実の世界とは別の「日記の世界」の存在が明確になってくる。

日記を中心とする近現代史料のうごめきをいかにハダで感じとるか。「たかが史料、されど史料」なのであるが。それらを楽しく気軽に手にとってみるために、本書が道標の役割を果たせていればとの思いで一杯である。

執筆を引き受けてくれた我が旧知の皆さん、そしていつものように辛抱強く編集の労を取ってくれた白戸直人さんに、「遅れてごめんなさい」とあやまりながら、とりあえずペンを擱《お》くことにする。果たして今日の私の「日記」には、何が書かれるやら、それはいずれの日にか、我が日記が公開されればのお楽しみ。

二〇一一年四月一日

御厨　貴

著者紹介

御厨　貴		奥付参照
井上寿一	1956年生	学習院大学法学部政治学科教授
坂本一登	1956年生	國學院大学法学部教授
西川　誠	1962年生	川村学園女子大学文学部史学科教授
苅部　直	1965年生	東京大学大学院法学政治学研究科教授
牧原　出	1967年生	東京大学先端科学技術研究センター教授
千葉　功	1969年生	学習院大学文学部史学科教授
村井哲也	1969年生	明治大学法学部他非常勤講師
土田宏成	1970年生	聖心女子大学現代教養学部史学科教授
竹中治堅	1971年生	政策研究大学院大学教授
松本洋幸	1971年生	大正大学文学部准教授
村井良太	1972年生	駒澤大学法学部政治学科教授
今津敏晃	1974年生	亜細亜大学法学部准教授
塩出浩之	1974年生	京都大学大学院文学研究科准教授
清水唯一朗	1974年生	慶應義塾大学総合政策学部教授
若月剛史	1977年生	関西大学法学部准教授
近藤秀行	1978年生	愛知県立半田商業高校定時制課程教諭
中澤俊輔	1979年生	秋田大学教育文化学部准教授
米山忠寛	1979年生	法政大学大原社会問題研究所研究員
中野弘喜	1981年生	財団法人東京大学出版会

御厨 貴（みくりや・たかし）

1951年（昭和26年），東京都生まれ．東京大学法学部卒．東京大学助手，ハーバード大学客員研究員，東京都立大学法学部教授，政策研究大学院大学教授，東京大学先端科学技術研究センター教授などを経て，現在，東京大学・東京都立大学名誉教授．専門は日本政治史，オーラル・ヒストリー，公共政策．博士（学術，東京大学）
著書『明治国家形成と地方経営』（東京大学出版会，1980年．東京市政調査会藤田賞）
『政策の総合と権力』（東京大学出版会，1996年．サントリー学芸賞）
『馬場恒吾の面目』（中央公論社，1997年．吉野作造賞／中公文庫，2013年）
『日本の近代3　明治国家の完成』（中央公論新社，2001年）
『オーラル・ヒストリー』（中公新書，2002年／改訂重版，2011年）
『天皇と政治』（藤原書店，2006年）
『明治国家をつくる』（藤原書店，2007年）
『政治へのまなざし』（千倉書房，2012年）
『権力の館を歩く』（ちくま文庫，2013年）
ほか多数

近現代《きんげんだい》日本《にほん》を史料《しりよう》で読《よ》む
中公新書 *2107*

2011年4月25日初版
2020年9月30日3版

編著者 御 厨 　貴
発行者 松 田 陽 三

本文印刷 三晃印刷
カバー印刷 大熊整美堂
製本 小泉製本

発行所 中央公論新社
〒100-8152
東京都千代田区大手町 1-7-1
電話 販売 03-5299-1730
編集 03-5299-1830
URL http://www.chuko.co.jp/

Published by CHUOKORON-SHINSHA, INC.
Printed in Japan ISBN978-4-12-102107-6 C1221

中公新書刊行のことば

いまからちょうど五世紀まえ、グーテンベルクが近代印刷術を発明したとき、書物の大量生産は潜在的可能性を獲得し、いまからちょうど一世紀まえ、世界のおもな文明国で義務教育制度が採用されたとき、書物の大量需要の潜在性が形成された。この二つの潜在性がはげしく現実化したのが現代である。

いまや、書物によって視野を拡大し、変りゆく世界に豊かに対応しようとする強い要求を私たちは抑えることができない。この要求にこたえる義務を、今日の書物は背負っている。だが、その義務は、たんに専門的知識の通俗化をはかることによって果たされるものでもなく、通俗的好奇心にうったえて、いたずらに発行部数の巨大さを誇ることによって果たされるものでもない。現代を真摯に生きようとする読者に、真に知るに価いする知識だけを選びだして提供すること、これが中公新書の最大の目標である。

私たちは、知識として錯覚しているものによってしばしば動かされ、裏切られる。私たちは、作為によってあたえられた知識のうえに生きることがあまりに多く、ゆるぎない事実を通して思索することがあまりにすくない。中公新書が、その一貫した特色として自らに課すものは、この事実のみの持つ無条件の説得力を発揮させることである。現代にあらたな意味を投げかけるべく待機している過去の歴史的事実もまた、中公新書によって数多く発掘されるであろう。

中公新書は、現代を自らの眼で見つめようとする、逞しい知的な読者の活力となることを欲している。

一九六二年一一月

中公新書

日本史

608 613 中世の風景（上下） 阿部謹也・網野善彦 石井 進・樺山紘一
1503 古文書返却の旅 網野善彦
1392 中世都市鎌倉を歩く 松尾剛次
2336 源頼政と木曽義仲 永井 晋
2526 源 頼朝 元木泰雄
2517 承久の乱 坂井孝一
2461 蒙古襲来と神風 服部英雄
1521 後醍醐天皇 森 茂暁
2601 北朝の天皇 石原比伊呂
2463 兼好法師 小川剛生
2443 観応《かんのう》の擾乱《じょうらん》 亀田俊和
2179 足利義満 小川剛生
978 室町の王権 今谷 明
2401 応仁の乱 呉座勇一
2058 日本神判史 清水克行
2139 贈与の歴史学 桜井英治
2481 戦国日本と大航海時代 平川 新
2343 戦国武将の実力 小和田哲男
2084 戦国武将の手紙を読む 小和田哲男
2350 戦国大名の正体 鍛代敏雄
2593 戦国武将の叡智 小和田哲男
1213 流浪の戦国貴族 近衛前久 谷口研語
1625 織田信長合戦全録 谷口克広
1782 信長軍の司令官 谷口克広
1907 信長と消えた家臣たち 谷口克広
1453 信長の親衛隊 谷口克広
2421 織田信長の家臣団―派閥と人間関係 和田裕弘
2503 信長公記《しんちょうこうき》―戦国覇者の一級史料 和田裕弘
2555 織田信忠―天下人の嫡男 和田裕弘
784 豊臣秀吉 小和田哲男
2146 秀吉と海賊大名 藤田達生
2557 太閤検地 中野 等
2265 天下統一 藤田達生
2357 古田織部 諏訪勝則
642 関ヶ原合戦 二木謙一

中公新書

日本史

d3

476 江戸時代 大石慎三郎
2552 藩とは何か 藤田達生
2565 大御所 徳川家康 三鬼清一郎
1227 保科正之《ほしなまさゆき》 中村彰彦
740 元禄御畳奉行の日記 神坂次郎
2531 火付盗賊改《ひつけとうぞくあらため》 高橋義夫
853 遊女の文化史 佐伯順子
2376 江戸の災害史 倉地克直
2584 椿井文書―日本最大級の偽文書 馬部隆弘
2380 ペリー来航 西川武臣
2047 オランダ風説書 松方冬子
1619 幕末の会津藩 星 亮一
1958 幕末維新と佐賀藩 毛利敏彦
2497 公家たちの幕末維新 刑部芳則
1754 幕末歴史散歩 東京篇 一坂太郎
1811 幕末歴史散歩 京阪神篇 一坂太郎
1773 新選組 大石 学
2040 鳥羽伏見の戦い 野口武彦
455 戊辰戦争 佐々木克
1235 奥羽越列藩同盟 星 亮一
1728 会津落城 星 亮一
2498 斗南《となみ》藩―「朝敵」会津藩士たちの苦難と再起 星 亮一

日本史

2107 近現代日本を史料で読む　御厨　貴編
2554 日本近現代史講義　山内昌之・細谷雄一編著
190 大久保利通　毛利敏彦
2011 皇　族　小田部雄次
1836 華　族　小田部雄次
2379 元老―近代日本の真の指導者たち　伊藤之雄
2492 帝国議会―西洋の衝撃から誕生までの格闘　久保田　哲
2528 三条実美《さんじょうさねとみ》　内藤一成
840 江藤新平（増訂版）　毛利敏彦
2051 伊藤博文　瀧井一博
2550 2551 大隈重信（上下）　伊藤之雄
2103 谷　干城　小林和幸
2212 近代日本の官僚　清水唯一朗
2294 明治維新と幕臣　門松秀樹
2483 明治の技術官僚　柏原宏紀

561 明治六年政変　毛利敏彦
1927 西南戦争　小川原正道
1584 東北―つくられた異境　河西英通
2320 沖縄の殿様　高橋義夫
252 ある明治人の記録（改版）　石光真人編著
161 秩父事件　井上幸治
2270 日清戦争　大谷　正
1792 日露戦争史　横手慎二
2605 民衆暴力―一揆・暴動・虐殺の日本近代　藤野裕子
2509 陸奥宗光　佐々木雄一
2141 小村寿太郎　片山慶隆
881 後藤新平　北岡伸一
2393 シベリア出兵　麻田雅文
2269 日本鉄道史　幕末・明治篇　老川慶喜
2358 日本鉄道史　大正・昭和戦前篇　老川慶喜
2530 日本鉄道史　昭和戦後・平成篇　老川慶喜

世界史

2050 新・現代歴史学の名著 樺山紘一編著
2253 禁欲のヨーロッパ 佐藤彰一
2409 贖罪のヨーロッパ 佐藤彰一
2467 剣と清貧のヨーロッパ 佐藤彰一
2516 宣教のヨーロッパ 佐藤彰一
2567 歴史探究のヨーロッパ 佐藤彰一
1045 物語 イタリアの歴史 藤沢道郎
1771 物語 イタリアの歴史 II 藤沢道郎
2508 語る貨幣がローマ帝国史 比佐篤
2413 ガリバルディ 藤澤房俊
2595 ビザンツ帝国 中谷功治
2152 物語 近現代ギリシャの歴史 村田奈々子
2440 バルカン―「ヨーロッパの火薬庫」の歴史 M・マゾワー 井上廣美訳
1635 物語 スペインの歴史 岩根圀和
1750 物語 スペインの歴史 人物篇 岩根圀和
1564 物語 カタルーニャの歴史（増補版） 田澤耕
2582 百年戦争 佐藤猛
1963 物語 フランス革命 安達正勝
2286 マリー・アントワネット 安達正勝
2466 ナポレオン時代 A・ホーン 大久保庸子訳
2529 ナポレオン四代 野村啓介
2318 2319 物語 イギリスの歴史（上下） 君塚直隆
2167 イギリス帝国の歴史 秋田茂
1916 ヴィクトリア女王 君塚直隆
1215 物語 アイルランドの歴史 波多野裕造
1420 物語 ドイツの歴史 阿部謹也
2304 ビスマルク 飯田洋介
2490 ヴィルヘルム2世 竹中亨
2583 鉄道のドイツ史 鴋澤歩
2546 物語 オーストリアの歴史 山之内克子
2434 物語 オランダの歴史 桜田美津夫
2279 物語 ベルギーの歴史 松尾秀哉
1838 物語 チェコの歴史 薩摩秀登
2445 物語 ポーランドの歴史 渡辺克義
1131 物語 北欧の歴史 武田龍夫
2456 物語 フィンランドの歴史 石野裕子
1758 物語 バルト三国の歴史 志摩園子
1655 物語 ウクライナの歴史 黒川祐次
1042 物語 アメリカの歴史 猿谷要
2209 アメリカ黒人の歴史 上杉忍
1437 物語 ラテン・アメリカの歴史 増田義郎
1935 物語 メキシコの歴史 大垣貴志郎
1547 物語 オーストラリアの歴史 竹田いさみ
2545 物語 ナイジェリアの歴史 島田周平
1644 ハワイの歴史と文化 矢口祐人
2561 キリスト教と死 指昭博
2442 海賊の世界史 桃井治郎
518 刑吏の社会史 阿部謹也

中公新書

現代史

2105 昭和天皇　古川隆久
2309 朝鮮王公族―帝国日本の準皇族　新城道彦
2482 日本統治下の朝鮮　木村光彦
632 海軍と日本　池田清
2192 政友会と民政党　井上寿一
377 満州事変　臼井勝美
1138 キメラ―満洲国の肖像（増補版）　山室信一
2348 日本陸軍とモンゴル　楊海英
2144 昭和陸軍の軌跡　川田稔
2587 五・一五事件　小山俊樹
76 二・二六事件（増補改版）　高橋正衛
2059 外務省革新派　戸部良一
1951 広田弘毅　服部龍二
795 南京事件（増補版）　秦郁彦
84 90 太平洋戦争（上下）　児島襄
2465 日本軍兵士―アジア・太平洋戦争の現実　吉田裕
2387 戦艦武蔵　一ノ瀬俊也
2525 硫《い》黄《おう》島《とう》　石原俊
2337 特攻―戦争と日本人　栗原俊雄
244 248 東京裁判（上下）　児島襄
2015 「大日本帝国」崩壊　加藤聖文
2296 日本占領史 1945-1952　福永文夫
2411 シベリア抑留　富田武
2471 戦前日本のポピュリズム　筒井清忠
2171 治安維持法　中澤俊輔
1759 言論統制　佐藤卓己
828 清沢《きよさわ》洌《きよし》（増補版）　北岡伸一
1243 石橋湛山　増田弘
2515 小泉信三―天皇の師として、自由主義者として　小川原正道

中公新書　現代史 f2

2570 佐藤栄作　村井良太
2186 田中角栄　早野透
1976 大平正芳　福永文夫
2351 中曽根康弘　服部龍二
2512 高坂正堯―戦後日本と現実主義　服部龍二
1574 海の友情　阿川尚之
1875 「国語」の近代史　安田敏朗
2075 歌う国民　渡辺裕
2332 「歴史認識」とは何か　大沼保昭　江川紹子
1804 戦後和解　小菅信子
2406 毛沢東の対日戦犯裁判　大澤武司
1900 「慰安婦」問題とは何だったのか　大沼保昭
2359 竹島―もうひとつの日韓関係史　池内敏
1820 丸山眞男の時代　竹内洋
2237 四大公害病　政野淳子
1821 安田講堂 1968-1969　島泰三
2110 日中国交正常化　服部龍二
2385 革新自治体　岡田一郎
2150 近現代日本史と歴史学　成田龍一
2196 大原孫三郎―善意と戦略の経営者　兼田麗子
2317 歴史と私　伊藤隆
2301 核と日本人　山本昭宏
2342 沖縄現代史　櫻澤誠
2543 日米地位協定　山本章子